JN091714

比べてわかる心の発達

比較認知発達科学の視点

板倉 昭二 編著

有斐閣ブックス

まえがき

　私のメンターでもあるマイケル・トマセロ（Michael Tomasello）博士（アメリカ・デューク大学教授）は，いつも私に向かってこういっていた。「ショージ，ヒトとチンパンジーの遺伝的な差異はそれほど大きくはないといわれているのに，ヒトは月にロケットを飛ばしたりして，さまざまなテクノロジーを開発し大きな文明を築いてきた。けれども，チンパンジーはそんなことないよねえ。私は，この小さな遺伝的差異がどうしてこのような大きな差異を生み出したのかを知りたいんだ」。私自身は，ヒトは決して特別な生き物ではないという強い思いから，チンパンジーとヒトの類似性に関心をもって，研究をそれまで行ってきた。トマセロ教授の一言で，当然のことながら，両種の違いにも着目することの大事さに気づかされた。

　こうした思いが私のなかでくすぶっていたときに，ビョークランドとペレグリーニによる著書，『進化発達心理学』（Bjorklund & Pellegrini, 2002；原題 *The origins of human nature: Evolutionary developmental psychology*）に出会った。当時京都大学で教鞭をとっていたので，さっそく大学院の授業でこの本をベースに授業を行ったが，当初はこの考え方の重要さや面白さを十分に伝えることができなかったような気がする。

　科学の主要な方法は，現象を論理的に比較することである。2つのものを比較することにより，その両者をよりよく理解することにつながるのである。本書は，ヒトを含むさまざまな動物の発達を比較することで，ヒトの発達の特徴を浮き彫りにし，その進化の過程とヒトの成り立ちを推論する「比較認知発達科学」の入門書である。進化そのものを直接研究することは多大な困難を伴う。したがって，私たちは，現生の生物を比較することで，ヒトおよびヒト以外の進化的な予測をする。

　先述したトマセロ教授は，*The evolution of agency: Behavioral organization from lizards to humans*（2022, MIT Press）という書を出版した。動物が「知的である」との印象をもたせるのは，決してその行動の複雑さによるものではない。それぞれの個体が意思決定を行う，エージェントとして自分自身をコントロー

ルする振る舞いにあるのではないかというのがその主張である。本書は，多様な生物の多様な認知発達を比較する。（主にヒト以外の霊長類との比較であるが，）こうした基本的事項をベースとして，トマセロ教授のいう，エージェントとしての進化を読み解いても面白いかもしれない。

■**本書の表記について**

　本書では以下のような表記を採用している。

　　・人間（ホモ・サピエンス）は「ヒト」
　　・「類人猿」ではなく「類人」
　　・性別表記に関しては，ヒトおよび類人は「男性／女性」，それ以外は「オス／メス」
　　・成熟段階を示す表記はヒトも類人も「おとな」「こども」「乳児」

　初めて目の当たりにすると違和感を覚える表記もあるかもしれないが，可能な限り読者に共通の違和感のないように配慮した。この表記により，動物の優劣をつける意図はまったくない。ヒトをそれ以外の霊長類と区別するような書き方になっているのは，あくまで解説のわかりやすさを優先した目的でのことを明記しておきたい。

　　2023 年 5 月

板 倉 昭 二

本書のサポートページ（下記）で各種補足資料を紹介していきます。
ぜひご覧ください。

https://www.yuhikaku.co.jp/books/detail/9784641184602

執筆者紹介

編 著 者

板 倉 昭 二（いたくら しょうじ）　　　　　　　　　　　　担当　第1章

同志社大学専任フェロー教授，赤ちゃん学研究センター長

主な著作：『自己の起源——比較認知科学からのアプローチ』（金子書房，1999年）／『「私」はいつ生まれるか』（筑摩書房，2006年）／*Diversity of cognition: Evolution, development, domestication, and pathology*（共編著，Kyoto University Press，2006年）／『心を発見する心の発達』（京都大学学術出版会，2007年）／*Origins of the social mind: Evolutionary and developmental views*（共編著，Springer，2008年）／『ロボットを通して探る子どもの心——ディベロップメンタル・サイバネティクスの挑戦』（共編著，ミネルヴァ書房，2013年）／『発達科学の最前線』（編著，ミネルヴァ書房，2014年）／『高校生のための心理学講座——こころの不思議を解き明かそう』（共編，誠信書房，2016年）

執 筆 者

伊 村 知 子（いむら ともこ）　　　　　　　　　　　　　担当　第3章

日本女子大学人間社会学部教授

主な著作：『ベーシック発達心理学』（分担執筆，東京大学出版会，2018年）／『美しさと魅力の心理』（分担執筆，ミネルヴァ書房，2019年）

上 野 有 理（うえの あり）　　　　　　　　　　　　　　担当　第2章

滋賀県立大学人間文化学部教授

主な著作：「食をめぐる人間の親子関係——他の霊長類との比較からみえること」（2010年，『心理学評論』53，394-404）／『子どもと食——食育を超える』（分担執筆，東京大学出版会，2013年）／『赤ちゃん学で理解する乳児の発達と保育 第1巻 睡眠・食事・生活の基本』（共著，中央法規，2016年）

黒 島 妃 香（くろしま ひか）　　　　　　　　　　　　　担当　第10章

京都大学文学部教授

主な著作：『誤解だらけの"イヌの気持ち"——「イヌのこころ」を科学する』（分担執筆，財界展望新社，2015年）／『社会的認知の発達科学』（分担執筆，新曜社，2018年）／*Evolution of primate social cognition*（分担執筆，Springer，2018年）／*Comparative cognition: Commonalities and diversity*（共編，Springer，2021年）

小林 哲生（こばやし てっせい）　　　　　　　　　　　担当　第5章

NTT コミュニケーション科学基礎研究所上席特別研究員／名古屋大学大学院情報学研究科客員教授

主な著作：『0〜3さい はじめての「ことば」——ことばの疑問あれこれ』（小学館，2008年）／『数覚とは何か？——心が数を創り，操る仕組み』（共訳，早川書房，2010年）／『ベーシック発達心理学』（分担執筆，東京大学出版会，2018年）

瀧本（猪瀬）彩加（たきもと あやか）　　　　　　　　担当　第7章

北海道大学文学部准教授

主な著作：『社会のなかの共存』（共著，岩波書店，2014年）／*Comparative cognition: Commonalities and diversity*（分担執筆，Springer，2021年）／「家畜ウマにおけるヒトの社会的シグナルの知覚能力」（2022年，『心理学評論』65, 337-355）

竹下 秀子（たけした ひでこ）　　　　　　　　　　　担当　第8章

追手門学院大学心理学部教授

主な著作：『心とことばの初期発達——霊長類の比較行動発達学』（東京大学出版会，1999年）／『赤ちゃんの手とまなざし——ことばを生みだす進化の道すじ』（岩波書店，2001年）／『進化でわかる人間行動の事典』（分担執筆，朝倉書店，2021年）

花塚 優貴（はなづか ゆうき）　　　　　　　　　　　担当　第6章

愛知淑徳大学人間情報学部講師

主な著作：Orangutans（*Pongo pygmaeus*）remember old acquaintances（共著，2013年，*PLOS ONE*, 8, e82073）／Orangutans（*Pongo pygmaeus*）recognize their own past actions（共著，2018年，*Royal Society Open Science*, 5, 181497）／Review: Conspecific recognition in non-human primates（2019年，*Journal of the Institute of Cultural Sciences*, 94, 99-108）

平田 聡（ひらた さとし）　　　　　　　　　　　　　担当　第9章

京都大学野生動物研究センター教授

主な著作：『仲間とかかわる心の進化——チンパンジーの社会的知性』（岩波書店，2013年）／『時間はなぜあるのか？——チンパンジー学者と言語学者の探検』（共著，ミネルヴァ書房，2022年）

村井 千寿子（むらい ちずこ）　　　　　　　　　　　担当　第4章

駿河台大学心理学部准教授

主な著作：*Cognitive development in chimpanzees*（分担執筆，Springer，2006年）／『なるほど！ 赤ちゃん学——ここまでわかった赤ちゃんの不思議』（分担執筆，新潮社，2012年）／『発達科学の最前線』（分担執筆，ミネルヴァ書房，2014年）

山本 真也（やまもと しんや）　　　　　　　　　　　担当　第11章

京都大学高等研究院准教授

主な著作：『心と行動の進化を探る——人間行動進化学入門』（共著，朝倉書店，2013年）／*Bonobos: Unique in mind, brain, and behavior*（共編，Oxford University Press，2017年）／『進化でわかる人間行動の事典』（分担執筆，朝倉書店，2021年）

目　次

COLUMN

イラスト作図：山口みつ子（図 7-4，図 7-6，図 8-1，図 8-2，図 10-1，図 10-2，図 10-3，図 10-4，図 11-2，図 11-4）

第1章
比較認知発達科学の挑戦
ヒトとヒト以外の動物の発達を比べる

板倉 昭二

第1節　比較認知発達科学の成り立ち
──その理論的背景

　ヒトの行動は，他の動物とは類似している点もあればきわめて異なる点もある。私たちヒトがヒト以外の種と大きく異なる点は，ことばを操り，複雑な共通の目標を達成するために他者と協力をし，抽象的な思考による推論と科学的エビデンスに基づいた現象の因果関係を見出し，また世代から世代にわたって洗練された文化的慣習をつないでいく点である。もちろん，筆者自身は，ヒト以外の動物にこうしたことが認められないといっているわけではない。ただ，研究者によっては，ヒトには他の種には認められない特殊な能力があり，なぜ私たちはこうした能力をもっているのか，どのようにしてこのような能力を身につけるのかを問うことがある。そのような核心的な問いに答えるための1つのアプローチの仕方は，ヒトの認知システムのルーツを明らかにすることである（Rosati et al., 2014）。その代表でもある発達心理学では，乳幼児を研究対象とすることで，おとなの認知の起源を調べ，個体発生の視点から，ヒトの認知能力がどのように出現するかを検討する。このような研究から，ヒトの認知発達が，言語や共有された意図性など，ヒトという種に特異的に由来すると考えられる能力により形成される可能性を示した（Hermer-Vazquez et al., 2001；Pyers et al., 2010；Tomasello, 1999；Tomasello et al., 2005）。
　一方，比較心理学では，ヒトにだけ特別な能力があるという視点には立たない。ヒトの認知の系統発生的な起源を，ヒトに最も近いとされる他の霊長類の

研究，および系統発生的に関心のある他の種，たとえば，ヒトの言語との類似性がいわれる鳥類の鳴きといった研究を通じて検討する。この領域での研究は，多くのヒト以外の霊長類が，他者の知覚や知識に関する推論，エピソード記憶やプランニング，道具使用や道具を作成する能力などの，これまではヒトにしか認められないと思われていた一連の複雑な能力をもつことを示している（Call & Tomasello, 2008；Flombaum & Santos, 2005；Humle & Matsuzawa, 2002; Martin-Ordas et al., 2010；Mulcahy & Call, 2006；Seed & Byrne, 2010）。

　したがって，個体発生的なアプローチと系統発生的なアプローチの両方が，ヒトの認知様式の起源に関する仮説を生成し，検証するために重要となる。このような，発達と進化の融合は，必ずしも新しいわけではないが，本書では，「比較認知発達科学」としてあらためて整理し，これまでに積み重ねられた事実を示していく。

第2節　ヒトとヒト以外の動物の発達を比較する

　現存するすべての生き物は，進化の産物であることは広く受け入れられていることであろう。したがって，ヒトの心も身体器官も同様に進化の産物であることは，今では自明のことである。比較認知科学（松沢，1999；藤田，1998；板倉，1999）や比較認知発達科学（板倉，1999，2001；竹下・板倉，2003）の著しい展開に伴って，ヒトの認知や認知発達の進化論的視点があらためて注目されるようになった。とくに，竹下と板倉（2003）が主張するように，個体発生自体が進化するという考え方は，個体自身に自発する活動とそれが関わる時間と空間を通じて個体発達が実現され，さらにそれが進化に大きな役割を果たすという新たな視点を投げかけている。

1．進化発達心理学

　進化心理学では，ヒトの心や行動は，私たちの祖先の生活のなかでの自然淘汰により形作られてきたものだと強く主張されている。ヒトは，採食行動，捕食者からの回避，繁殖，仲間関係などの問題を処理するためのプログラムを進化させてきた。さらに，20年以上前になるが，ヒトのそれぞれの発達期を，環境への適応度という視点から捉え直す「進化発達心理学」（evolutionary developmental psychology）が，ビョークランドとペレグリーニ（Bjorklund & Pellegrini, 2002）によって提唱された。彼らによると，進化発達心理学とは，

　　　ダーウィニアン進化論の基本原理，とくに自然淘汰による原理を現代人の
　　発達を説明するために応用するものである。それは，社会的・認知的能力の
　　普遍的発達の基礎となる遺伝および環境の機序，そしてこれらの能力が特定
　　の条件に適応するように発展した認識論的なプロセスの研究をも含む学問

と定義される（Bjorklund & Pellegrini, 2002）。その中心的な主張は，こどもは，小さなおとなではなく，その年齢，環境，状況に応じて十分に適応的であるということである。こうした考え方自体は新しいものではなく，個々の研究では散見されるが，組織的に統合されたという点で革新的であった（第2章コラムも参照）。

　進化発達心理学の理論からすると，乳児や幼児がもっている特徴は，すべてがおとなになるための準備段階としてあるのではなく，むしろ，その年齢に応じた適応的機能を有するように進化のなかで淘汰を受けてきたものであると考えるのである。ビョークランド（Bjorklund, 1997）は，次のような指摘をしている。たとえば，幼児は一般に自己に関する知識が乏しいとされるが，このような一見未成熟に見える特徴が，かえってある文脈では適応的であることがあるかもしれない。具体的には，自己の能力を過大評価する傾向にあるこどもは，ある事象に対していろいろなことをやってみるかもしれないし，失敗を自分の能力の欠如だとは考えないかもしれない。あることを学習する場合には，こうした自己認識の誤りが，逆にプラスに作用することもある。幼児期における自己の過大評価は，まさに彼らが新しいことを学習するときに，あらゆることを試みようとする態度に反映されるし，粘り強く成し遂げようとする点においては，実に適応的なのである。

2. 比較認知発達科学への接続

　本書で扱う「比較認知発達科学」は，進化発達心理学と多くを共有する。比較認知発達科学では，「ヒトを含むさまざまな動物の認知機能を分析し比較することにより，認知機能の系統発生および個体発生を明らかにすること」を目標とする。これは，藤田（1998）の比較認知科学の定義をベースにしている。すなわち，比較認知発達科学では，その対象をあらゆる種の幼体にまで拡張し，

その発達様相を比較する。本書では，そうした視点から，ヒトを含むさまざまな動物で，発達を比較し，その時点での適応的な機能を明らかにすることを目標とする。

　私たちの心をつかさどるのは脳である。脳内の状態が変化すれば，心の状態も変わる。また，脳のみならず，末梢神経器官と環境との相互作用も視野に入れることが，心の働きを考えるうえで必要であるとの指摘もなされているという。第2章で，現代人の脳の特徴は何か，どのように作り上げられてきたのか，おとなに至るまでにどのように変化するのか，といったことを，脳の進化と発達に関連づけながら概観する。

　ヒトを含む種々の動物の認識する世界をよりよく理解するために，私たちは，しばしば私たちを取り巻く世界を2つに分けて考えることがある。物理的世界と社会的世界である。以下，本書における各章の内容をその2つの領域に分類して簡単に概要を紹介する。

第3節　物理的世界の比較認知発達と社会的世界の比較認知発達

1．物理的世界との関わり方を比較する

　感覚・知覚は，われわれを取り巻く世界を認識する最初の一歩であり，環境への適応を通して形作られるものである。このようなシステムは，胎児，幼児，そしておとなといった多様な発達段階を通じて変化する。また，この感覚・知覚システムは，霊長類のなかでもとくにヒトにおいて，ゆっくりと発達することが報告されている。第3章では，感覚・知覚を，世界を捉える基盤として，視覚，聴覚，味覚，嗅覚に特化し，複数の感覚間統合についての比較認知発達研究を概観する。そして，ヒトの感覚・知覚の発達の特徴とその適応的な意義について言及する。

　こうした感覚・知覚は，物理的な環境についての知識の基盤となる。動く物体，落下する物体，また，ただそこに存在しているだけの物体など，われわれが日常的に見ている物にも物理的法則が関与している。物理的法則の理解，すなわち物理的知識は，物に囲まれ，物を操作して生活しているヒトやヒト以外の霊長類にはきわめて重要な知識である。第4章では，これまでの研究からわかってきたヒトとヒト以外の霊長類の物理的知識に関する研究を，具体的な実

験例をあげつつ紹介する。この分野で用いられる選好注視法や馴化・脱馴化法，そして期待違反法は，ここ数十年にわたる乳児研究できわめてよく用いられるようになった方法である。

　物理的知識は，物体がもつ特徴やその操作に関する知識であり，比較的実体をつかみやすい。しかしながら，ヒトは，数という抽象的な概念に関する知識をもっている。では，ヒト以外の動物にもそのような概念を認めることはできるのだろうか。ヒト以外の動物においても，数概念の研究はなされているが，ヒトの数概念とは異なって，「いち，に，さん……」のような言語をもっているわけではない。言語をもたない状態で数をどのように認知しているのだろうか。第5章では，ヒト乳児がもっている数の認知能力を考えながら，さらにヒト以外の動物が，どの程度の数の認知能力をもっているかを比較しながら，比較認知発達科学の視点から数概念の理解の基本的な成り立ちを論じる。

2．社会的世界との関わり方を比較する

　ヒト以外の社会的生活を営む動物も，他個体を認識することが重要な場面となることがある。第6章では，ヒトおよびヒト以外の霊長類における同種の他個体（他者）認知における手がかりについて論じる。たとえば，他個体の顔や音声，そしてバイオロジカルモーションなどを手がかりとして，いつから，どのようにその能力を開花させるのかを報告する。また，知覚におけるユニークな現象である，知覚的狭小化についても紹介する。

　第7章では，情動の理解・発達・制御に焦点を当て，ヒトとヒト以外の発達を比較する。ヒトとヒト以外の動物の社会的コミュニケーションを支えるものとして，他者の情動を理解したり，自身の情動を表出したり，またそれを制御したりすることが必要となる。現在の情動の考え方は，従来とは異なり，理性と対立するものではなく，協調的に結びつき，そうした情報のやりとりをうまく行うことで，適応的に生きているということである。

　他者の認識と同様に，ヒトにおいては，自己の認知もきわめて重要な能力となる。ヒト以外の動物にも，自己の認識能力が備わっているのだろうか。いわゆる自己認識の研究は，自己鏡映像認知をメイントピックとして発展してきた。第9章では，チンパンジー（*pan troglodytes*）における自己鏡映像認知の詳細を報告し，近年ヒトや類人以外の動物の自己鏡映像認知の研究報告を行う。さら

に，タッチスクリーンによる新しいパラダイムを用いた研究や事象関連電位を用いた自己認識に関連する研究報告を行う。

　自己認識や他者の認知は，集団のなかでの社会的認知とパラレルに考えなければならない。なぜならば，社会的認知は，いつも個体ごとに個別に起こるだけではないからである。集団において，他者との駆け引きをうまくやることも，社会的生活において必要となる能力である。第11章では，他者の心的状態を推論する「心の理論」について，比較的視点から，チンパンジーとヒト幼児の比較を行う。ヒトにしか認められていないと思われていた，「心の理論」能力が，チンパンジーにも見られる可能性が示されたのである。集団のなかで，こうした能力が発揮される場面は，どのようなものであろうか。集団内における個体の駆け引きは，マキャヴェリアン的知性仮説の視点から論じられる。

　ヒトを含めて，個体同士が出会うときに，コミュニケーションが生まれる。コミュニケーションは，情報の伝達であり，さらに，その情報を伝えることにより，相手を動かすということまで意図されるものである。ヒトのコミュニケーションは，言語で行われる言語的コミュニケーションが主となるが，これと同じくらい重要なものとして，非言語的コミュニケーションがある。非言語的コミュニケーションはヒトと動物，ヒト以外の動物個体間にも利用されており，その発達進化を問うことなしにヒト的なコミュニケーションを理解することはできないと考えられる。第8章では，主に母子のやりとりに着目し，言語を生み出したヒトのコミュニケーションの発達進化に迫る。

　第8章で論じたコミュニケーションの延長線上に，社会的学習は成立すると考えてもよいだろう。人を含む社会的動物の多くは，自分自身で直接経験することなく，情報を獲得する，すなわち，学習することが可能である。このような学習を社会的学習（social learning），または観察学習（observational learning）と呼ぶ。ヒトは社会的学習を通じて効率よく知識を得るだけでなく，同じコミュニティのなかで知識や技能を共有することで文化を形成し，さらに世代を超えてそれらを伝承することもできる。第10章では，社会的学習のなかでも模倣に焦点を当て，ヒトはいつから動作模倣を始めるのか，社会的学習によって誰から何を学ぶことができるのかについて，ヒトとヒト以外の動物，主に霊長類の行動研究から得られた知見とを比較し，ヒトの社会的学習における特異性を論じることにする。

*

　本書では，ヒトとそれ以外の動物における多様なトピックスを取り上げ，比較認知発達科学の視点からの議論を通して，ヒトの特異性に迫る。すべての生き物は進化の産物なのであり，その発達の様相も進化の産物であり，ヒトも例外ではないのである。そうした考え方が，よりよくヒトを理解することになる。

BOOK GUIDE

● Itakura, S. & Fujita, K. (2008). *Origins of the social mind: Evolutionary and developmental views*, Springer.

　　ヒトおよびヒト以外の動物の社会性について，進化論的視点と発達的進展から論じている。

● 板倉昭二（2007）．心を発見する心の発達　京都大学学術出版会

　　ヒトがもつ他者に心を認める機能やメカニズムについて論考している。

● 板倉昭二（2006）．「私」はいつ生まれるか　ちくま新書

　　「自己」意識の出現についての進化と発達について論じている書。

第2章
脳の進化，遺伝と環境
心を形作るもの

上野 有理

　身振り手振りをつけて「心をこめて」というとき，胸のあたりに手をやる人は少なくないだろう。手話で「心」という単語は，胸を広く指差して表わされるそうだ。何かに驚いたとき，心躍らせたとき，心臓の鼓動が早まり，胸がドキドキする。心は胸（心臓）にあるのだろうか。

　心はどこにあるのか，という問いの歴史は古い。哲学的な問いでもあり，近年もなお議論の対象とされる。では問いを変えて，心の働きをつかさどる器官は何か，と聞かれればどうだろう。答えは明白だ。脳である（ただし心の働きを考える際，脳のみならず身体の末梢と環境の相互作用まで含める必要性も指摘されている〔大谷，2008〕）。

　本章では，心の働きをつかさどる主な器官である脳に注目する。現代人の脳の特徴は何か，どのように作り上げられてきたのか，おとなに至るまでにどのように変化するのか。これら脳の進化と発達に関するトピックを概観する。

第 1 節　脳とは何か

1. 脳 の 作 り

　脳は，無数の神経細胞と，それを補佐するグリア細胞からなる。神経細胞は，他の神経細胞とネットワークをつくり，情報を伝えあう。神経細胞間の結合の仕方は，経験に基づき変化する。たとえば，ある神経細胞の活動により，別の神経細胞が活動する。これを繰り返すと，両細胞間の結合は強まり，情報の伝達効率が高まる（これを「ヘッブ則」という）。こうして複雑に形成された神経細

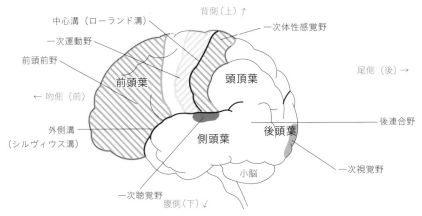

図2-1　大脳皮質の4つの頭葉（太字）と機能区分

胞ネットワークが，情報をやりとりし，心の働きをつかさどる。

　脳の構造は解剖学的に，大脳半球，脳幹，小脳に分けられる。なかでも大脳半球は系統発生上最も新しく，さまざまな認知機能を担う。大脳半球の表面には，神経細胞が層状に配列された大脳皮質がある。大脳皮質のうち，系統発生的に古い部分を旧皮質・古皮質，新しい部分を新皮質と呼ぶ。新皮質はその機能から，感覚野，運動野，連合野の3つの領域に区分される。ヒトでは連合野が新皮質の大部分を占めており，連合野はさらに，中心溝より前の前頭前野と後の後連合野に分けられる（図2-1）。

　脳の各領域は，それぞれ特定（かつ場合によって複数）の認知機能を担っている（これを「脳の機能局在」という）。たとえば，大脳皮質は，前頭葉，頭頂葉，側頭葉，後頭葉の4領域に分けられるが，大まかにいえば，後頭葉は視覚情報の，側頭葉は聴覚情報や社会的情報の処理を担う，という具合だ。このため脳の発達や進化を考える際には，脳全体の大きさのみならず，脳のどの部分が変化したのかに注目する必要がある。

2．ヒトの脳の特徴

　霊長類は哺乳類のなかでも，体サイズに比して大きな脳をもつ。そのなかでもヒトの脳はきわめて大きい。現代人の脳容量は1200〜1400 g程度だ。これは体サイズから予測される霊長類の平均的脳容量の6倍に相当する。化石人類

の脳容量の変化を追跡すると，ホモ属の出現以来，劇的に増加してきたことがわかる。心臓や腎臓，肝臓，腸といった各器官が占める重量で見ると，ヒトは，霊長類の平均から予測される重量の3倍近くを脳が占め，その分，腸の占める重量が少ない（Aiello & Wheeler, 1995）。腸に取って代わるかのように脳が大化している。

　では脳のどの部分が大きくなったのだろうか。霊長類全般に見られる脳の大化は，主に新皮質の増加によっている。なかでもヒトでは，前頭前野がとくに発達しており，大脳皮質全体の約3分の1を占めている。前頭前野は神経解剖学的にも，他の皮質領域と異なる特徴をもつ（Bianchi et al., 2013 など）。前頭前野には言語野が含まれるほか，自己モニタリング，情動のコントロール，表象の内的操作など，思考や行動判断に関わる働きがある。このため，前頭前野の急激な増大がヒトらしい心の働きをもたらしたともいわれる（ただしチンパンジーの前頭前野も他の霊長類に比べて大化が見られる〔Smaers et al., 2017〕。ヒトにおける前頭前野の大化は，他の霊長類から逸脱した特異なものとはいえないとする主張もあり〔Barton & Montgomery, 2019〕，さらなる研究の必要性が指摘されている〔DeCasien et al., 2022〕）。このほか，異なる感覚情報が集まる多感覚領域が大きいのもヒトの脳の特徴だ。このことが異種感覚マッチング（第3章参照）を容易にし，抽象的な情報処理を可能にしている。

　ヒトの脳が示すもう1つの形態的特徴として，しわの目立つことがあげられる。脳表面に溝と回（ひだ）をつくることで，限られた空間にしまいこめる脳の表面積を増やすことができる。また回と回との空間的配置が近づくことで，両者の間の連絡路が短縮され，効率的な連絡が可能となっている。

3．なぜ大きな脳をもつのか：機能の視点から

　進化の過程で，脳はやみくもに大きくなれるものではない。脳は他の器官に比べて，その発育と維持に多大なエネルギーを必要とする。現代のおとなにおいて，脳は全体重の約数％を占めるのみにもかかわらず，全エネルギー（正確には休んでいるときのエネルギー代謝）の約20〜25％を使用する。化石人類から現代人に至る進化の道筋において，ヒトは脳に費やすエネルギーの割合を増してきた（Leonard & Robertson, 1992）。維持のみならず発育にもエネルギーを要するこどもにおいては，5歳以下で40〜85％ものエネルギーを脳に費やしてい

る。このようにコストのかかる脳を大化させるには，コストに見合う利得があったはずだ。

　霊長類が比較的大きな脳をもつようになった要因として，いくつかの可能性があげられてきた。それらは次の2つに大別できる。1つは生態学的要因を強調するものだ。たとえば，大きな遊動域（行動範囲）をもって生活する種は，それだけ洗練された地理的空間についての情報処理をする必要があるため大きな脳をもつ。果実は葉に比べて入手が予測しがたいため，その採食には精緻な認知能力が求められる。このため葉食者に比べて果実食者は大きな脳をもつ。このように，生きていくうえで解決が必要な生態学的問題にうまく対処するために，大きな脳が進化したとする説だ。もう1つは社会的要因を強調するものだ。安定した社会集団で生活する個体は，単独生活では直面しないような社会的課題を課される。集団内の個体は，それぞれがときにこどもを産み，死に，集団を移出・移入し，互いに多くの交友関係を築いたり壊したりする。そこには絶えず変化がある。このように変化する社会集団において，他者と自分の関係性のみならず，他者間の関係性をも追跡し続けるには，多大な認知能力が求められる。こうした複雑な社会環境にうまく対処するために，大きな脳が進化したとする説だ（これを「社会脳仮説」という）。

　これらの仮説についてダンバー（Dunbar, 2003）は，ヒトを含むさまざまな霊長類種を対象に，脳に占める新皮質の割合と，生態学的・社会的変数との相関を見ることで検討した。生態学的変数として，食性に果実食が占める割合，遊動域のサイズ，1日の移動距離，採食様式（食物の入手に技術が必要か否か）を取り上げた。これら生態学的変数と脳に占める新皮質の割合との間に相関は見られなかった。いっぽうで，社会集団のサイズやグルーミング仲間のサイズ，欺きの頻度や社会的遊びの頻度など，社会的な複雑さや術に関わる変数と新皮質の割合との間には，強固な相関が見られた。このことから，霊長類における脳（新皮質）の大化は，何を食べているかなどといった生態学的要因ではなく，どのくらい大きな群れで生きているかといった社会的要因と強く関連しているとされた。

　霊長類では，社会集団のサイズと脳に占める新皮質の割合に強固な相関が見られるのに対し，鳥類や霊長類以外の哺乳類では相関は見られない。これらの動物群では，集団サイズに関係なく，繁殖様式がペア型であることが脳に占め

る新皮質の大きさに関連するという。このことからダンバーとシュルツ（Dunbar & Shultz, 2007）は，ペア型での繁殖に求められるような個体間の結びつきが，霊長類の社会生活において同性の個体間にも生じ，脳が大化する引き金となった可能性を指摘している。

ただし，生態学的要因と社会的要因の両者と脳の大化との関連を再検証した近年の研究では，社会的要因をより強調することへの反証（DeCasien et al., 2017；DeCasien & Higham, 2019）や，従来の検証方法への疑問（Powell et al., 2017）も示されている。さらなる研究の蓄積による検討の必要性が指摘されている（DeCasien et al., 2022）。

4．なぜ大きな脳をもつのか：メカニズムの視点から

ここまでは，なぜ大きな脳をもつのか，という問いに対して機能の視点から説かれる要因について述べてきた。では，ヒトが大きな脳をもつようになったメカニズム，生理的な要因は何だったのか。

まず，動物性食物の摂取を増やすことで，栄養面が豊かになったことが一因とされる。ヒトは，体サイズのわりに高質な食物を食べてきたという。他の霊長類に比べ，ヒトの消化管は短く，カロリーに富み消化が容易な食物を食べるのに適している。こうした特徴が，ヒトにおける大きな脳の進化と密接に関連するという（Leonard & Robertson, 1994）。加熱調理の重要性も指摘されている（Wrangham & Conklin-Brittain, 2003；Herculano-Houzel, 2012など）。加熱調理することで，一部の植物性食物や肉は柔らかく噛みやすくなり，エネルギーの摂取効率もあがる。加熱なくしては消化できないようなものも，食物資源として利用することができる。より効率的なエネルギー摂取法への転換は，脳の大化で必要となるエネルギー収支の拡大に重要な役割を果たしたと考えられる（Navarrete et al., 2011；Pontzer et al., 2016）。

食物が柔らかく噛みやすくなると，顎による咀嚼の負担は軽くなり，咀嚼のための頭蓋の大きな筋肉は不要になる。大きな筋肉がなくなった分，脳が大きくなるための空間的余裕が頭蓋骨にできたという。活動することで発熱する脳を冷却するための身体的仕組みが脳の周辺にできたことも，脳が大きくなることを可能にした一因だといわれている。

エネルギー収支の拡大に伴い，エネルギー不足に陥るリスクを避ける仕組み

も重要になる。ヒトは大型類人に比べ，体脂肪率が高い（Pontzer et al., 2016）。こうした代謝の特徴や，食物の提供や分配といった行動は，エネルギー不足のリスクを緩和するための仕組みとして機能したと考えられる（Navarrete et al., 2011；Pontzer et al., 2016）。身体・行動両面でのさまざまな変化の積み重ねが，ヒトの脳の大化につながったのだろう。

第2節　脳の発達

1．ヒトの脳は生まれたときから大きいのか

　ヒトに特徴的な大きな脳は，どのような発達過程によるのだろうか。出生時のヒトの脳容量は約380 g。成人の約4分の1だ。いっぽう大型類人であれば，出生時の脳容量はすでにおとなの約半分に達している。脳の成長速度は，他の霊長類では生後急速に衰える（Leigh, 2004）が，ヒトの場合，胎児期から生後2年目まで維持される。生後の脳重量の変化を見ると，ヒトの脳は，生後6カ月までにおとなの50%の重さになり，2歳で約75%，5歳で90%，10歳で95%となる。ヒトは出生後，飛躍的に脳を発達させ，その容量を増す。

　いっぽう，出生後のみならず出生前の脳発達も，ヒトは他の霊長類と異なることが示唆されている。酒井ら（Sakai et al., 2012）は，およそ妊娠14〜34週のチンパンジー胎児の脳の発達を超音波画像で調べ，ほぼ同時期のヒトの胎児と比較した。その結果，およそ妊娠22週まで，脳の発達速度は両者で増していくものの，その速度はヒトに比べてチンパンジーで遅かった。それ以降の成長の加速は，ヒトのみで見られ，チンパンジーでは見られなかったという。ヒトの脳は，出生前からはやい速度で成長し，生後も発達を続ける。出生前からの長い時間をかけて大化していくようだ。

2．脳の構造発達

　脳の構成要素である神経細胞同士の結合は，胎児期から複雑さを増していく。それら結合の密度は出生直後に急激に増大するが，すべての結合が残るわけではない。一部は消え，必要な結合のみが残る（これを「刈り込み」という）。これにより，情報伝達効率のよい脳内ネットワークが形成されていく。

　神経細胞間の結合密度の増加の仕方や刈り込みのタイミングは，脳領域によ

進化発達心理学

　ヒトの本質を探るための学問の1つに進化心理学がある。ヒトの心の働きを進化論に基づき捉える学問領域だ。進化心理学では，進化の過程でヒトの心を形作ってきた淘汰圧を同定し，それに基づくならばヒトが示すだろう心理的機能を実際にヒトが示すのかを検証する。それにより，裏切り者に対して敏感なヒトの心理傾向や，男女の行動や認知の違いなど，ときに無自覚に起こるさまざまな心の働きを明らかにしてきた。

　進化心理学が検討の対象とするのは，主におとなだ。ヒトの本質を明らかにするうえで，おとなの心の働きを詳しく検証し，知ることは必須といえる。しかしそれとは別に，おとなに至るまでの発達そのものに注目する視点が必要だとし，進化発達心理学が提唱された。提唱者であるビョークランドとペレグリーニ（Bjorklund & Pellegrini, 2002）は，進化心理学に不足する点として次の2つをあげている。1つは，系統上ヒトに近縁な種である大型類人との比較を重視することだ。彼らは，認知の進化には連続性があると考え，とくに大型類人とヒトの類似点と相違点を浮き彫りにすることに重きを置く。もう1つは，こどもに注目し，発達の過程を検討する視点だ。

　ヒトは他の動物に比べ，未成熟期が長い。未成熟期が長いことは，明らかなコストを伴う。性的に成熟し，次世代に子孫を残す前に死亡してしまうリスクが高まるからだ。ヒトはこの長い未成熟期に，多様で複雑な社会にうまく対処するのに役立つ柔軟で可塑的な術を身につける。これにより，コストを上回る利益を得ると考えられている。すなわち，未成熟期の経験は，成人期の準備としての機能をもつ。その延期された利益にこそ，適応的意義があるという。しかし，こどもで特徴的に見られる行動や心の働きのなかには，発達のその時期にのみ適応的に働くものがあるとビョークランドら（Bjorklund & Pellegrini, 2002）は指摘する。

　たとえば，こどもに特徴的な行動の1つに遊びがある。なかでも男児によく見られるのが，身体を動かし仲間とふざけあう取っ組み合い遊びだ。この遊びでは，身体の動きや表情で，遊び（攻撃ではない）の意図を伝えつつ，他者と活動する必要がある。このため取っ組み合い遊びは，社会的なシグナルを実践し，仲間との関わり方を学ぶ場として役立つと考えられる。それと同時に，身体的発達を促すのに重要な運動の機会でもあるという。取っ組み合い遊びの進化の過程では，成人役割の練習という成人期に役立つ後の機能だけでなく，個体の発達そのものに関わる即時的な機能にも，淘汰圧がかかった可能性がある。物を使った遊びは，問題解決を求められる場面で役立つ可塑的な行動を引き出す（Sylva et al., 1976）。物を使った熱心な遊びには，因果関係を調べるなど，世界の仕組みを知るのに役立つ実験的探索の意味も見出せる（Cook et al., 2011）。ヒトは，他の動物に比べてこどもとして過ごす時間が長く，長期間にわたり遊ぶ。遊びを通じてこどもは，成人期であればリスクを伴いうる行動ややりとりを，安全な環境のなかで経験できる。それらの経験を通じて，成人期に必要となる術を学んでいく。即時的にも，将来的にも，こども期に遊びがあることに適応的意義があるという。

ビョークランドとペレグリーニ（Bjorklund & Pellegrini, 2002）は，次のように述べている。

　　環境は個体発生上，時期ごとに異なるから，その時間軸を考慮に入れる必要がある。（中略）ヒトの本性は，遺伝子にまたその遺伝子が本来働く種特異的な環境に，さらに環境の変動に応じて成り立っていく遺伝子の発現過程の，複雑な相互作用にあるのである。

こどもの行動や発達の過程そのものに注目することが大切だ。

り異なる。各神経細胞内での情報伝達効率をあげるための仕組み（「髄鞘化」）についても，その発達時期は脳領域により異なる。いずれについても，前頭前野の発達は他の脳領域に比べて遅い傾向にある。

　脳の構造発達に種による違いはあるのだろうか。ヒトの前頭前野における刈り込みや髄鞘化は，アカゲザル（Macaca mulatta）やチンパンジーに比べて長い期間をかけてゆっくりと進んでいく（Miller et al., 2012；Petanjek et al., 2011 など）。酒井ら（Sakai et al., 2011）は，3 個体のチンパンジーの脳の MRI 画像を，誕生から 6.5 歳になるまで縦断的に撮影した。それらをアカゲザルやヒトの資料と比較したところ，前頭前野の白質の発達パターンは，ヒトとチンパンジーの間で類似し，アカゲザルでは異なるという。前頭前野の白質は，後頭の脳領域と相互に連結して複雑な認知過程を媒介しているといわれる部位だ。アカゲザルとは異なり，ヒトとチンパンジーでは，性成熟に達するまでその容量は未熟で，おとなのレベルに達しない。このことから，ヒトの発達過程で見られる前頭前野白質の発達の遅れは，チンパンジーとヒトの共通祖先において出現した特徴だと推測される。いっぽう乳幼児期における容量の増加を見ると，チンパンジーでの増加速度はヒトに比べて遅いという。すなわちヒトの前頭前野白質の発達は，チンパンジーと同様に時間をかけて進むが，乳幼児期には比較的急速に発達する点で特徴的だ。こうした脳の発達パターンが，ヒトの乳幼児における複雑な社会的交渉の発達や，新たな知識の習得を支えている可能性が指摘されている（Matsuzawa, 2013）。

3．新生児や乳幼児の脳活動を測るには
　脳活動を測る最も直接的な方法として，神経細胞に電極を刺し，その電気活

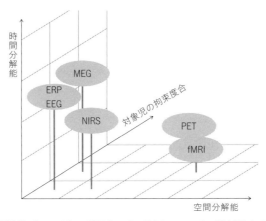

時間分解能

MEG

ERP
EEG

NIRS

対象児の拘束度合

PET

fMRI

空間分解能

図 2-2　脳機能イメージング研究の各手法についての相対的な長所と短所

（出所）　Johnson & de Haan, 2011 より作成。

動を計測するというものがある。霊長類では主にマカク類を対象に，この手法
による研究が数多く行われ，特定の神経細胞（群）と認知機能の対応関係が示
されてきた。たとえばミラーニューロンの発見がある（第 10 章も参照）。ミ
ラーニューロンは，マカクの腹側運動前野にある神経細胞で，自身が動作をし
た際だけでなく，他者が同じ（または類似した）動作をするのを観察した際にも
発火する。動作の生成と，動作の観察による情報処理の両者に関わるこの神経
細胞（や神経回路）は，模倣学習をはじめとする社会的な認知に関わる重要な
システム（「ミラーニューロンシステム」）として注目されている。

　神経細胞に電極を刺すような侵襲的な手法は，ヒトを対象とした研究には原
則適用できない。ヒトの脳活動を測る手法として主に用いられるのが，機能的
磁気共鳴画像法（fMRI），陽電子放射断層撮影法（PET），近赤外線分光法
（NIRS），脳磁図（MEG），事象関連電位（ERP）だ。これら非侵襲的な手法を用
いて，脳の活動を可視化することができる。たとえば前述のミラーニューロン
について，ヒトのおとなにおいても同様のシステムのあることが，fMRI や
PET を用いた研究により示されている（Grafton et al., 1996；Rizzolatti et al., 1996；
Iacoboni et al., 1999）。

　これらの手法は互いに異なる特徴をもつ（図 2-2）。fMRI や PET は空間分解
能に優れている半面，時間分解能に難がある。ERP（または EEG）はその逆だ。

MEG は時間分解能に優れ，空間分解能も ERP に比べればよい。NIRS は空間分解能も時間分解能も，他の手法に比べて中庸といえる。しかし fMRI や PET，MEG は，測定に大がかりな装置を必要とし，わずかな身体の動きにもデータが乱されるため，計測時には特定の空間内で身体を拘束する必要がある。こどもが寝ている間や眠そうな場合に聴覚刺激（音楽や話など）を呈示しての計測は可能だが，それらの場合を除き，6〜7 歳より下の年齢のこどもに適用するのは難しい。いっぽう ERP は，感度のよい電極を頭皮上に置くだけで計測が可能だ。NIRS も同様に記録が簡便で，両者は身体の動きにも比較的強い。このため新生児や乳幼児の脳活動を測る際には，主に ERP や NIRS が用いられる。

　近年，ヒト以外の霊長類に対しても同様に，非侵襲的な手法を用いた研究が進められている（Parr & Hopkins, 2000；Ueno et al., 2008 など）。とくにヒトとチンパンジーの脳活動を直接比較した研究からは，認知機能と脳活動の関連について，両種の類似点と相違点が明らかにされつつある（Hecht et al., 2013；Rilling et al., 2007 など）。またアカゲザル新生児を対象に EEG（脳波）を測定した研究からは，ミラーニューロンシステムの基本要素が，生後の非常に早い時期から働いている可能性が示された（Ferrari et al., 2012）。

4．認知発達研究に対する脳活動計測の効用

　非侵襲的に脳活動を測る研究手法には，認知発達の脳内機構を捉えるだけでなく，行動研究を補完するものとしての意義も見出せる。乳幼児を研究する手法として，まず求められるのが次の 2 点だ。言語による説明や精緻な反応を必要としない課題であること。そして幼いこどもは短い時間しか集中が続かないため，訓練を必要としない課題であることだ。1950 年代以降，これらを満たした数々の研究手法が開発された（選好注視法や馴化・脱馴化法など；第 4・5 章参照）。ERP や NIRS を用いた研究手法もこれに当てはまる。

　脳活動を測ることで，ときに行動指標で測りえない乳児の世界を捉えることができる。たとえば，ヒトの乳児に言語音の弁別課題を行うと，6〜8 カ月齢児は母語のみならず，母語以外の言語音も弁別できる。こうした母語以外の言語音に対する弁別能力は，10〜12 カ月齢に至るまでの間に消失することが，行動実験により示されてきた。しかし，こうした弁別能力について ERP を指

標に調べると，脳活動のレベルでは，11 カ月齢児でも母語以外の言語音への敏感さを保持していることが明らかになった（Rivera-Gaxiola et al., 2005）。脳活動計測は，行動実験では検出できない乳児の認知の世界を探りうる，重要な手法といえる。

第**3**節　心の発達に作用するもの

1．心は遺伝する

　身長や体重といった身体的特徴に遺伝の影響があるのは想像にたやすい。心についてはどうか。

　心の働きをつかさどる主たる器官は脳だ。脳はたんぱく質で構成・制御されている。いつ，どのようなたんぱく質が発現するかは，遺伝子と環境の相互作用による。心の働きも，少なからず遺伝子による影響を受けるといえる。たとえば，同じものを口にした際，とても苦いと感じる人もあれば，まったく苦みを感じない人もいる。ある種の苦味物質に対する感受性には個人差があり，味の好き嫌いと関連している。こうした感受性の違いは，遺伝子配列の多様性により説明される（Mennella et al., 2005）。また，ときに人は，馴染みのない食物に対し味わうのを躊躇する。新奇な食物を忌避する程度には個人差があり，遺伝による影響を受ける（Cooke et al., 2007）。どのような食物を好むのかという心の働きは，複数の遺伝子に少なからず規定されるのだ。

　社会行動との関連が示唆される遺伝子配列もある。この遺伝子配列について，ハンモックとヤング（Hammock & Young, 2005）は，ヒトとチンパンジー，ボノボの間で種間比較を行った。チンパンジーとボノボは，ともにヒトに最も近縁な種だ。しかし両種は，その社会行動において異なる（第11章参照）。一般に，ボノボはチンパンジーに比べて個体間の社会的かつ性的な結びつきが強く，敵対的な行動が抑えられる傾向にある。注目した遺伝子配列は，ボノボとヒトの間で高い相同性が見られたが，チンパンジーでは異なったという。またカセレスら（Cáceres et al., 2003）は，ヒトとチンパンジーを対象に，大脳皮質における遺伝子発現の種差を検討した。肝臓や心臓といった器官では遺伝子発現の様相に種差が見られないのに対し，大脳皮質においては種間で明らかな違いが見られたという。脳内におけるこうした遺伝子発現の様相の違いが，ヒトに特異

的な脳の働きをもたらしている可能性が指摘された。

　ヒトの前頭前野では，一部の遺伝子の発現時期がアカゲザルやチンパンジーに比べて遅い。こうした遺伝子発現の様相と，時間をかけたヒトの脳・認知発達との関連が議論されている（Liu et al., 2012；Somel et al., 2009 など）。遺伝子のレベルで種間比較を行うことは，ヒトに特徴的な心の働きをもたらすメカニズムを知ることにつながる。

2. 認知発達と遺伝と環境

　心は遺伝する。そして環境による影響も受ける。両者はどのように心の発達に関わるのだろうか。

　認知能力と遺伝と環境の関係については，家族研究や双生児研究，養子研究により検討されてきた。家族研究では，家族内での認知能力の類似性を見ることで，認知能力が家系に伝わっているか否かを検討する。しかし家族研究では，遺伝による影響と環境による影響を区別することは難しい。一般に，家族は遺伝子と環境の両者を共有するためだ。両者を区別するために行われるのが，双生児研究と養子研究だ。双生児研究では，遺伝的にまったく等しい一卵性双生児と，半分の遺伝子のみを共有する二卵性双生児の類似性を比較する。遺伝による影響があるならば，二卵性よりも一卵性双生児で類似性が高いと推測される。養子縁組は，家庭環境は共有するが遺伝的には無関係のペアと，遺伝子を共有するが家庭環境を共有しないペアを作り出す。養子研究では，各ペア間での類似性をもとに，遺伝と環境の影響を推定する。これらの研究から得られた知見は，言語能力をはじめとするさまざまな認知能力が，少なからず遺伝の影響を受けることを示している。しかし遺伝による影響があるということは，それが運命的に決定されたものであることを意味するわけではない。個体の認知能力は，個々の内的・外的環境から影響を受けながら発達していく。

　アカゲザルやリスザルなどの霊長類において，発達早期における母親からの隔離は，行動や生理，神経生物学的な一連の欠損を生じることが，数々の研究により報告されている（Bennett & Pierre, 2010；Lyons & Schatzberg, 2003 など）。母親から隔離されたこどもは，社会性や情動のみならず，学習や認知の面においても機能の低下が見られる。初期の養育経験は，海馬をはじめとするいくつかの脳領域において形態的変化を生じさせる。

ヒトにおいても，乳幼児初期の養育環境の不遇により，学習や認知機能が損なわれる例が報告されている。ネルソンら（Nelson et al., 2007）は，ルーマニアの養護施設で社会的剥奪のもと育ったこどもたちの発達を，環境変化との関連から検討した。彼らは，その養護施設から養子に出されたこどもたちと，施設に残ったこどもたち，そして施設に収容されたことがなく家族とともに暮らしていたこどもたちの間で，さまざまな発達指数の比較を行った。まず，養護施設に収容されているこどもたちは，施設経験のないこどもたちに比べて発達が全般に遅れていた。その後の追跡調査により，養子に出されたこどもたちでは，施設に残ったこどもたちに比べて発達（知能指数など）に回復が見られることが明らかになった。しかしその程度は，養子に出された時期により異なる。2歳ごろまでに施設を出て養子になったこどもたちは，それ以降に施設を出たこどもたちに比べて発達指数が高かった。養子に出た時期の影響は，脳活動の違いにも現れるという（Vanderwert et al., 2010）。社会的剥奪は，脳下垂体−アドレナリンシステムの働きや神経ペプチドの長期的な変化をもたらすことが知られている（Wismer Fries et al., 2008）。これらのことは，次のことを意味する。認知の発達には環境の影響があるが，そこから回復する可塑性がヒトにはある。しかし，その可塑性にも限界がある。発達初期の経験は，脳の構造や機能に作用し，認知発達に影響を与えるのだ。

　一部の脳領域は，特定の経験に対する感受性が限られた時期に高いため，その時期に特定の経験をすることが重要だといわれる（これを「敏感期」という）。たとえば，言語の習得には敏感期があるという。先にあげたルーマニア幼児の発達研究も，認知発達における敏感期の存在を示す例かもしれない（Nelson et al., 2007）。敏感期があるということは，その認知能力の発達に，何らかの遺伝的制約と環境から取り込んだ情報との相互作用があることを示す。クール（Kuhl, 2000）によれば，言語習得における敏感期は，時期のみならず，それまでの経験により作られた神経基盤によっても制約を受けるという。

3．生得性とは何か

　出生時点ですでに見られる行動や認知能力は，生まれつき備わっている生得的なものだとされる。しかし生得的とされる行動や認知能力についても，遺伝と環境の相互作用を考える必要がある。

私たちは感覚器を通して，自身を取り囲む外界の情報を受け取る。触覚，味覚，嗅覚，聴覚，視覚の五感のうち，視覚を除く4つの感覚は，胎児期から発達し機能していることが，胎児期を対象とした研究により明らかにされている（第3章参照）。環境からの情報の取り込みは，すでに胎内で始まっているのだ。たとえば新生児は，胎児期に聞きなれた物語の文章を，聞きなれない文章に比べてより聞こうとする（DeCasper & Spence, 1986）。また乳児では，胎児期に経験した風味を受け入れやすいことが報告されている。メネララ（Mennella et al., 2001）は，妊娠後期のヒトにニンジンジュースを一定の期間毎日飲んでもらい，生まれてきた乳児のニンジンに対する反応を調べた。妊娠後期にニンジンジュースを飲まなかった妊婦の乳児と比較すると，ニンジンジュースを飲んでいた妊婦の乳児は，ニンジンの風味をより受け入れやすいことが示された。羊水には母親の食べる食物の風味がうつる。その風味を，胎児は羊水を通して日々経験している。生まれる前の経験が，生後の乳児の行動に反映されたと考えられる。同様に，出生時点で見られる行動や認知能力も，胎内での内的・外的環境の影響により現れた可能性がある。

　チンパンジーにおいても，胎児が異なる音を知覚し記憶している可能性が，胎児期から生後にかけて行われた行動実験により示されている（Kawai et al., 2004）。

　では，生まれながらに備わっているものとは何なのだろうか。ヒトの乳児は，ものの性質や数学，文法に関する基本的な知識をもつとされる（第4・5章参照）。これらの一部は生得的なものだとする考えがある。一部の基本的な知識を，ヒトは生まれながらに持ち合わせているというのだ。一方，生まれながらにしてもつのは知識そのものではなく，生後の経験をもとに知識を形成するための構造的基盤だとする考えもある。後者の視点でいえば，生得性とは，個体が特定の情報を理解する方法は生まれながらに制約される，ということを意味する。結果として獲得される知識や行動は，遺伝的に決定された必然ではなく，環境との相互作用の結果として生じるものといえる。

　こうした生得性に関する議論は，脳の発達についても見られる。おとなに見られる脳の機能局在はどのように形作られるか，という問いに対し，生得的であるとする立場と，生後の学習によるとする立場がある。いっぽう，生得的なバイアスと生後の経験の両者が重要であり，それらの相互作用によるとする主

張もある。脳のさまざまな領域は，効率よく処理される情報の類に生まれながらにしてバイアスがあるが，そのバイアスは本来弱いもので，経験とともに特殊化が進み，脳の機能局在が確立されていくというのだ。生得性に関する議論は今なお続いている。

4．U字型の発達

　行動や認知能力の発達過程は，常に一定方向に向かうものではない。発達の過程で一度出現した行動や認知機能が，いったん消失（または減少）し，時間を経て再び出現する場合がある。こうした発達の様相を，U字型の発達という。たとえば，ヒトのこどもは，生後間もなくから上体を支えられると歩くかのごとく脚を動かすが，こうした行動は約3カ月齢以降消失する。そして8カ月齢ごろから再びつたい歩きを経て，独り歩きが見られるようになる。言語習得や身振りの理解（Church et al., 2000；Namy et al., 2004），数学的認知（McNeil, 2007）などにおいても，U字型の発達過程が報告されている。発揮される認知知能力は必ずしも年齢とともに向上するわけではなく，ときに，より前進する前に一度後退するのだ。

　このようなU字型の発達パターンは，チンパンジー乳幼児でも報告されている。林・松沢（Hayashi & Matsuzawa, 2003）は，チンパンジー3個体を対象に，定位的操作の発達を縦断的に観察した。物と物を組み合わせた操作は，生後8〜10カ月齢で初出が確認されたが，その後，数カ月にわたりほとんど観察されなかった。1歳半以降で再び急激に頻度が増加し，その精緻性も増したという。

　認知発達は，認知のさまざまな側面と，そのときおかれた外的環境との複雑な相互作用により引き起こされる。一度消失した後，再び出現する行動の機序と，初出時のそれとは必ずしも同じではない。発達上，行動が消失したかに見える時期の役割が大きい場合もある。U字型の発達を引き起こす要因を詳細に調べることで，認知発達のメカニズムをよりよく理解することができると考えられる。

第**4**節　時間がかかるヒトの発達

1．未熟に生まれてゆっくり育つ

　ヒトは，他の霊長類に比べて未熟な状態で生まれてくる。先に述べたように，出生時のヒトの脳の成長段階は他の霊長類に比して遅い。ほとんどの霊長類種の新生児が生後直後から母親にしがみつくことができるのに対し，ヒトの新生児はそうした運動機能を備えていない。よちよち歩けるような基礎的な運動能力を獲得するのにも，生まれてから１年程かかる。なぜか。その理由の１つに，女性の骨盤の大きさによる制約があるといわれている。

　ヒトは直立二足歩行により移動する。効率よく二足歩行をするためには，骨盤が胴体を安定的に支えなければならない。上半身の重みを支える強さが骨盤に求められる。このためヒトの骨盤は，他の霊長類に比べて短く，産道の大きさが制約されるにことになった。こどもが生まれるためには，その頭が通るのに十分な産道の広さが必要になる。直立二足歩行によく適応することで生まれたこの制約は，進化の過程で脳容量が劇的に増加する際に問題となっただろう。その解決策として，脳がまだとても小さい未熟な状態で，ヒトはこどもを産むに至ったと考えられる。生まれてくるヒトのこどもの頭囲は，産道の幅ギリギリの大きさだという（Barrett et al., 2002；第８章も参照）。

　出生時の未熟さも然ることながら，ヒトは出生後の発達にきわめて時間がかかる。ヒトのこどもは，10歳時においてなお，おとなの50％の体重にしかならない。離乳は伝統文化において３～４歳ごろだが，歯や内臓が未発達なため，少なくとも７歳ごろまでは自力で食物を用意し生きていくことはできない。他の霊長類のこどもにとって，離乳はすなわち自力で食べていくことを意味するが，ヒトには離乳をしても自力で食べたり移動したりできない期間がある。性成熟を迎えるのもずっと先だ。ヒトとチンパンジーのおとなの体重はほぼ同じだが，性成熟に達するまでにかかる時間は，チンパンジーよりヒトで５～７年長い。

2．発達を支えるもの

　自分で食べることのできない期間，こどもは母乳（または人工乳）のみなら

ず，離乳食や幼児食により栄養を摂取し，その成長が維持される。生後間もなくから，母乳以外の栄養摂取の術があることで，母親以外の他者もこどもに栄養源を与え世話をすることが可能になる。ヒトが，過酷な自然環境下においても長期にわたる子育てを行えるのは，母親のみならず，それ以外の他者がともに育児に関与し，積極的にこどもの世話に携わる故だといわれる（Hrdy, 2009）。母親以外の他者がこどもの世話を共有する繁殖システムを，共同繁殖という。ヒトは進化史上の長い間，共同繁殖を行ってきた。ヒトの乳児は，他者の意図を正しく測り，その注意をひく能力をもつ（第7・8章参照）。ヒトの2.5歳児とチンパンジー，オランウータンの認知能力を直接比較した研究によれば，ヒトにとって重要な認知適応は，社会的認知の発達だという（Herrmann et al., 2007）。フルディ（Hrdy, 2009）によれば，このような認知発達を進化の過程で促したのは，共同繁殖だったという。共同繁殖のもとでは，乳児は母親のみならず，それ以外の者をも上手くモニターすることで利を得る。共同繁殖をするヒトでは，乳児と他者が互いの意図や気持ちを把握でき，わかりあえる関係を築くことが，進化の過程で重要になっていったという（Hrdy, 2009）。

　しかし共同繁殖をする霊長類はヒトのほかにもいる。進化の過程で何がヒトに特異だったのか。

3．進化の道筋

　現在，世界には約350種の霊長類がいる（図2-3）。それらはアフリカ大陸やアジア，中南米にわたり広く生息するが，北米とヨーロッパに生息するのはヒトだけだ。

　同じ霊長類でも，種により社会構造や食性，生活史はさまざまだ。オランウータンなど一部の種を除き，ほとんどの霊長類は，複数の個体からなる群れをつくり生活している。群れのタイプには主に，オスとメスが1個体ずつで対をなすペア型，1個体のオスと複数のメスが群れをなす単雄複雌型，複数のオスと複数のメスが群れをなす複雄複雌型がある。どのような群れで生活するかは，採食戦略や捕食者対策，繁殖戦略に関わる。

　食性も種によりさまざまだ。葉を主食とするもの，果実を主食とするもの，樹液や昆虫を食べるもの，肉食を行うものもある。ヒトは他の動物に類をみないほど，多種多様な資源を潜在的食物として利用する。地球上，ここまで広範

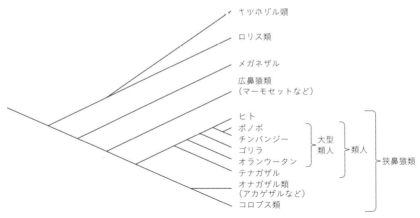

図 2-3　霊長類の大まかな分類と進化の道筋

にわたる地域に生息する霊長類はヒトのほかにいない。それだけ多岐にわたる環境に適応して生活する能力をもつ証といえるだろう。

　共同繁殖をするヒト以外の霊長類として，南米に住むマーモセット類があげられる。多くの種が雑食性で，ペア型の社会構造をもつ。他の霊長類とは異なり，1回の出産で複数の個体を産むのが特徴だ。マーモセット類では，母親のみならず，父親や年長のきょうだいが子育てに関わる。こうしたマーモセット類の子育て様式は，その社会構造と採食・繁殖戦略に起因するとされる（Rapaport & Brown, 2008）。

　マーモセット類は雑食性で，季節変動のある複雑な環境に生息している。こどもは，自身の成長を支えるのに必要な栄養をうまく摂取する術を，主に学習により身につけていかなくてはならない。養育個体との親密な関係は，こどもが栄養を補い，技術を学ぶ機会を保障する（Coussi-Korbel & Fragaszy, 1995）。父親や年長のきょうだいから食物が与えられることで，こどもの栄養・技術不足が補完されるため，比較的早期に離乳しつつもこどもの生存が保たれる（Rapaport & Brown, 2008）。離乳を早めることで，メスは次の繁殖サイクルに速やかに移行できる（Garber & Leigh, 1997；Ross & MacLarnon, 2000）。マーモセット類はペア型なため，こどもの父性が確実（生物学的な父親が明確）だ。一度に複数産まれるこどもの世話をし早い離乳に寄与することは，オス（父親）にとっても，自身の適応度上昇につながる意義がある。マーモセット類の示す子

育ての様式は，こうした社会・生態学的背景によるという。

　マーモセット類とヒトは系統上離れているが，それぞれの進化の過程で共同繁殖に適応的意義があったと考えられる。系統上ヒトに最も近縁なチンパンジーは，さまざまな認知能力でヒトとの類似性を示す。一方で，子育ての様式は異なる。チンパンジーの群れは複雄複雌型のため，父性が不確実だ。こどもの世話は，もっぱら母親が行う。

　ヒトに特有な認知能力は，大型類人が共有する認知能力に，共同繁殖による淘汰圧がかかったことで進化したと，バーカートらは主張する（Burkart et al., 2009）。大型類人は，他者の注意や意図を理解する能力を示す。しかしその能力は，基本的に競合場面でのみ発揮される（第11章参照）。協力的な場面でその能力を発揮するためには，向社会的な動機づけが重要だ。共同繁殖をする種は，他者への強い忍耐性と自発的な向社会性を示す。ヒトは大型類人と祖先を共有し，かつ共同繁殖をする唯一の種だ。系統上ヒトの祖先がもっていただろう認知能力に，共同繁殖に基づく動機づけが加わることで，ヒトに特異な社会的認知能力が進化したという。

4．発達の種間比較から

　ヒトの心は，長い進化の過程で環境への適応として形作られてきた。生きていくうえで必要なさまざまな術を習得するのに十分な時間を費やすべく，ヒトではこどもの期間が極端に長くなるよう進化したという（第8章も参照）。このように時間をかけて発達することは，行動や認知の可塑性をもたらす点でも重要だ。可塑性が，さまざまな環境やその変化に適応的に振る舞うことを可能にする。ヒトにおける認知発達の柔軟性は，脳構造の発達過程にその基盤を見てとれる。ヒトは発達上，長い時間をかけて，経験に基づく脳内ネットワークを作っていく。脳のなかでも前頭前野の発達が比較的遅い。このため，幼いこどもでは思考や行動の制御が難しい。このことが逆に，幼いこどもが自由に探索し，柔軟に学ぶことを可能にしているという。

　環境には，どのような他者にどのように囲まれるかという社会的な側面と，どのような自然環境にどのように囲まれるかという生態学的な側面がある。これらはともに，ヒトの進化に関わったはずだ。環境との関わりのなかで，心は発達し，進化する。さまざまな霊長類を対象に，発達の過程そのものを比較し，

種による社会・生態学的違いとの関連を検討する。こうした取り組みの積み重ねが，ヒトの本質の理解へとつながっていくだろう。

BOOK GUIDE

●渡辺茂・小嶋祥三（2007）．脳科学と心の進化　岩波書店
　　霊長類における脳の構造や仕組み，進化について学ぶことができる。

●京都大学霊長類研究所編（2009）．新しい霊長類学——人を深く知るための100問100
　　答　講談社
　　霊長類の一般的特徴について学ぶことができる。

●スプレイグ，D.（2004）．サルの生涯，ヒトの生涯——人生計画の生物学　京都大学学
　　術出版会
　　霊長類の進化と繁殖戦略の関連について学ぶことができる。

●長谷川寿一・長谷川眞理子・大槻久（2022）．進化と人間行動［第2版］　東京大学出
　　版会
　　行動進化の理論的背景について学ぶことができる。

第**3**章
感覚・知覚
世界を捉える基盤

伊村 知子

　感覚・知覚のシステムは，環境への適応を通して形作られた進化の産物であり，胎児期から乳児期，おとなまでのさまざまな発達段階を通して変化する。たとえば，霊長類の特徴として優れた視覚があげられるが，新生児の視覚は未熟であり，他の感覚よりもゆっくりと発達する。ヒトの感覚・知覚のシステムは，霊長類のなかでもとくに時間をかけて発達することが明らかにされてきた。

　また，感覚・知覚の発達には，遺伝だけでなく環境の要因が大きく影響することも明らかになっている。近年では，このような生後の多様な環境に合わせた柔軟な適応の仕組みが，ヒト以外の霊長類の感覚・知覚のシステムにも備わっているかどうかについても関心が集まっている。

　本章では，感覚・知覚のシステムのなかでもとくに視覚，聴覚，味覚，嗅覚と，複数の感覚情報の統合についての比較認知発達研究を概観し，ヒトの感覚・知覚の発達とその特徴および適応的な意義を明らかにする。

第**1**節　視　覚

　ヒトを含む霊長類の視覚機能は，乳児期に急激に発達する。本節では，乳児期の視覚の時空間特性の発達的変化について概観した後，色彩視，立体視，運動視，形態視のそれぞれの視覚機能の発達について概説する。それぞれの視覚機能の発達時期について霊長類種間で比較することにより，ヒトの視知覚の発達の特徴とその適応的意義を明らかにする。

1. 空間特性：視力とコントラスト感度

　視覚機能の最も基礎的な指標として，視力があげられる。乳児では，自発的な注視行動を測定する選好注視法（preferential looking method：PL法）や，視覚刺激に対する脳活動を測定する視覚誘発電位（VEP）などが用いられてきた（Fantz, 1961, 1964；Teller et al., 1974）。選好注視法による視力の測定では，乳児に対して，正弦波格子の白黒の縞とその平均の明るさの灰色の無地のパターンを左右に対にして呈示する。乳児は，もともと単純なパターンよりも複雑なパターンをより好む性質がある。したがって，乳児が縞模様と無地のパターンの違いを弁別できるならば，縞模様のほうを統計的に有意に頻繁に注視するはずである。次に，白黒の縞の幅を少しずつ細くして，白と黒の繰り返し回数を増やしていく。すると，乳児は，縞模様と無地のパターンの違いを次第に弁別できなくなる。このようにして，縞を知覚できる最大の白黒の繰り返し回数（サイクル数）を視力として推定する。視力は，視角1度あたりに含まれる縞のサイクル数（cycle per degree：cpd），空間周波数で表される。

　ヒトの新生児の視力は生後半年前後までに急激に発達する。生後1カ月の乳児の視力は，およそ1cpd（およそ0.03）程度であるが，3カ月児では約3cpd（およそ0.1），6カ月児では約6cpd（およそ0.2）と，大幅に上昇する。その後，おとなと同じ程度（50〜60cpd）の視力に達する時期は，およそ3歳から7歳ごろといわれている（Ellemberg et al., 1999など）。

　視覚能力のもう1つの指標として，コントラスト感度があげられる。コントラスト感度は，さまざまな空間周波数の正弦波格子の縞において，それらを知覚できる最も低いコントラスト閾を調べたものである。また，コントラスト閾の逆数を，空間周波数ごとに示したものをコントラスト感度関数（contrast sensitivity function：CSF）という。

　ヒトの生後2カ月のコントラスト感度関数は，おとなに比べて全体的に低い（Atkinson et al., 1974）。感度の最も高い空間周波数帯域でも，おとなの20％ほどである。また，おとなと同様，低い周波数帯域や高い周波数帯域に比べ，中間の周波数帯域で最も高いコントラスト感度を示す。そして，コントラスト感度がおとなと同程度になるのは，視力と同様に3歳から7歳ごろといわれている（Gwiazda et al., 1997）。

このような，視力やコントラスト感度が新生児期には未熟であるという特徴
は，ヒト以外の霊長類にも当てはまる。ただし，ヒト以外の霊長類ではヒトよ
りもずっと早く視覚が発達する。一般に，マカクザルのコントラスト感度は，
ヒトの約4倍の速度で発達することが示されている（Boothe et al., 1985）。これ
は，マカクザルの1週間がヒトの1カ月に対応する速度と考えられる。ヒトで
は，3歳から7歳ごろまでにおとなと同程度の感度になるのに対し，マカクザ
ルでは，生後9カ月から12カ月ごろの間におとなと同程度になるとの報告が
ある（Boothe et al., 1988；Kiorpes, 1992）。

2. 時間特性：臨界融合周波数と時間周波数特性

　視覚の時間分解能の指標には，臨界融合周波数（critical flicker frequency；
CFF）や時間周波数特性（temporal contrast sensitivity functions：tCSFs）が用いら
れる。臨界融合周波数は，白黒の正弦波格子の縞のコントラストを一定の時間
間隔で反転させたパターンを用いて調べる。縞のコントラストを繰り返し反転
させると，「ちらつき」が知覚される。ところが，反転させる時間間隔を徐々
に短くすると，「ちらつき」は次第に知覚されなくなる。このように，「ちらつ
き」が知覚されなくなる1秒あたりの縞の反転回数（Hz），時間周波数を調べ
る。また，さまざまな時間周波数の正弦波格子の縞に対してコントラスト感度
を調べ，その逆数を示したものを時間周波数特性という。乳児の臨界融合周波
数や時間周波数特性の測定には，選好注視法や視覚誘発電位などが用いられて
きた。
　ヒトの乳児の臨界融合周波数は，初期の研究では生後3カ月までにおとなと
同程度の感度に達するとの報告もあるが，その後の多数の研究では，生後4カ
月から8カ月の乳児の感度は，おとなよりも未熟であることが示されてきた
（Dobkins et al, 1999など）。また，高い周波数帯域に比べ，低い周波数帯域の時
間分解能の発達は遅く，4歳から7歳まで続くとの報告もある（Ellemberg et al.,
1999）。
　一方，ブタオザルの乳児を対象に，臨界融合周波数や時間周波数特性を調べ
た研究では，生後6カ月ごろまでにおとなと同じ程度の感度になるとの報告が
ある（Stavros & Kiorpes, 2008）。この結果から，ブタオザルの乳児も，ヒトと同
様，空間特性よりも時間特性のほうが先に発達することが示唆される。また，

ブタオザルの乳児の時間特性の発達速度は，ヒトの4倍よりもさらに早く発達する可能性を示唆するものである。しかしながら，ヒトの乳児の研究では，実験で用いる刺激や手法により異なる結果が得られており，霊長類の時間特性の発達過程や成熟の速度を明らかにするためには，さらなる比較研究が必要である。

3. 色 彩 視

　色覚は，網膜の錐体の種類によって決まる。ヒトは，長波長（赤），中波長（緑），短波長（青）に反応する3種類の錐体によって色を見分けることから，3色型色覚と呼ばれる。霊長類のなかには他の哺乳類と同様2色型色覚のものもおり，3色型の色覚をもつのは，ヒトや類人，狭鼻猿類と広鼻猿類の一部など昼行性の霊長類のみである。ヒトの乳児では，生後1カ月ごろに3種類の錐体が機能し始める（Knoblauch et al., 1998）。また，網膜の錐体で受け取られた光の信号は，神経節細胞において赤－緑，青－黄という2つの反対色チャンネルにより反対色に変換される。それらのうち，赤－緑チャンネルは生後2カ月ごろ（Teller et al., 1978）に，黄－青チャンネルは生後4カ月ごろ（Suttle et al., 2002）に機能し始めることから，ヒトの乳児の初期の色情報処理の仕組みは，生後4カ月ごろまでに発達するといえる。

　さらに，ヒトの乳児では，より高次の色知覚に関する発達過程も明らかにされてきた。たとえば，照明環境が変化しても色を同じように知覚する色の恒常性（color constancy）の機能は，生後4カ月半前後から発達することが明らかになっている（Dannemiller, 1989）。また，前言語期の乳児を対象に，異なる色を1つのカテゴリとして知覚するカテゴリカル色知覚と言語の関連が調べられてきた。しかし，これまでのところ，乳児もカテゴリカル色知覚が可能だと主張する証拠（Bornstein et al., 1976；Franklin et al., 2005 など）と，それらの結果の解釈に対して批判的な見方があり（Huttenlocher et al., 2000 など），カテゴリカル知覚と言語の関係は明らかでない。一方，ヒト以外の霊長類のおとなを対象とした比較研究では，チンパンジーやマカクザルが，カテゴリに基づく色の分類を学習できることが示されている（Matsuno et al., 2004 など）。したがって，今後，色知覚の初期発達とカテゴリカル色知覚と言語の関係を明らかにするためにも，ヒトやそれ以外の霊長類の乳児を対象とした比較研究が期待される。

4. 立 体 視

　立体視は，対象操作や断崖を回避するなど，生体にとって重要な機能であるが，霊長類の新生児の立体視の機能は非常に未熟である。奥行きを知覚するための手がかりは，一般的に，両眼手がかり（binocular cue）と単眼手がかり（monocular cue）の2つに分類される。これまでの比較発達研究から，それぞれの奥行き手がかりの感度は，生後の異なる時期に発達することが示されてきた。また，ヒトの奥行き知覚の発達速度は，他の霊長類に比べて遅いが，それぞれの奥行き手がかりの発達順序は，霊長類種間で共通することも明らかになってきた。

　まず，両眼手がかりとして最も代表的なものとして，両眼視差（binocular disparity）があげられる。両眼視差とは，左右の網膜像のズレから3次元の奥行きを知覚する手がかりである。両眼立体視の能力は，霊長類の視覚の特徴の1つにあげられてきた。しかし，霊長類の新生児の両眼視差に対する感度は未熟であり，ヒトの乳児では生後4カ月ごろから6カ月ごろ（Boothe et al., 1985；Held et al., 1980 など），マカクザルの乳児では生後4週ごろから急激に発達することがわかっている（O'Dell et al., 1992）。

　一方，代表的な単眼手がかりとして，運動視差（motion parallax）と絵画的手がかり（pictorial depth cue）があげられる。運動視差とは，観察者が移動したり，視点を動かしたりしたときに生じる視差を利用した手がかりである。たとえば，観察者が移動しながらある対象を注視しているとき，注視対象よりも近くの物体はすばやく，遠くの物体はゆっくりと動いて見える。また，注視対象よりも遠くの対象は観察者と同じ方向に，注視対象よりも近くの対象は観察者と逆の方向に動いて見える。運動視差による対象の相対的な距離の知覚は，ヒトでは両眼視差とほぼ同時期の生後4カ月ごろから発達し始める（Nawrot & Stroyan, 2009）。一方，マカクザルのおとなでは運動視差を利用することが示されている（Nadler et al., 2009）が，その発達は検討されていない。絵画的手がかりには，陰影（shading；図3-1a），投射影（cast shadow；図3-1b），線遠近法（linear perspective；図3-1c），相対的大きさ（relative size）など，さまざまな手がかりがある。絵画的手がかりから3次元の奥行きを知覚する際には何らかの「前提」を設定する必要があり，「前提」の獲得における生育環境の影響を調べるため

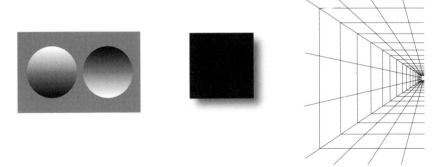

a. 陰影　　　　　　　　　b. 投射影　　　　　　　　c. 線遠近法

図 3-1　絵画的手がかりの例

に，ヒト以外の動物の乳児を対象とした研究が行われてきた。絵画的手がかりによる奥行き知覚の発達は，乳児が 2 つの物体のうち，より近い物体に対して手を伸ばす傾向を利用した選好リーチング法（preferential reaching method）による研究から，ヒトでは生後 7 カ月ごろ（陰影：Granrud et al., 1985；相対的大きさ：Yonas et al., 1985；線遠近法：Yonas et al., 1986 など），チンパンジーでは 4 〜 5 カ月ごろ（陰影：Imura & Tomonaga, 2003），マカクザルでは生後 7 週間ごろ（相対的大きさ・線遠近法：Gunderson et al., 1993；投射影：Imura et al., 2013）に発達することが確認されている。一方，馴化−脱馴化法による研究では，生後 3 〜 4 カ月のヒトの乳児が 3 次元の特徴の違いを検出するという証拠と（Bhatt & Waters, 1998 など），生後 6 〜 7 カ月ごろに奥行きの違いを区別するという証拠が示されており（Imura et al., 2006 など），これらの実験手続きによる結果の違いについては議論が続いている。絵画的手がかりによる奥行き知覚の発達時期についてはさらなる検討が必要であるものの，マカクザルでは，絵画的手がかりによる奥行き知覚はヒトの約 4 倍の速度で発達することが明らかになった。

5. 運 動 視

　運動視は，接近対象の回避や身体運動の制御において，動物の生存に欠かせない機能であり，生後間もなくから発達する。たとえば，ヒトの新生児やマカクザルの乳児，ヒヨコ，カエル，カニなどさまざまな動物に，対象の接近に対応するような放射状の拡大運動のパターンを十分な大きさで呈示すると，頭部

や身体を後ろに背ける，瞬きをするなどの防御反応を示すことが知られている（Bower et al., 1971；Shiff et al., 1962 など）。このような反応は，運動情報よりも輝度の急激な変化に反応している可能性も指摘されるものの，少なくとも生後間もない新生児にも，対象の接近を回避するための仕組みが備わっていることを示すものである。

ヒトでは，運動情報に対する感度は生後 2 カ月ごろから発達し，10 歳ごろまで発達が続く（Gunn et al., 2002）。また，その発達時期は，単一方向の運動と拡大／縮小運動や回転運動のような複数方向からなる運動とでも異なる。単一方向の運動に対する感度は生後 2 カ月ごろに出現し，生後 1 年間で大幅に発達する（Wattam-Bell, 1996）。それに対して，拡大／縮小運動や回転運動に対する感度は生後 3 カ月以降に出現するが，単一方向の運動の感度よりもゆっくりと発達する（Shirai et al., 2008 など）。

マカクザル乳児の並進運動に対する感度は，生後 10 日ごろから見られるが，3 歳の時点ではおとなよりも感度が低い（Kiorpes & Movshon, 2004 など）。このように，マカクザルでもヒトと同様に，生後間もなくから運動情報に対する感度が出現するが，その成熟には時間がかかることが示唆される。さらに，マカクザルの乳児も，縮小運動よりも拡大運動に対して相対的に高い感度をもつことから，前進運動と対応する拡大運動に対する高い感受性をもつ仕組みは，ヒトとマカクザルの乳児で共通することが示された（Shirai et al., 2010）。今後，これらの運動パターンに対する感度が，移動行動やリーチングなどの身体運動機能の発達の前後でどのように変化するのかに関しても，ヒトを含む霊長類種間における比較発達が期待される。

6. 形 態 視

形態視は，物体認識や顔認識の基盤となる基本的な能力である。これまでの霊長類種間のおとなの比較研究から，局所的な形の情報を統合して全体的な形を知覚する知覚的体制化（perceptual organization）の機能については，ヒトとそれ以外の霊長類で一貫した差異が見られることが示されてきた（Matsuno & Fujita, 2009 など）。

ヒトやマカクザルの乳児を対象とした発達研究によれば，形態視は運動視よりも遅い時期に発達する可能性が示唆されている（ヒト：Kovács, 2000；ブタオザ

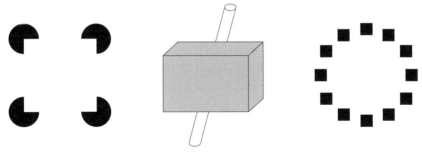

a.　　　　　　　　　　　b.　　　　　　　　　　　c.

図 3-2　形態視で使用される図形の例

(注)　a.　カニッツァ錯視：実際には輪郭が存在しないが，中央に正方形の輪郭が知覚される。
　　　b.　アモーダル補完：棒は直方体により遮蔽されて部分的に見えないが，1 本の棒として知覚される。
　　　c.　ネイヴォン（Navon, 1977）が用いた階層的なパターン。

ル：Kiorpes & Bassin, 2003；Kiorpes et al., 2012）。霊長類の新生児は，局所的な顕著な特徴は処理できるものの，それらの情報を統合して全体的な形を知覚する能力は未熟である。形態視の能力は，ヒトでは生後 3 ～ 4 カ月ごろ（Gerhardstein et al., 2004），マカクザルでは 5 ～ 6 カ月ごろから発達することが示されてきた（Kiorpes & Bassin, 2003）。たとえば，生後 3 ～ 4 カ月のヒトの乳児は，重なり合った円や四角形の輪郭線から，おとなと同様にゲシュタルト法則における「よい連続」にしたがって形を分離できる（Quinn et al., 1997）。また，カニッツァ錯視のように（Kanizsa, 1955；図 3-2a），輪郭線に輝度の変化が存在しない条件でも，主観的な輪郭線を抽出し，形を知覚することができる（Otsuka et al., 2004）。部分的に遮蔽された図形の輪郭を補完して知覚する能力も（アモーダル補完，図 3-2b），生後 4 カ月ごろから発達する（Kellman & Spelke, 1983）。

　ヒトの知覚的体制化の特徴として，局所的な形態よりも大域的な形態を先に知覚する傾向があげられるが，ヒト以外の霊長類のおとなでは必ずしもこのような傾向は見られない。たとえば，図 3-2c のように，大きな図形が小さな図形の配置によって構成された階層的なパターンを見るとき（Navon, 1977），ヒトは，大きな図形の形態（ここでは丸）のほうを先に知覚するのに対し，チン

パンジーやヒヒ，アカゲザル，フサオマキザル（*Cebus apella*）では，ヒトとは反対に，小さな図形の形態（ここでは四角）のほうを先に知覚する傾向が見られる（Matsuno & Fujita, 2009）。ヒトでは，新生児や（Cassia et al., 2002）生後 3 〜 4 カ月の乳児でも大域的な処理に対する優位性が見られるという報告もあるが（Ghim & Eimas, 1988），幼児や青年期の始めまで発達が続くという報告もあり，一致した見解は得られていない（Kimchi et al., 2005；Scherf et al., 2009）。したがって，今後は，ヒトとそれ以外の霊長類の知覚体制化の発達に関してさらなる比較研究が期待される。

第 **2** 節　聴　覚

聴覚の発達は視覚よりも早く，ヒトやその他の霊長類において胎児期の後期には機能し始める。また，聴覚は，霊長類の胎児にとって，胎外の情報を受け取るための最初の手段であり，胎児期の聴覚による学習は，生後の発達にも影響を及ぼす。本節では，聴覚のさまざまな機能のなかから，胎児期から乳児期にかけて発達する基本的な特性と音声知覚と音楽知覚（コラムを参照）の発達過程について取り上げる。

1．ヒトの胎児の聴覚発達

ヒトの胎児では，40 週の在胎期間の後半にはすでに音が聞こえているという証拠がある。胎児に対して，母親の体外からさまざまな高さの純音を呈示し，体の動きを超音波で観察すると（Hepper & Shahidullah, 1994），在胎 19 週には 500Hz の音に対して反応が見られる。また，在胎 27 週の胎児は，250Hz や 500Hz までの音には反応するが，1000Hz や 3000Hz のような高い周波数の音には反応しない。その後，在胎 33 週から在胎 35 週にかけて，高い周波数に対しても反応が見られるようになる。生後の音の周波数に対する感度も，胎児期と同様に低い周波数から高い周波数の順に徐々に発達し，10 歳ごろまでにおとなと同じ程度の感度になる（Aslin, 1989）。また，音の高さだけでなく，音の強度の変化に対する感度も胎児期から発達する。ヒトの新生児では，すでに 6dB の強度の違いを弁別できるとの報告もあり（Tarquinio et al., 1990），5 歳ごろまでには，おとなと同じ程度（1dB）にまで発達する（Jensen & Neff, 1993）。

COLUMN

音楽の知覚

　音楽がなぜ，どのように生まれたのか，またその適応的な意義に関しては未だ明らかでない。しかし，音楽を生み出すために必要な聴覚機能の一部は，ヒトの乳児やヒト以外の動物にも共有されている可能性が示されている。

　まず，ヒトの新生児は，リズムやテンポの知覚に長けている。2カ月半の乳児は，複数の音を時間的なまとまりとして知覚できる（Demany et al., 1977）。生後2カ月と4カ月の乳児は，テンポが15％速くなると，その変化を検出することができる（Baruch & Drake, 1997）。さらに，生後6カ月から12カ月にかけて，文化に固有の音楽のリズム・パターンを学習する可能性も示唆されている（perceptual narrowing）。たとえば，6カ月の乳児は，生まれた文化圏の音楽かどうかにかかわらず，リズムの違いを区別できるが，12カ月になると，おとなと同じように生まれた文化圏の音楽のリズムの違いにより敏感になる（Hannon & Trehub, 2005）。ヒト以外の動物もリズムを知覚することが示されているが（Trehub & Hannon, 2006），上述のような生後の生育環境に応じたリズム学習の過程は，ヒト以外の霊長類ではこれまでのところ報告されておらず，今後の検討が期待される。

　また，ヒトの新生児は旋律の違いにも敏感である。不協和音よりも協和音を好む傾向は，ヒトでは文化を越えて普遍的に見られ（Butler & Daston, 1986），新生児や乳児（Trainor & Heinmiller, 1998），ヒト以外の霊長類や鳥類でも，幅広く確認されている（Izumi, 2000など）。生後2カ月と4カ月のヒトの乳児は，不協和音よりも協和音の旋律が呈示されたときにスピーカーのほうを長く注視し，頻繁に体を動かす（Trainor & Heinmiller, 1998）。このような傾向は，生後5カ月のチンパンジーの乳児でも確認された（Sugimoto et al., 2010）。チンパンジーの乳児が右腕に取りつけられた紐を引くと，協和音あるいは不協和音を含む旋律が7秒間，スピーカーから呈示されるようにすると，協和音の旋律が呈示された時間（24.6秒）のほうが，不協和音の旋律の呈示された時間（15.9秒）に比べて有意に長かった。また，それぞれの旋律は，3種類の異なる楽器で演奏されたが，いずれの音色に対しても協和音の旋律のほうがより長く呈示された。したがって，協和音に対する選好は，ヒトの乳児だけでなく，チンパンジーの乳児においても生後の早い時期に生じることが示された。音楽の基盤となる知覚能力は，ヒト以外の霊長類にも共通に存在することが示唆される。

　胎児の耳には，母親の体が生み出す音や，外界の音，母親の声などが聞こえている（呉，2009）。母親の腸が動く音や母親の心拍の音は，胎児が常に耳にする音の1つである（Querleu et al., 1988）。生後8日までの新生児の90％が，母親の胎内音を聞かせると落ち着きを見せるという報告もある（Rosner & Doherty, 1979）。外界の音は，母親の子宮や羊水を通して伝えられるため，すべてが胎

児の耳に到達するわけではない。とくに，高い周波数の音ほど減衰の程度は大きい。たとえば，500Hz よりも低い音は，60dB から 80dB くらいの大きさで聞こえるのに対して，500Hz から 1000Hz の音は約 60dB にまで減衰し，2000Hz よりも高い周波数の音は 50dB 以下にまで減衰する（Gerhardt & Abrams, 1996）。それに対して母親の声は，外界からだけでなく母親の体内からも振動として伝わるため，胎児にとって最も聞こえやすい音といえる。胎児期から，すでに母親とそれ以外の女性の声を区別しているという報告もある。たとえば，在胎 38 週の胎児に，母親の声を聞かせると心拍数が増加するのに対し，知らない女性の声を聞かせると心拍数が減少する（Kisilevsky et al., 2003）。このように，胎児期に学習された母親の声の識別能力は，生後も維持される（DeCasper & Fifer, 1980；胎児期の音声認識は第 6 章も参照）。

2. ヒト以外の霊長類の聴覚発達

　ヒトだけでなく，チンパンジーにおいても胎児期の後半にすでに聴覚が機能しているという証拠が示されている。川合ら（Kawai et al., 2004）は，チンパンジーの胎児に高さの異なる 2 種類の音を聞かせ，低い音（500Hz）の直後には必ず振動刺激を呈示し，高い音（1000Hz）の直後には何も呈示しなかった。これを，在胎 201 日から在胎 233 日まで繰り返し，出生後の 33 日齢と 58 日齢に再び，2 種類の音を聞かせた。その結果，チンパンジーの乳児は，振動刺激と対呈示された低い音に対して，高い音よりも有意に頻繁に体を動かした。一方，胎児期に 2 種類の音と振動刺激の呈示を経験していないチンパンジーの乳児では，いずれの音に対しても特別な反応を示さなかった。このことから，チンパンジーの胎児も，胎児期の後期にあたる在胎 28 週目ごろには，聴覚が機能していること，胎児期に学習した聴覚刺激と触覚刺激の連合を，出生後も保持していたことが示唆された。

　このように，聴覚の基本的な特性の発達については，ヒトとその他の霊長類で共通点が指摘されている。一方で，さらに複雑な音声や音楽の知覚の発達に関して，ヒトでは生後の生育環境に合わせた柔軟なチューニングが見られることが示されている。ヒトの新生児は，胎児期に学習した音声のリズムを手がかりに，母語の言語音をその他の言語音と区別し，母語に対して選好を示すが（Ramus et al., 2000），生後 6 カ月までに母音，生後 10 カ月までに子音に関して，

母語以外の音韻を区別する能力が低下することが知られている（Werker et al., 1981）。このように，生育環境によって精緻な知覚を必要としない対象への感受性が低下する現象は，知覚的狭小化（perceptual narrowing；知覚的刈り込みともいう）と呼ばれている。ヒトでは，音声以外にも音楽（Hannon & Trehub, 2005；コラムを参照のこと）や顔の識別（Pascalis et al., 2002），顔と音声のクロスモーダル知覚（Lewkowicz & Ghazanfar, 2009）に関して同様の発達過程が確認されており，ヒトが生後の多様で複雑な環境に適応するための仕組みだと考えられてきた（第6章も参照）。一方で，飼育下の9歳のチンパンジーは，自分自身の名前とその他の音声の違いを区別できることが確認されており，生後直後からヒトに名前を呼ばれて育ったチンパンジーは，ヒトの音声を知覚できる可能性が示唆されている（Ueno et al., 2010；Hirata et al., 2011；第9章も参照）。このことから，ヒトの音声知覚に見られる生後の生育環境に応じた柔軟性が，ヒト以外の霊長類において，どの程度見られるか否かに関して，今後さらなる発達研究が期待される。

第3節　味覚・嗅覚

　味覚と嗅覚もまた，聴覚と同様に，胎児期から機能し始める。ヒトで味覚，嗅覚が機能するのはともに在胎7週ごろからであり，視覚や聴覚に先立って発達し始める（Doty, 1991）。

1．基本的な味覚の発達

　ヒトの新生児は，基本四味と呼ばれる甘味，塩味，酸味，苦味の溶液に対して異なる表情反応を示すことから，出生時には基本的な味覚がすでに機能していると考えられてきた（Rosenstein & Oster, 1988）。たとえば，ヒトの新生児は，甘味溶液に対してリラックスしたポジティブな表情反応を示すのに対し，苦味溶液に対してはネガティブな表情反応を示す。このように異なる味覚溶液に対する表情反応の違いは，ヒトの新生児だけでなく，生後3～7日齢のアカゲザルや生後0～30日齢のチンパンジーの新生児でも観察されている（Ueno et al., 2004）。したがって，ヒト以外の霊長類においても基本的な味覚は発達初期から機能していることが示唆される。

2. 嗅覚の発達

　また，ヒトの新生児や乳児は，特定の食物のにおいに対して選好や忌避の表情反応を示したり (Steiner, 1974)，嗅覚の手がかりから母親と授乳期間中の他の女性を識別したりすることができる (Cernoch & Porter, 1985；Marlier et al., 1998)。こうした嗅覚に対する反応の多くは，胎児期や乳児期の学習により獲得されることが示唆されている。そのなかでもとくに，乳児が特定の食物のにおいに対して示す選好は，胎児期に妊娠中の母親が摂取した食物とも関連があることが指摘されてきた (Abate et al., 2008；Schaal et al., 2000)。ヒト以外の霊長類の新生児も特定の食物や母親のにおいに対して選好を示すかについては，チンパンジーを対象に検討されている (大枝・上野，2002a, 2002b)。この実験では，9 週齢から 34 週齢のチンパンジーの乳児に対して，イチゴ，ラベンダー，コーヒー，ピリジン（腐敗臭）の 4 種類のにおいを呈示した。その結果，チンパンジーの乳児は，イチゴのにおいに対して選好反応，ピリジンに対して忌避反応を示した。また，1 カ月から 12 カ月のチンパンジーの乳児に，母親と他個体の体臭を呈示した研究では，他個体よりも母親の体臭に対して，追視や発声が増加する傾向が見られた。したがって，チンパンジーも，乳児期から嗅覚の手がかりから母親を識別できるとともに，母親の体臭に対して選好を示すことが明らかになった。

第4節　複数の感覚の統合

1. 感覚統合能力の発達

　われわれの知覚経験は，視覚，聴覚，味覚，嗅覚，触覚などの複数の感覚間の相互作用を通して形成される。このように，複数の感覚情報を統合する能力（異種感覚マッチング）は，ヒト以外の霊長類や哺乳類においても報告されている。チンパンジーやアカゲザルのおとなでは，同種の顔と音声を一致させるだけでなく (Izumi & Kojima, 2004；Ghazanfar & Logothetis, 2003)，表情と音声を一致させることや (Parr, 2004)，音声を手がかりに同種の年齢に応じた身体の大きさの違いを推測できることも示されている (Ghazanfar et al., 2007)。したがって，複数の感覚情報を統合する能力は，ヒト以外の霊長類にも共通した能力である

ことが示唆される。

　近年の研究から，複数の感覚間の関係を知覚する能力は，ヒトでは新生児期から出現し，乳児期に急激に発達することが示されてきた。たとえば，ヒトの乳児は，生後 1 ～ 2 カ月ごろから視聴覚刺激間の強度の関係性の違いや（Lewkowicz & Turkewitz, 1980），時間的な同期性（Lewkowicz, 1996）を検出できるだけでなく，発話者の口の動きと音声の同期性にも敏感である（Dodd, 1979）。また，発話に関する視聴覚統合の能力は，生後 1 年間でさらに精緻化することが明らかになっている。たとえば，生後 4 カ月には，言語音に含まれるスペクトルを手がかりに発話者の音声と口の動きを一致させることができるようになる（Kuhl & Meltzoff, 1984；Patterson & Werker, 1999）。さらに，生後 5 カ月から 7 カ月の間には，性別や情動のような高次の特徴に基づいて，発話者の表情や音声を一致させることもできるようになる（Poulin-Dubois et al., 1994；Walker-Andrews, 1986）。

2. 環境によるチューニング

　また，ヒトの乳児の発話知覚の発達過程では，顔知覚や音声知覚と同様に，生後の生息環境に合わせて感覚・知覚のシステムをチューニングする働きをもつ，知覚的狭小化（知覚的刈り込み）の現象が報告されている（Lewkowicz & Ghazanfar, 2009）。この実験では，生後 4, 6, 8, 10 カ月のヒトの乳児に対して，2 種類のアカゲザルの顔の映像と，そのいずれかの口の形に一致した音声を同時に呈示して，2 種類の顔に対する乳児の注視時間を分析した。その結果，生後 4 カ月，6 カ月のヒトの乳児は，アカゲザルの顔と音声を同時に呈示すると，口の形と音声が一致した映像のほうを，一致していない映像よりも有意に長く注視する傾向を示した。このことから，発達初期には異種であっても視聴覚情報を一致させることができることが示された。一方，生後 8 カ月，10 カ月の乳児は，低月齢の乳児と異なり，口の形と音声が一致した映像のほうを有意に長く注視する傾向を示さなかった。したがって，ヒトの乳児では生後 8 カ月ごろから，知覚的狭小化によって，異種に対する視聴覚間の統合の感度が低下する可能性が示唆されている。

　ヒト以外の霊長類においても，視聴覚や視触覚の情報を統合する能力は新生児期から機能し始めるが（Turkewitz, 1994；Batterson et al., 2008），生息環境に応

じた発話知覚のチューニングの過程については，ヒトとそれ以外の霊長類で相違点が見られる可能性が示唆されている（Lewkowicz & Ghazanfar, 2009）。ザンジネファーら（Zangenehpour et al., 2009）は，ベルベットモンキー（*Cercopithecus aethiops*）の乳児（生後23〜38週と生後39〜65週の2群）を対象に，アカゲザルの顔と音声を呈示することによって，知覚的狭小化（知覚的刈り込み）について検討した。その結果，ベルベットモンキーの乳児は，いずれの年齢群においても，アカゲザルの口の形と音声が一致していない映像をより長く注視した。この結果は，視聴覚情報が一致したほうに選好を示したヒトの低月齢の乳児の結果とは反対の傾向だが，少なくとも生後23週から65週までのベルベットモンキーの乳児では，知覚的刈り込みを支持する結果は示されなかったということである。ベルベットモンキーが大きくなっても自分とは異種であるアカゲザルの口の形と音声の一致と不一致を区別していることを示す知見である。

3. 感覚統合に環境が及ぼす影響

　これまでの比較研究から，ヒト以外の霊長類においても生後の知覚経験が視聴覚情報の統合に影響を及ぼす例が報告されている。たとえば，足立ら（Adachi et al., 2009）は，ヒトと接触する機会の少ない屋外放飼場でグループ飼育されたニホンザルの乳児（26日齢から152日齢）と，ヒトと接触する機会の豊富なケージ飼育のニホンザルの乳児（27日齢から103日齢）に対して，ニホンザルまたはヒトの音声を呈示した後に，音声と一致した顔が呈示される条件と不一致の顔が呈示される条件で，注視時間の増加の程度を比較した。もし，ニホンザルの乳児が音声を手がかりに，ニホンザルやヒトの視覚表象を想起できるならば，音声と一致した種の顔よりも，予測に反した不一致な種の顔の写真に対して，より長く注視することが予測される（期待違反法，第4章を参照のこと）。その結果，グループ飼育の乳児は，ニホンザルの映像に対してのみ音声と顔が一致しない条件で注視時間が増加したのに対し，ケージ飼育の乳児は，ニホンザル，ヒトの映像に対してともに音声と顔が一致しない条件で注視時間が増加した。これらの結果は，ニホンザルの乳児もヒトの乳児と同様，生後の生息環境に応じて柔軟に適応する可能性を示唆するものである。

　これまでのところ，ザンジネファーら（Zangenehpour et al., 2009）と足立ら（Adachi et al., 2009）の研究では，対象とした種や，週齢，実験の手続きが異な

るため，ヒト以外の霊長類においても知覚的狭小化のような発達段階が存在するか否かに関して結論を出すことはできない。ヒト以外の霊長類においても生息環境に応じた感覚・知覚システムの柔軟な変化が見られるかについては，今後さらなる比較研究が期待される。

BOOK GUIDE

●藤田和生（1998）．比較認知科学への招待——「こころ」の進化学　ナカニシヤ出版

　　さまざまな動物のこころの働きを比較することで，ヒトの心がなぜ，どう進化してきたのかという問いに答える比較認知科学のアプローチについて解説しています。心をダイナミックなシステムと捉える視点は，発達を考えるうえでも重要な知見をもたらしてくれます。

●呉東進（2009）．赤ちゃんは何を聞いているの？——音楽と聴覚からみた乳幼児の発達　北大路書房

　　赤ちゃんは胎児期からすでにさまざまな音を聴き分けています。本書では，胎児期から乳幼児期の聴覚の発達はもちろん，音楽のもつ優れた可能性にも着目し，医療や発達への効果や保育や家庭での利用方法についても科学的に解説されています。

●森口佑介（2014）．おさなごころを科学する——進化する乳幼児観　新曜社

　　「赤ちゃん」と聞いてどのようなイメージを思い浮かべるでしょうか。本書では，従来の乳幼児観を覆すような乳幼児のこころの特徴を示す科学的知見が，数多く紹介されています。また，発達とは何かという根本的な問いについて考えるための思想的背景もわかりやすく解説されています。

●中村哲之（2013）．動物の錯視——トリの眼から考える認知の進化　京都大学学術出版会

　　ハトとヒトで逆方向の錯視が知覚されるという衝撃的な結果は，私たちがふだん見ている世界こそがすべてではないということに気づかせてくれます。また，ハトでどのように錯視を調べるのかといった具体的な方法も紹介されており，言語教示によらずに知覚や認識の世界を調べる方法を知ることができます。

●山口真美・金沢創（2019）．赤ちゃんの視覚と心の発達［補訂版］　東京大学出版会

　　生後1年に赤ちゃんの視覚の基本的な能力はどのように発達するのでしょうか。視力から始まり，色，形，動き，空間，顔などを見分ける能力の発達や，発達障害と視覚機能についての知見についても解説されています。

第**4**章
物理的知識
物に関するさまざまなルール

村井 千寿子

　動く物体，落下する物体，ただそこにある物体。普段見ている物にも実は多くの物理的法則が関わっている。この物理的法則の理解，つまり物理的知識は，物に囲まれて物を操作して生活するヒトやその他の動物には関わりの深い知識といえる。この章では，これまでの発達研究と比較認知研究から明らかにされてきたヒトとヒト以外の霊長類の物理的知識を巧妙な実験課題と合わせて紹介する。主体がもつ物理的知識は彼らが見ている物の世界を映すものであるから，それを通じて私たち霊長類がどのような世界を見ているのか覗いてみよう。

第**1**節　物理的知識をめぐる問題

1．身の回りにある物理的法則

　「今からこのハンカチを消してみせましょう」。手品師は軽く握った左手にハンカチを押し込み，もう片方の手をかざしながら大げさに呪文をかける。と，次の瞬間，左手を大きく開くとハンカチは消えてなくなっている。その後も次々と観客に手品が披露される。「続いて，この大きなトランプ。指で弾けばたくさんの小さなトランプになります。もちろん仕掛けはありません」「グラスのなかには1枚のコイン。グラスを回すと底からコインが落ちてきます。グラスに穴は開いてませんね？　ワン，ツー……」「テーブルに置かれた高価な花瓶。この魔法のステッキで花瓶を宙に浮かせましょう」。そして，ショーの終盤，手品師は客席の後ろを指差しいう。「さあ，今から皆さんの後ろ，遠く離れたあの階段に瞬間移動でお別れです」。

誰もが一度は手品を見たことがあるだろう。こどももおとなも手品を見て不思議だと思い，驚き，それを楽しむ。私たちが手品を不思議と思うのはなぜなのか。それは，手品のなかでは私たちが知っている物体の特徴に当てはまらないことが次々と起こるからだ。たとえば，物体が手のひらや布で覆われ一瞬視界から消えたとしても，本当にそれが空間から消えたりしないと私たちは知っている。しかし，手品はこの期待を裏切り，隠された物体が本当に消える（ように見える）起こりえない結果を見せるので，私たちはそれを不思議に感じる。裏を返せば，手品を不思議に感じるのは私たちが物体に関するルール，つまり物理的法則をわかっていて，その法則に従って物が振る舞うことを予想できるからなのだ。「物体は勝手に消えるもの」と思っている人は手品を見ても何も不思議には思わないだろう。

　では，先ほどの手品にはどんな物理的法則が含まれていたのだろう。たとえば，最初のハンカチの手品，これには「物体は遮蔽などによって視界から消えても，変わらず時空間内に存在し続ける」という［物の永続性の法則］が関わっている。つまり，物体は私たちに見えるか見えないかにかかわらず存在しうるという法則である。当たり前のようだが，もし私たちが「見えない物は無くなったと同じ」と思うのであれば，鞄や引き出しにしまった物を探し出すことはできない。また，1枚のトランプがたくさんの小さなトランプに分かれる手品には，［凝集性の法則］が関連する。これは，「物体はひとつながりの固まりとしてまとまっていて，1つの物体が複数に分かれたり，複数の物体が1つにまとまったりはしない」というルールである。日常的に，外界の多くの物は互いに近接して，重なりあっている。机の上には大量の本が積み重なり，さらにその上にボールペンが置かれていたりする。だが，山積みにされた本のなかから1冊を引っ張り出すとき私たちは，すべての本が1つにまとまっているかもしれない，引っ張り出した本が2つに分かれるかもしれないとは考えず，1冊の本は1つのまとまりとしてあることを当たり前と思っている。

　上記の手品には，これら永続性や凝集性の法則以外にも次の法則が関係している。グラスを通過するコインの手品では「2つの物体が時空間を同時に占めることはなく，物体同士が完全に重なったり，別の物体を通り抜けたりしない」という［固体性の法則］が，また，最後の手品師の瞬間移動では「物体は

空間内を連続した軌跡で移動し，時空間を飛び越えた非連続な軌跡で移動することはない」という［連続性の法則］が含まれている。たとえば，映画のシーンではよく，敵に追われる主人公が特殊能力で壁を通り抜けたり，瞬間移動でワープしたりして敵から逃げ危機を脱する。これは上の2つの法則に違反しているが，法則を無視して移動できるからこそ特殊な能力なのだ。また，物理的法則には物体同士の関係についての決まりごともある。花瓶が宙に浮く手品には［支持関係の法則］，つまり「物体は他の物体からの適切な支持がなければ重力に従い落下する」という法則が関わっている。物が物に支えられているのは日頃よく目にする光景だが，私たちはテーブルの端や不安定な台の上に物を置くことは通常しない。物は支えがなければ落ちるとわかっているからだ。

2. 知識の構造：知識の領域固有性

　普段は意識せずとも私たちはこのように多くの物理的知識をもっているが，世界には物体だけでなく生物や他者などの対象も存在しているので，当然，生物的・社会的な知識も身につけているはずだ。これらの種類の違う知識は私たちのなかにどのような形で納まっているのだろう？　本章で紹介する研究をはじめ，多くの発達研究や認知研究による見方は「ヒトの知識は専門分野ごとに分かれて構成されている」というものだ（Pinker, 1997；Fodor, 1983 など）。具体的には，図 4–1 のように，知識は社会的（心理学的）領域と生物学的・物理学的領域を含む生態的領域とに分かれ，それぞれがさらに下位項目をもつ階層構造をしている。私たちはこれら各領域に特化した専門知識の集合をもつと考えられる。これを「知識の領域固有性」という。

　この考え方には進化的な背景がある。ヒトはその歴史の大部分の時間で狩猟採集生活を続けてきたが，知識の領域固有性はその長い時間のなかでヒトが繰り返し直面してきた重要課題を解決する過程で生まれたとされる（Geary & Bjorklund, 2000；Tooby & Cosmides, 1992 など）。たとえば，狩猟採集時代のヒトは多くの時間を食物や道具・住居の確保といった問題に費やしただろう。また彼らは集団で生活し，およそ 150 個体の群れを形成していたとされるが（Dunbar, 2003），集団内外の他者関係でも解決すべき問題は多かったはずだ。食と住の問題解決には，食糧となる動植物の成長や行動を認識し予測するための生物的知識や，道具や住居を作る物体操作のための物理的知識が欠かせない。そして

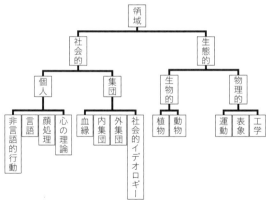

図 4-1　知識の領域

（出典）　Geary & Bjorklund, 2000 より作成。

集団生活における社会的問題の解決には，他者の表情や心的状態を読み取る心理学的知識が重要だろう。このような適応的意義から，ヒトの祖先は生物・物理・心理領域の情報に選択的に注意を向け，効率的に処理するための「モジュール」と呼ばれる情報処理システムを獲得してきたとされる。モジュールとは領域に特化した情報を自動的に処理する脳内のメカニズムのことで，たとえば物体に関する情報であれば物理モジュールがその処理のために働く。これはちょうどコンピュータのソフトウェアが計算や文書などに特化していて，特定の作業に必要な処理だけを素早く起動し効率的な解決ができるのと似ている。

3.　種間比較から探る知識

　この進化的背景を考えれば，領域固有的な知識と情報処理のシステムは，私たちヒトが祖先から受け継いだ生得的基盤によるものと考えられる。この可能性はヒトの知識の発達的起源を考えるうえでも重要だ。実際，多くの研究者はこの説を支持し，ヒト乳幼児の知識は領域固有的であり，生得的・進化的に備わった情報処理システムが各領域の情報への選択的な注意や学習を促進すると考えている（Spelke & Kinzler, 2007；Baron-Cohen, 1995；Hatano & Inagaki, 1994 など）。

　ただし，情報処理システムが生得的である可能性は，必ずしも私たちが学習や経験を必要としない完成した知識を生まれたときからもっているという意味

ではない。物理的知識に限ってみれば，たとえばスペルキ（Spelke, 1994）はコア（中核）知識と呼ばれる物理的知識（「固体性」「連続性」の法則や数の知識など）がヒトには生得的に備わっていて，生後間もなくからの環境への適応を可能にするが，これらの知識は経験とともに発達するという「コア知識理論」を提唱している。また，ベイラージョン（Baillargeon, 2008）はコア知識に加え，その知識を組み込んだ生得的な物理的推論システム（物理的な事象をモニターし解釈することで，起こる結果を予想するための計算システム）によって乳児はまず基礎的な物理的知識を獲得するが，この初期知識はその後の経験や学習を通じて発達していくと考えている（その他の主な仮説は Gopnik & Meltzoff, 1997, Karmiloff-Smith, 1992 など）。これらの説は何が生得的であるかという点で異なるが，知識発達に経験や学習の必要性を想定する点は共通している（物理的知識の発達と経験・学習の関係については第3節で考える）。

　知識の領域固有性はヒトにおける知識の発達・進化の理解につながるキーワードの1つだ。だからこそ，その特徴を詳細にする意義は大きい。ヒトとヒト以外の霊長類の比較研究はそのための大きな役割を果たしている。たとえば，他種霊長類は水棲の動物と違ってヒト同様の重力環境に生きているし，道具使用や採食，群れの維持など，ある程度はヒトと類似した問題にも直面する。そこから生まれる知識はヒトの知識とどのように似ていて，どのように違うのだろうか？　この問題を解いていくことで，ヒトの物理的知識の始まりや，知識のヒト独自性を探ることができるはずだ。そして同時に，ヒト以外の霊長類が私たちと同じ物理的世界をどのように見て，そこからどのような知識を作るのかを知ることもできるだろう。

第2節　ヒト乳児と他種霊長類における物理的知識の証拠

1．物理的知識の測りかた

　まだことばを使えないヒト乳児や，ことばを使わない霊長類の物理的知識はどう測るのか。研究者は彼らの物理的知識を測るために，手品師さながらの工夫を凝らした実験刺激を作り出す。たとえば，固体性と連続性の法則を乳児が理解しているかを調べたいとする。どのような方法が考えられるだろうか？

　図4-2はスペルキら（Spelke et al., 1992）がヒト乳児に用いた実験刺激だ。ま

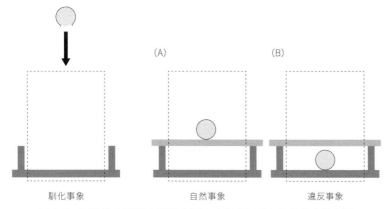

| | (A) | (B) |

馴化事象　　　　　　　　　　自然事象　　　　　　　　　違反事象

図4-2　固体性の法則の理解を調べるために用いられた実験刺激

（出典）　Spelke et al., 1992 より作成。

ず初めに，馴化事象では遮蔽の背後にボールが落下する場面を見せる。その後，遮蔽を外し，ボールがステージの床に落ちているところを見せる。乳児に落下という事象や実験に使う物に慣れてもらうためだ。続くテスト事象でも同様に遮蔽の背後にボールが落下するが，ここではステージに新しく水平の棚板が加えられている。ここで乳児は2種類の事象を目撃する。Aの「棚板の上にボールがある」事象は固体性と連続性の法則に従った自然な事象だ。対して，Bの「棚板の下にボールがある」事象は，「まるでボールが棚板をすり抜けた，またはワープしたかのような」法則に違反した起こりえない事象となる。もし，乳児が起こるはずの結果を法則に基づいて予想できるなら，手品同様，予想を裏切るBの違反事象により注意を向けるだろう。この実験からスペルキらは，4カ月児での固体性・連続性法則の理解を報告している。

　この手法は「期待違反事象課題」（期待違反法）といい，物理的知識の発達研究（動物研究でも）で広く用いられている。この課題では，注視時間が指標として使われることが多い。ヒト乳児もその他の霊長類も目新しいものや不思議なものを，そうでないものよりも好んで長く見る強い傾向があるため，彼らが実験場面の法則違反に気づいているかどうかは違反事象への長い注視から判断できる（その他，脳活動〔Kaufman et al., 2003〕や心拍〔Bower, 1967〕などの生理指標も使われることがある）。期待違反事象課題は言語報告や訓練を必要としないので，ヒト乳児と他種霊長類の物理的知識を直接的に比較できる。以降では主に，

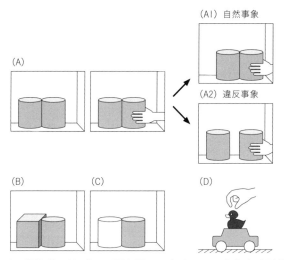

図 4-3　凝集性の法則の理解を調べるために用いられた実験刺激

（出典）　Needham, 1999（A から C）, Xu et al., 1999（D）より作成。

この課題から得られた知見を紹介する。

2. ヒト乳児が見せる物理的知識

凝集性と永続性の法則

　はじめに，凝集性と永続性の法則について見てみよう。凝集性の法則によれ
ば物体はひとつながりの固まりとして存在するはずだから，この理解を調べる
ためには「1つの物体が勝手に2つに分かれる，または2つの別の物体が1つ
になる」といった違反が使える。図 4-3 はニーダム（Needham, 1999）が4カ月
児の実験で用いた刺激だ。Aの物体は同じ形や色・パターンをしたひとかたま
りの物体に見える。この物体の一部を引っぱると，A1では物体はまとまって
動くが，A2では右側の1つだけが動く。このとき，乳児はA2の事象をより
長く注視した。つまり，乳児にとってこの事象は期待違反であり，彼らはこの
物体が1つの物として一緒に動くことを予想していたのだ。これに対して，B
のように形の違う別々の物体がたまたま隣接しているように見える場合，乳児
は先ほどとは違い，物体の一部を引っぱって2つが同時に動く事象を長く注視
する。つまり，形の違う別個の物体がまるで1つの物のように動くことを不思

馴化事象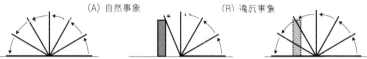

図 4-4　永続性の法則の理解を調べるために用いられた実験刺激

（出典）　Baillargeon et al., 1995 より作成。

議に思ったのだ。だが，Ｃのように形は同じでも色・パターンの違う物の場合，おとなであればそれを１つの物体としてまとめず，一緒に動くことも期待しない。けれど，４カ月児はＣの物体が１つの物のように一緒に動いてもそれを注視しなかった。どうやら，この月齢の乳児は形が違う物体は個別化し，形が同じであれば１つの物体としてまとめ，それぞれに凝集性法則を当てはめるが，形以外の色やパターンの情報はまだ手がかりとして使えないらしい。実際，より情報の多い複雑な物体（図 4-3D）の個別化は乳児には難しく，12 カ月になってようやく凝集性違反（車に乗ったアヒルを持ち上げると車まで持ち上がる）に気づく（Xu et al., 1999）。

　永続性の法則については「視界から一瞬消えたものが本当に空間から消えてしまう」違反でその理解を調べることができる。ベイラージョンら（Baillargeon et al., 1995）による５カ月児の研究では図 4-4 のような刺激が使われた。馴化事象ではまず，板が乳児の手前から 180 度回転しながら向こう側に倒れていく様子に慣れさせる。続くテスト事象ではこの場面に新しく箱が追加されるが，板は変わらず乳児の手前から箱に向かって回転して倒れていく。このとき，箱は回転する板に隠れて乳児から見えなくなるが，永続性法則に従えば変わらずそこにあるはずなので板は箱に当たって止まる（Ａの自然事象）。対してＢの事象では，箱が消えてなくなったかのように板が最後まで回転して倒れる法則違反が呈示される。この実験で５カ月児は違反事象を長く見た，つまり永続性の法則を理解していた。この研究は注視時間から乳児の物理的知識を調べた先がけの研究でもある。また，永続性の理解についてはその後の研究から，4.5 カ月児と 3.5 カ月児でも確認されている（Baillargeon, 1987）。

　支持関係の法則

　続けて，支持関係の法則について見ていく。図 4-5 は支持関係の法則理解を調べるための実験刺激である。ここでは「物体が適切に支持されていないのに，

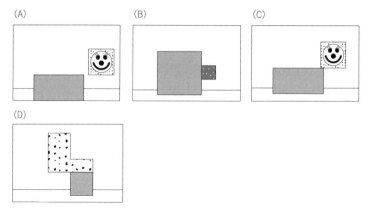

図 4-5　支持関係の法則の理解を調べるために用いられた実験刺激（違反事象）

（出典）　Baillargeon, 2002 より作成。

落下せず安定している」という違反が使われる。ベイラージョンのグループは
この違反のバリエーションを用いて，乳児の理解の発達を詳しく調べた
（Baillargeon, 2002；Baillargeon et al., 1995；Needham & Baillargeon, 1993；Baillargeon
et al., 1992 など）。たとえば，図 4-5 の A では「物体がまったく支えられていな
いのに落下しない」違反が呈示される（起こりうる自然事象では物体が適切に支持
されている場面が呈示された。これは A から D においても同様である）。この事象で
は「支持の有無」という最も基礎的な支持関係についての理解が調べられる。
また B では「支持が下からではなく横方向から不適切にされている」，C では
「物体が土台と触れてはいるが接地の量が不十分」，そして D では「非対称な
物体への支持がアンバランス」なのに落下しない違反が呈示される。この 3 つ
の刺激では，支持の「方向性」（B），「接地量」（C），「バランス」（D）という
各変数の理解が調べられる。実験の結果，これらの理解には発達時期に違いが
見られた。「支持の有無」の理解は早くも生後 3 カ月で見られ，その後，生後
4.5 〜 5.5 カ月で「方向性」，また生後 6.5 カ月になると「接地量」を理解する
ようになる。対して「バランス」はかなり遅く 12.5 カ月になって理解が見ら
れた。12.5 カ月以前の乳児は接地量が十分ならば，支持のバランスが悪くても
物体は安定すると思うようだ。支持関係の基礎的な知識は生後 3 カ月で見られ
るが，支持の方向性などの変数を考慮した理解は生後 1 年の間に次第に発達し
ていくのである。

以上のように，ヒトでは発達初期からすでに多様な物理的知識が芽生え始めている。もちろんおとなに比べればその理解はまばらで，知識の精度には限りもある。しかし，このような研究から，外界で起きる出来事をただ眺めるだけではなく能動的に分析し，予測し把握しようとする乳児の姿が見えてくるだろう。

3. ヒト以外の霊長類が見せる物理的知識

　ヒト以外の霊長類は私たちと同様の物理的環境に生きている。また，物を立体的に見るための目とそれを操作するための器用な手もヒトと類似しているので（Gómez, 2004），ヒトと他種霊長類は物理的知識の形成に必要な情報源と道具は最低限共有していることになる。では実際に，彼らの物理的知識はどのようなものだろうか？

凝集性と永続性の法則

　凝集性の法則については，シューら（Xu et al., 1999）の乳児実験（図4-3D）と同様の実験がおとなのアカゲザルで行われている（Munakata et al., 2001）。この実験ではアヒルとクルマの代わりに，サツマイモの上にピーマンを乗せた刺激を使った。もちろん，サツマイモとピーマンは別の物体なのでそれが1つになることはない。するとサルは，ピーマンだけを持ち上げたのにサツマイモも一緒に持ち上がる違反事象に対して，シューらの12カ月児と同じようにそれを長く注視した。このサルたちはサツマイモもピーマンも見たことがないが，おそらく形や色・パターンを手がかりとしてこの2種類の物体を個別化し，凝集性の法則を当てはめたとされる。

　また永続性の法則の理解は，古くはおとなのアカゲザルでその可能性が報告されている（Tinklepaugh, 1928）。この実験ではサルに「好物のバナナを容器に入れるところを見せる。その後，サルには内緒でバナナを好物でないレタスと入れ替えてしまう」という少し意地悪なことをする。すると，サルはレタスを見つけてもそれを食べずに，あるはずのバナナを探した（実験者に対して怒るという反応も見られた）。つまり，サルは容器に入って見えなくなったバナナが変わらずそこにあると予測したのだ。またその後，これと同様の，直接見えない食べ物のありかを予想させる実験が期待違反事象課題で行われている（Hughes & Santos, 2012）。この実験ではまず，2つの色違いの箱のどちらかに食べ物を入

れるところをアカゲザルに見せる（たとえば，サルから見て左の箱に食べ物を入れる）。続いて，サルの目の前で容器の位置を 180 度回転させ，実験者が食べ物の入っている箱を開けてそのありかを見せる（正解はサルから見て右の箱）。ただしこのとき，正しく右の箱に餌が入っている自然事象となぜか左の箱に食べ物が入っている違反事象とがあり，それぞれへのサルの注視時間が計測された。すると，おとなのアカゲザルでは違反の検出，つまり，場所の入れ替えという少し複雑なことが起きても，永続性法則から物体があるはずの場所を予測することができた。同じ実験がアカゲザルの 2 カ月児と 1 〜 3 歳の幼児でも行われたが，乳幼児のサルにはまだこの予測は難しいらしい。このような理解は少なくとも 3 歳以降から始まるようだ。

固体性と連続性，そして支持関係の法則

物体の固体性と連続性の法則については，サントスとハウザー（Santos & Hauser, 2002）がヒト乳児と同様の刺激（図 4-2）を使っておとなのアカゲザルを調べている。この実験ではボールの代わりにリンゴが落下するところをサルに見せる。するとサルは図 4-2 の B のようにリンゴが板をすり抜ける違反に気づいた。さらに，サントスらはこの理解が物体の垂直移動だけでなく水平移動でも現れることを示している。彼女らはおとなのアカゲザル（Santos & Hauser, 2002）とワタボウシタマリン（Santos et al., 2006）に，遮蔽の後ろに衝立のある状態で物体が転がる様子を呈示した（図 4-6 馴化事象）。その後，遮蔽の後ろを転がった物体が 1 枚目の壁で止まる自然事象（A）と，まるで 1 枚目の壁を通過またはワープしたかのような違反事象（B）を呈示すると，アカゲザルもワタボウシタマリンもこの違反を検出できた。同様の実験はヒト乳児でもスペルキら（Spelke et al., 1992）によって行われ，2.5 カ月児での理解が報告されている。どうやら，ヒト以外の霊長類でもヒト乳児でも固体性・連続性の法則理解は物体の運動パターンによらず適用されるようだ。

最後に支持関係の法則を見てみよう。ヒトの乳児に用いた刺激（図 4-5）と類似して，他種霊長類でも図 4-7 の刺激を使った実験が行われている（Murai et al., 2011）。この実験ではニホンザルとチンパンジーのおとなが「支持の有無」（A），「方向性」（B），「接地量」（C）を理解できるかが調べられた。その結果，ニホンザル，チンパンジーともに「支持の有無」と「支持の接地量」では法則違反を検出したが，不思議なことに「支持の方向性」ではそれが見られなかっ

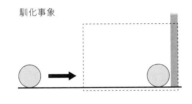

馴化事象

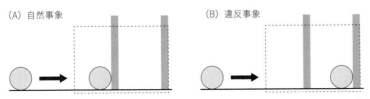

(A) 自然事象 (B) 違反事象

図 4-6　水平移動での固体性法則の理解を調べるために用いられた実験刺激

（出典）　Spelke et al., 1992 より作成。

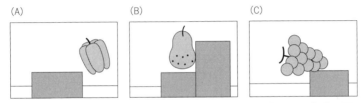

(A)　　　　　　(B)　　　　　　(C)

**図 4-7　ニホンザル，チンパンジーの支持関係法則の理解を調べるために用いられ
た実験刺激（違反事象）**

（出典）　Murai et al., 2011 より作成。

た。同様の結果が，カッキオーネとクリスト（Cacchione & Krist, 2004）のおと
なのチンパンジーでも報告されている。また注視課題だけでなく物体操作の文
脈でも，チンパンジーで似たような反応が観察されている。チンパンジーの問
題解決行動の研究で有名なケーラー（Köhler, 1957）は，チンパンジーは上から
吊るされ手の届かない食べ物を取るために箱を積み上げ足場に使うが，そのと
き彼らは垂直の壁に箱を押しつけなんとかその上に乗ろうとする，いわば支持
の方向性を無視したエラーを見せることを報告している。なぜヒト以外の霊長
類はヒト乳児と違って「支持の方向性」でだけ違反に気づかないのだろうか？
理由の１つには，彼らが支持関係で注意を向けるのが「接地量」の変数だけと
いう可能性がある。支持方向の違反事象（図 4-7B）では，方向は間違っている
が物と土台は 100％接地しているので，この変数にだけ注意するならば，これ

は彼らにとって違反事象にはならないのかもしれない。このような支持関係法則の理解は，ヒトとの相違を示す点で興味深い。

4．共通点からわかること，違いからわかること

　上記の霊長類研究から，たとえ訓練や報酬がなくても，彼らがヒト乳児と同じように能動的に事象内の物理的法則に注意を向け，その結果を分析し予測している様子がうかがえる。霊長類に見られる種共通性は，ヒトの物理的知識にたしかに何かしらの進化的基盤が存在する可能性を示すもので，いまだ不明な点が多いヒトの知識の生得性を理解する助けになるだろう。また，それと同時に重要なのは，支持方向の理解の差に見られるようなヒトと他種霊長類の違いである。両種が物理的環境や物体操作のための身体的構造を共有することを考えれば，この種差は，ヒトはヒトの，他種霊長類は他種霊長類の経験や学習また生息環境内での必要性といった，いわば彼らの生き方との相互作用から培われた知識のあり方を私たちに伝えてくれるかもしれない。実験から得た知見を各種の実際の姿や生き方に結びつけ解釈していくことで，ヒトと他種霊長類の知識の実体を照らしていくことが求められる。また，霊長類研究にはもう1つ大きな課題がある。それは発達研究だ。残念ながら，今はまだヒト以外の霊長類の物理的知識の発達過程は充分に調べられていない。たしかにヒトと他種霊長類には共通した知識があるが，もしかしたらその形成過程はまるで違うものかもしれない。両種が特定の知識をもつかどうかだけでなく，その発達過程を比較することであらたな共通性や相違を発見することができるだろう。

第3節　知識をどう学び，どう使うのか

1．物理的知識と経験・学習の関係

　第1節3項で領域固有的知識の生得性と学習・経験の関係について触れた。ヒト乳児とその他の霊長類の物理的知識を実際に見てきた今なら，その知識が決して生まれながらに完全な形で備わっているわけではないことがわかると思う。とくに支持関係の理解に見られたように，ヒト乳児の知識が次第に洗練されていく様子は興味深い。先に紹介した物理的知識の発達理論のうちベイラージョンの説（Baillargeon, 2008）では，ヒトの生得的なコア知識と物理的推論シ

ステムが発達初期の素早い知識獲得を助け，その初期知識は経験・学習を通じてより精度の高い表象に発達すると想定されている。実際に乳児の支持関係の法則理解にこれを当てはめれば，乳児はこのシステムを頼りに生後3カ月という早い時期に「支持の有無」に注目した0か1かの大まかな初期知識を獲得する。この初期知識が学習や経験を通して次第に，支持の方向性や接地量といった変数を含む豊かな表象に発達していくのだ。同様の発達パターンは前述の凝集性（Needham, 1999）や連続性の理解などにも見られる（Aguair & Baillargeon, 1999）。

　では，乳児の知識発達はどのような経験や学習に支えられているのか。1つには乳児自身による観察や物体操作が考えられる。ベイラージョンらがいうように，たとえば支持関係について乳児は，生後すぐからおとなが物を落とす様子を見る機会があるだろうし，そこから支えのない物が落ちることを学習できる。また4カ月以降の物への手伸ばしや物体操作の発達，そして，6カ月ごろのお座り姿勢の安定によって両手が自由になることで物への働きかけも変わり，それまで気づかなかった支持関係の変数にも気づけるようになるだろう（Baillargeon et al., 1995, 1992）。実際，この4〜6カ月ごろ，乳児には面白い変化が起きる。それまでの他者に対する強い興味や関心が弱まる一方で，ちょうど身体や物体操作の発達と呼応するように，物への興味や探索に費やす時間が増えていくのだ（Rochat, 2001）。さらに，生後10カ月ごろからは物を積む・置くといった定位的操作が発達する（竹下，1999）。物が落ちないように積んだり，傾かないよう置いたりするには物の重心を考えなければいけない。こういった経験が生後12.5カ月ごろに見られる支持のバランスの理解につながる可能性もある。またヒト以外の霊長類乳児との比較では，身体や物体操作の発達に面白い違いも見られる（竹下，1999）。たとえば，あおむけの姿勢で安定できるヒト乳児は，母親につかまっていることの多い他種霊長類乳児に比べて，早くから両手が自由に使えるようになる。ヒト乳児の物体把握や操作の出現は，他の霊長類よりもかなり早い。さらに特徴的なのは，前述の定位的操作が他種霊長類では遅く，頻度も少なく，生後2年経っても稀にしか現れない点である。このような経験の違いが，物理的知識の発達にどのような種の独自性を生むかは興味深い問題である。ヒト乳児における知識発達と経験の関係や乳児自身の積極的な学習についてはコラムで紹介する。

失敗から学ぶ

「失敗から学ぶ」——これは物理的知識の発達でも同じかもしれない。ある研究では，物理的事象の失敗を経験することで，乳児の知識が変わるかが調べられている（Baillargeon, 2002）。この研究では 11.5 カ月児における支持関係の法則，とくに「支持のバランス」の理解を調べている（図 4-5D）。本文中で見たようにこの理解は通常 12.5 カ月で現れるが，ここでは 11.5 カ月児に以下の 2 つの要因について異なる条件で学習をさせた。

　①学習内容（物体が正しく支持される「成功例」と落下する「失敗例」の両方を見せる，または「成功例」だけを見せる）。

　②学習量（学習時に 1 つの物体のみ，または複数の物体を経験させる）。

　その結果，成功例と失敗例の両方を経験し，かつ学習時に 1 種類の物体だけでなく複数の物体を経験した場合のみ，11.5 カ月児でも「支持のバランス」を理解できた。対して，たとえ複数の物体を経験しても，成功例だけを見た場合には学習の効果は現れなかった。

　さらに，失敗だけではなく，自分がもっている知識との不一致を経験することも乳児の学習を促す可能性が示されている。ある研究（Stahl & Feigenson, 2015）では，「物理的法則の違反，つまり自分がもっている知識と一致しない結果を経験することが学習機会になる」という仮説を検証するために，11 カ月児が物理的法則に従っている物体（自分の知識と一致する）よりも，それに違反した物体（自分の知識と一致しない）について，より積極的に学ぶかどうかを調べている。具体的には，固体性と連続性の法則において，乳児に，知識に従っている，または違反しているいずれかの物体経験をさせる（どちらを経験するかは乳児によって異なる）。その後，その物体について「動かすと音が鳴る」という新しい情報を与える。このとき，知識に一致しない物体を経験した乳児のほうが，その物体の新情報をより積極的に学ぼうとするかを，音と物体のマッピング反応から調べた（音と同時にその物体と別の物体を呈示し，前者をどれだけ注視するかで学習を評価している）。その結果，仮説通り，自分の知識に一致しない物体を経験した乳児のほうが，その物体の新情報をより学習しようとすることがわかった。

　これらの研究は，失敗場面や自分の知識が当てはまらない事例を体験することが，乳児の積極的な学習を刺激し，新たな知識の獲得に向かわせる可能性を示している。

2．物理的知識を使う難しさ

ヒト乳幼児とその他霊長類での探索課題の失敗

　私たちは獲得した知識を判断や問題解決などに利用する。だが，ヒト乳児や他種霊長類にとって実践的な物理的知識の利用はそれほど簡単ではない。たとえば，ヒト乳児は永続性の法則を生後 3 カ月ごろには理解していた。けれど，

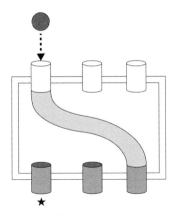

図4-8　重力バイアスを調べるために用いられるチューブ課題

（出典）　Hood et al., 2000 より作成。

このころの乳児はまだこの知識を使って視界から消えた物を探し出すことはできない。ピアジェの詳細な研究によれば（Piaget, 1970），8〜9カ月児の目の前でおもちゃをハンカチの下に隠すと，乳児はそれがもう存在しないかのように振る舞い，それ以上おもちゃを探すことはしない。乳児が見えない物を探索できるのは生後8〜12カ月以降だが，このころにはまだ不思議な間違いを見せる。おもちゃを2枚のハンカチのうち片方（A）に隠し，これを何度か乳児に探させた後，目の前でおもちゃをもう片方のハンカチ（B）に移してしまう。すると，現場を見ていたにもかかわらず乳児は最初のハンカチ（A）を探し続ける。これは「A not B エラー」と呼ばれ，12カ月ごろまで見られる。ほかにも探索課題で見られるエラーとして「重力バイアス」がある。図4-8のチューブ課題では2〜4歳のこどもにボールが不透明なチューブを通って落下するところを見せる（Hood, 1995）。ボールはもちろんチューブがつながった先の容器に落ちる。なぜなら，ボールが固体性と連続性の法則を無視してチューブの外を非連続な軌跡で動くことはないからだ。この法則は乳児期にすでに理解されているはずだが，こどもにボールを探索させると「ボールを離した位置の真下（図の★の位置）を探す」重力バイアスが頻出する。課題の難易度はチューブの数や交差の仕方を変えることで調整できるが，2歳では一番簡単な課題でも重力バイアスを見せる。最も難しい課題でバイアスが出なくなるのは4歳ごろだ。

　いま見た注視課題と探索課題の不一致，いわば物理的知識の理解と利用の乖

離はヒト以外の霊長類にも見られる。サルやゴリラの乳児は探索課題における永続性の A not B エラーを示し（Gómez, 2005），またチューブ課題での重力バイアスはこどもとおとなのチンパンジー（Tomonaga et al., 2007）やタマリンにも見られる（Hood et al., 1999；Santos, 2004；Santos et al., 2006, 2002）。だが，この乖離を示す証拠が多い一方で，その解釈はまちまちだ。そもそも，注視課題は物理的知識を測るのに妥当でないため，注視課題と探索課題では測っている知識自体が異なるという指摘（Shinskey et al., 2000 など）があるほか，両課題が扱う知識は連続しているが注視課題は「弱い知識」を，探索課題は「強い知識」を測っている，つまりそれぞれの課題で必要になる知識の程度が違う（Munakata, 2001）などの説明もある。

　その他，現在の主要な説明には「抑制機能」によるものがある。抑制機能とは，ある状況でより強い，より支配的な行動を実行せずに抑止する能力である。これによれば，上述の A not B エラーは，ヒトの乳児や他種霊長類が課題解決に必要な新しいやり方「隠し場所 B を探す」代わりに，初めにうまく問題を解決したやり方（「A を探す」）を抑制できず実行してしまうことで起きる。同様に，重力バイアスは問題解決に必要な固体性と連続性法則の代わりに，「物体はいつも真下に落下する」という垂直落下ルールを抑制できずに優先するため起きると説明される。同じチューブ課題でも器具を 90° 回転させ物体が水平に移動する場合には，こどもが重力バイアスを示さないことも，この垂直落下ルールの抑制失敗を示唆する（Hood et al., 2000）。よって，抑制説によれば探索課題の不達成は知識をもたないことではなく，手持ちの知識とその知識を運用する機能との連携不和が原因となる。実際に抑制機能に関連する脳部位（背外側前頭前野）を切除したサルでは A not B エラーが克服されないこと（Diamond & Goldman-Rakic, 1989）などがこの説明を支持している。現時点ではまだその説明を 1 つに絞ることはできないが，少なくとも，ヒト乳児の永続性課題で透明なカップを遮蔽に使う場合（Bower, 1974）や透明なチューブでチューブ課題を行う場合（Hood, 1995）にはちゃんと物体探索ができること，またヒト以外の霊長類ではおとなでも探索に失敗することを考えれば，運動的未熟さだけが探索失敗の理由でないということはいえるだろう。

失敗から探る物理的知識

　探索エラーにはもう 1 つ面白い特徴がある。上記のエラーは発達に伴い消え

るように見えるが，実はそれは私たちおとなにも残っているのだ。次の問題を考えてほしい。「水平に飛んでいる飛行機から物を落とす。物はどのような軌跡で落下するだろうか。①飛行機の真下に落ちる，②飛行機の進行方向とは逆の後方に向かって落ちる，③飛行機の進行方向と同じ前方に向かって落ちる」。このとき，多くのおとなはこどもの重力バイアスさながら①を選ぶ（Kaiser et al., 1985：正解は③。物体は前進する飛行機から伝わった力によって前方に進みながら落下する）。つまり，物理的事象について十分に経験や学習の機会をもったおとなでも，乳幼児期の重力バイアスがときどき思い出したように顔を出すのだ。さらに，重力バイアスを通り抜けたはずの 4 歳児でも課題の難度を上げるとそれは再び出現する（Hood et al., 2006）。

　ここで目を向けたいのは，垂直落下ルールを始めとする直観的な物理的知識によって起きるエラーの意味だ。前述のように，物理的知識は通常，経験や学習を通じて修正，洗練されると考えられていて，もちろんそれは間違いではない。だが，私たちの知識には経験や学習を積み重ねても修正されにくい部分が同時に存在し，それは乳幼児からおとなまでの連続した傾向としてある。なぜヒトに（おそらくその他の霊長類にも）エラーを起こしうる直観的知識が残り続けているのかは明らかでない。だが，その堅固さを考えれば，この直観的知識によって私たちが起こす「失敗」には何か意味があるのかもしれない。なぜなら，コラムでも記したように，学習は失敗を経験することで促進されるからだ。そして事実，この直観的知識は難度の高い課題や飛行機問題のような馴染みのない課題など，新しい学習を必要とするところで顔を出す。とすれば，このような場面で私たちに残る直観的知識が発動し，それによって誤った結果を体験することが，実は知識の修正や新たな知識の獲得を助けているという可能性も考えられないことはない。直観的知識によるエラーを，単なる知識とその利用の限界として一蹴するのは少し早い。そこから私たちがヒトとヒト以外の霊長類の物理的知識について新たに学ぶこともあるはずだ。

3．種間比較が映すもの

　本章ではヒトとヒト以外の霊長類の物理的知識を概観してきた。そこにはヒトの発達早期からの多様な知識や，ヒトと他種霊長類の類似性そして種独自の知識の形があった。これらの知見はヒトに限らず，広く霊長類の進化という尺

度で物理的知識を見ることの重要さと面白さ，そしてこれから探るべき課題を示してくれる。たとえば，本章では物理的領域にのみ焦点を当てたが，ヒト以外の霊長類の知識がヒトと同様の物理・生物・心理領域のモジュール構造をもつかはまだはっきりしていない。ある研究では，チンパンジーやゴリラとヒト幼児の物理的・社会的知識を比較し，前者ではヒト幼児に比べ社会的知識よりも物理的知識が優勢という報告もされている（Herrmann et al., 2007）。もし，他種霊長類に知識の領域固有性があるとしても，各領域の得意・不得意には種差があるのかもしれない。そして，その差はおそらく，ヒトと他種霊長類がそれぞれ見ている世界の違いを映している。今後多くの課題を種間比較から紐解くことで見えてくる，私たち霊長類の知識はきっと興味深いものに違いない。

BOOK GUIDE

●バウアー，T. G. R.（岩田純一・水谷宗行他訳）（1995）．賢い赤ちゃん――乳児期における学習　ミネルヴァ書房

　生得的な力を軸に，乳児がどのように学び，考えているかを明らかにしようとする1冊。実験に加えて論理学の手法も駆使しているのが特徴であり，乳児の現実世界に対するスリリングな挑戦が面白い。

●ゴスワミ，U.（岩男卓実・上淵寿・古池若葉・富山尚子・中島伸子訳）（2003）．子どもの認知発達　新曜社

　認知発達の研究成果を見通しよく体系化し，整然と解説している1冊。「何がどのように発達するのか」「なぜそのように発達するのか」という2つの軸から乳幼児の認知能力の発達を分析する。

●プレマック，D.・プレマック，A.（長谷川寿一監修／鈴木光太郎訳）（2005）．心の発生と進化――チンパンジー，赤ちゃん，ヒト　新曜社

　著者はチンパンジーの言語学習を研究したプレマック夫妻。チンパンジーと人間，とくに赤ちゃんとの比較という研究成果を中心に，進化心理学が明らかにしてきた数々の興味深い事実を明らかにする。

第**5**章
数 の 認 知
言語なき思考を探る

　ヒトにとって数は非常に身近なものであり，現代社会で数に触れずに生活することはほぼ不可能である。朝6時のアラームで起床し，天気予報の降水確率30％を確認して，7時25分のバスに乗り，230円の料金を支払う。4桁の数字でスマホのロックを解除し，SNSを見ると8通のメッセージが届いている。朝の何気ない日常シーンを考えるだけでも，私たちが数に囲まれて生活していることがわかる。

　一方で，ヒト以外の動物はどうだろうか。彼らが，数の手がかりを用いて，食べ物を探したり，天敵から身を隠したりして生活しているかは，ヒトの数概念の進化的基盤を考えるうえで興味深い。しかし，彼らは，ヒトが使用する「いち（1），に（2），さん（3）」のような言語をもってはいない。言語をもたない状態で数をどのように認知しているのであろうか。

　本章では，ヒト乳児が生まれながらにどの程度の数の認知能力をもっているかを考えながら，動物がどの程度まで数を認知できるかを見ていくことで，比較認知発達科学的な視点から数概念理解の基礎にあるものを見ていきたい。

第 **1** 節　**数とは何か**

　数（number）には性質の異なる複数のものが存在する。たとえば，道路を横断する人の数（5人）や本棚にある本の数（8冊）などは，ある集合に含まれる分割可能な対象の総合的大きさを示し，基数（cardinal number）と呼ばれている。また「3つ目の交差点」や「後ろから4番目の席」といった場合に使う数

は順番を示し，序数（ordinal number）と呼ばれている。この基数と序数は，普段あまり意識せずに使っているかもしれないが，「箱を3つとって」と「3つ目の箱をあけて」の「3」は，指し示す対象（referent）が異なっている。数はまた名義的（nominal）にも使用され，サッカー選手の背番号（10）は，基数でも序数でもなく，ある対象のラベルとして機能しているに過ぎない。数学の世界にまで踏み入ると，虚数や複素数など難解な数も登場するが，ヒトが発達初期に出会うものに限定したとしても，性質の異なる数が混在していることになる。

第2節　基数の認知

1．ヒト乳児における基数の弁別

　ヒトのこどもが数詞（言語ラベル）を話し始めるのは2歳以降であるが，数詞を獲得する以前の乳児が数を理解できるのかは，言語と数の関係を考えるうえで興味深い問題である。この問題を検討するために基数への感受性を初めて実験的に調べたのは，スターキーとクーパー（Starkey & Cooper, 1980）である。彼らは，注視時間を指標とした馴化−脱馴化法を用いて，4〜6カ月齢児に水平に並んだ2個のドットをスクリーン上に毎試行呈示した（図5-1）。乳児は最初スクリーンを注視するが，試行を重ねるにつれて次第に注視しなくなり（馴化），注視時間が最初の試行よりも50％以下になったところで，3個のドットに切り替えた。すると，乳児は直前の試行よりも注視時間が有意に長くなった（脱馴化）。つまり，ドットの個数（基数）の変化に気づいたことになる。

　乳児はまた，継時的に呈示された刺激でも基数の違いに気づくことが示されている（Wynn, 1996）。人形が2回ジャンプする事象を繰り返し呈示した後に，テスト試行で2回ジャンプと3回ジャンプの事象を交互に呈示した結果，5カ月齢児は新しい数（3回ジャンプ）の事象に対してのみ脱馴化したのである。また聴覚刺激を用いた研究（Bijeljac-Babic et al., 1993）では，生後3〜4日の生まれたての新生児におしゃぶりをくわえさせ，それをしゃぶると2音節からなる無意味語（ri-ho, zu-chiなど）が自動でスピーカーから流れるようにした。これらの刺激に馴化後，3音節からなる新しい無意味語（ma-zo-pu, ke-so-paなど）を呈示すると脱馴化が起こった。さらに，3音節から2音節に切り替えたり，無

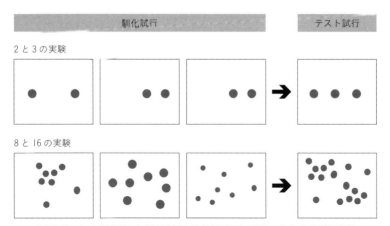

図5-1　ヒト乳児における基数の弁別実験で用いられた視覚刺激

（出典）　Starkey & Cooper, 1980, Xu & Spelke, 2000 より作成。

意味語の継続時間を統制したりしても脱馴化が起こったため，新生児は数的手がかりに基づいて反応していると考えられた。

　ただし，4個以上になると敏感でなくなるようである。上記の実験では，4個から6個のドットの切り替え，または4音節から6音節の語の切り替えに脱馴化が起こらず，乳児はそれらの違いに気づかなかった。また他の研究でも，5〜6カ月齢児は，視覚刺激と聴覚刺激のいずれにおいても8個と12個の区別ができなかった。しかし，4以上であっても，2数間の距離が1：2の比であれば（たとえば8と16），違いに気づくことができた（Lipton & Spelke, 2003；Xu & Spelke, 2000）。これは，心理物理学の分野で有名なウェーバー比（刺激量に対する弁別閾の比率は一定であるという法則）によく似ており，乳児の基数弁別もこの法則に従うと主張する研究者も多い。なお，このウェーバー比は月齢とともに変化し，5〜6カ月齢では1：2が限界だったが（Xu & Spelke, 2000），9〜10カ月齢になると2：3（Wood & Spelke, 2005），おとなになるころには7：8までの基数の違いに気づくことができる（Barth et al., 2003）。

2．ヒト以外の動物における基数の相対判断

　言語をもたない動物が数をどの程度理解できるかといった問題は，比較心理学や動物行動学の分野で主に研究され，現在ではさまざまな動物種（カラス，

ヨウム，ハチドリ，ヒヨコ，ラット，マカクザル，オランウータン，チンパンジー，イルカ，アジアゾウ，ゼブラフィッシュ，グッピー，ミツバチなど）から得られた多くの実験的証拠が存在する。これらの動物が数に基づいた行動を示すまでには，非常に長い訓練が必要な場合もあれば，比較的短時間でできる場合もあり，その達成には課題の性質や各動物の習性の利用などさまざまな要因が絡んでいる。

　言語をもたない動物の基数認知能力を調べる際によく使用されてきた課題として，基数の相対判断（relative numerosity judgment）がある。これは，2つの刺激を同時に呈示して，それらのうちより大きいほうを選択させる課題であり，より多くの食べ物を求める生物の自発的な傾向（つまり，生態学的に有利な戦略）を考慮して考えられたものである。おとなのオランウータンを対象とした実験では，2つの皿を用意して，一方には3個の食べ物，もう一方には4個の食べ物を置き，彼らが指差した皿のほうを報酬として与えるという課題を行っている（Call, 2000）。1個から6個までのさまざまな組み合わせを呈示したところ，3頭とも多い食べ物のほうを80％以上の正答率で選択できるようになった。次の実験では，不透明な2つのコップに食べ物を1個ずつ入れていき，選択の際にはコップのなかに食べ物が視覚的にいくつあるかわからない状況にした。彼らは，この場合でも，より多くの食べ物が含まれるコップのほうを高い率で選択し，両コップ内の食べ物の基数を心的に把握したうえでそれらを比較できることが示唆された。

　こうした相対判断は，実際の食べ物を見せなくても，画面上の図形に対しても達成できることが示されている。チンパンジーを対象とした実験では，タッチパネル上に数の異なるドットのまとまりを2つ（3対8など）呈示し，大きい数のほうを指でタッチすることを要求した。1から8までのさまざまなペアを呈示したところ，チンパンジーはより大きい数のほうを高い正答率で選択することが示された（Tomonaga, 2008）。また動物園で飼育されているアジアゾウの実験では，大型のタッチパネル上に2つの視覚刺激（食べ物の写真）を並べて呈示し，大きい数が示されているほうを鼻の先でタッチするように訓練した。その結果，0から10までの組み合わせで呈示された刺激ペアに対し，アジアゾウは一貫してより多い数の刺激を選択することができた（Irie et al., 2019；本書サポートページも参照）。このように，食べ物の獲得量に直接関与しない状況でも，基数に基づく相対判断は確認されている。

ここで興味深いのは，オランウータンやチンパンジーの実験で，数が大きくなればなるほど正答率が低下する総量効果（magnitude effect）が見られたことである。つまり，1対2という小さい数であれば1個の違いでも正答率が高かったにもかかわらず，8対9のような大きい数になると1個の違いだけだとエラーが多くなり正答率が低下した。また呈示される2数間の差によって影響を受ける距離効果（distance effect）も見られ，3対6のように大きな差があればほぼ正答できるのに対し，3対4のように1しか差がない場合には正答率が低下した。これは上述した乳児実験でのウェーバー比とも対応する結果であり，ヒト以外の動物とヒト乳児でよく似た行動パターンを示すことがわかっている。

　その他には馴化－脱馴化法を動物に適用し，基数認知能力の特徴を検討している研究もある（Hauser et al., 2003）。まず，実験ケージにいるワタボウシタマリンに，子音と母音からなる4回の言語音をスピーカーから流し，それらを繰り返し呈示していった（lu-lu-lu-lu → du-du-du-du → ji-ji-ji-ji）。言語音は，継続時間や話者の声の点で毎試行異なるものが呈示され，数的手がかりのみが共通するように工夫された。次に，言語音に対して彼らが振り向かなくなってきた（馴化した）ところでテスト試行に移り，これまでと同じ数（4回）の刺激と新しい数（8回）の刺激を交互に呈示した。その結果，ワタボウシタマリンは，同じ数よりも，新しい数が呈示された場合により頻繁に振り向いて反応する（つまり脱馴化する）ことがわかった。さらなる実験では，4対6と8対12の課題でも脱馴化が起きたが，4対5と8対10の課題では脱馴化が起こらなかった。これは，ワタボウシタマリンが2：3の比に該当する基数の違いにまで気づくことを示しており，ヒト乳児でいうと，9〜10カ月齢児に相当する基数認知能力をもっていることになる。

第 3 節　数の抽象性

1．ヒト乳児における数の抽象性

　数とはそもそも，物体や事象，心的イメージなどのあらゆる対象を項目として扱える抽象度の高い概念であり，モノを2個見たり，太鼓の音を2回聞いたり，キーを2回押したり，心のなかで2回頷いたりしたとき，私たちおとなは，いずれも「2つである」（twoness）という抽象的な共通点（基数性；第6節を参

照）をもつことができる。しかし，第2節で紹介した実験では，単一の感覚モダリティ内で呈示された刺激のみを対象にしていたため，乳児が扱える数がどの程度抽象的なのかは判別できなかった。スターキーら（Starkey et al., 1990）は，この問題に着目し，異なる感覚モダリティで呈示された刺激を数の側面から関連づけできるかを実験的に検討している。まず，左右に並んだスクリーン上にそれぞれ2個と3個の物体からなる刺激を呈示した。それと同時に，実験者が太鼓を2回もしくは3回打ち鳴らした。その結果，6～8カ月齢児は，太鼓の数と一致する視覚刺激のほうをより長く注視することがわかった。つまり，太鼓の音が2回聞こえると2個の物体を，3回聞こえると今度は3個の物体をより長く注視した。

　この結果は，乳児が高度な認知的処理を行っているように見えるが，実際にどういった方略で行っているかは明確ではない。1つの考えは，1対1対応（one-to-one correspondence）の能力を想定して，音が聞こえてくるたびに物体を1つずつ対応させ（♪-●，♪-●，♪-●），それらの数が同じかどうか（♪♪♪＝●●●）を判断するというものである。もう1つの考えは，視聴覚それぞれの刺激に対して基数を表す何らかの心的表象を形成し（♪♪♪＝「3」，●●●＝「3」），それらを心的に対応づけて等価だと判断する（「3」＝「3」）というものである。当然ながら，6～8カ月齢児はまだ数詞や数字を獲得していないので，シンボル上での対応づけ（3＝3）ができるとは想定しにくい。しかし，数詞や数字ではなくても，「3」らしき数的表象（第6節を参照）をもっているならば，こうした数の等価性判断（「3」＝「3」）は可能かもしれない。

　スターキーらの研究は，数の抽象性（number abstraction）を考えるうえで示唆に富む知見ではあるが，その後の研究では一貫した結果が得られなかった（Mix et al., 1997；Moore et al., 1987）。この原因として，3回の音を聞いても3個の物体を見る必要性や動機づけがまったくないからではないかと考え，視覚と聴覚の刺激がより自然に結びつく，一種の因果的事象ともいえる衝突事象で検討した研究がある（Kobayashi et al., 2005）。この研究では，物体が1個ずつ上から落下し，地面に衝突すると「ドン」と音がする動画を6カ月齢児に数回呈示した後に，今度は遮蔽物で物体が落下する様子を見せないようにし，衝突音だけを呈示した。次に，遮蔽物が取り除かれて物体が現れた（図5-2）。この課題で乳児が要求されたのは，衝突音が2回聞こえた場合，遮蔽物の背後に物体が

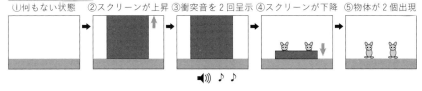

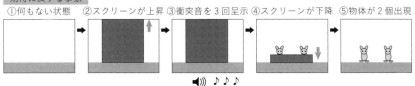

図 5-2　期待違反法を用いた感覚モダリティ間の数的対応づけ実験

（出典）　Kobayashi et al., 2005 より作成。

2 個存在することを正しく期待できるかということであった（期待違反法；第 4
章も参照）。実験では，衝突音が 2 回聞こえた後に物体が 2 個現れる事象（期待
通りの事象）と，衝突音が 3 回聞こえたのに物体が 2 個しか現れない事象（期待
に反する事象）を交互に呈示して，それらの注視時間を測定した。その結果，6
カ月齢児は，音と物体の数が対応している事象よりも，対応していない事象の
ほうをより長く注視した。つまり，適切な実験状況を設定すれば，乳児は視覚
刺激と聴覚刺激を数の側面から対応づけられるのである。

　その後の研究では，より大きな数を扱った場合でも，感覚モダリティ間の数
的対応づけが見られている（Izard et al., 2009）。生後数日の新生児は，馴化試行
で「tu-tu-tu-tu」「ra-ra-ra-ra」「nu-nu-nu-nu」のように言語音を 4 回繰り返し聞
かされた後に，テスト試行ではこれまで聞いてきた 4 回の言語音とともに，4
個あるいは 12 個の視覚刺激（幾何学図形）を交互に呈示された。その結果，新
生児は，言語音と一致しない個数（12 個）よりも一致する個数（4 個）の視覚
刺激が出てきた試行で画面をより長く注視することがわかった。また 6 回の言
語音で馴化させた後に，6 個と 18 個の視覚刺激を交互に呈示した場合でも，
一致する個数（6 個）のほうをより長く注視した。しかし，4 個と 8 個の場合
では注視時間に明確な差はなかった。これは，1：3 程度の違いがあれば，生
後数日の新生児でも感覚モダリティ間の数的対応づけを示し，言語の獲得とは

独立に，数をある程度抽象的に扱える可能性を示している。なお，この実験では，前述の期待違反法の結果と異なり，視聴覚刺激の数が一致する試行で注視時間が長くなったが，乳児の月齢や刺激の新奇性，手続きの違いなどで一致と不一致のどちらを選好するかは変わってくることがある（Mix et al., 1997；Schilling, 2000）。

2. ヒト以外の動物における数の抽象性

　前節で見たように，チンパンジーやオランウータンなどの動物でも，視覚的に呈示された食べ物や図形に対して，より多い数のほうを選ぶことはできたが，ヒト乳児で示されたような感覚モダリティを超えた数的対応性を示す動物がいるかについてはあまり研究例がない。ただし，ラットで示されたバー押しの実験でそれに近い証拠が示されている。

　チャーチとメック（Church & Meck, 1984）は，2つのバーが設置された特殊な箱のなかにラットを入れ，2つのブザー音を聞いたときには左のバーを，4つのブザー音を聞いたときには右のバーを押すように訓練した。また別のフェーズで，2つの閃光（フラッシュ）を見たときには左のバーを，4つの閃光を見たときには右のバーを押すようにも訓練した。この実験は，視覚と聴覚の異なるモダリティで訓練された経験が無関連のものとして扱われるのか，それとも抽象的に関連づけられているのかを調べる目的で計画され，テスト試行では，ブザー音と閃光を同期させて2回呈示する試行を設けた。すると，ラットは躊躇なく右のバーを押した。つまり，呈示した刺激を，2つの音と2つの閃光を足し合わせて4つの事象として捉えたのであった。一方，ブザー音と閃光を同期させて1回だけ呈示した試行では，ラットは左のバーを押し，1つのブザー音と1回の閃光を足し合わせて2つの事象とみなしていた。これは，単一の感覚モダリティで学習された知識が感覚モダリティを超えて，より高次のレベルで抽象化されていたことを示す例といえよう。

3. ヒト以外の動物のアラビア数字学習

　ヒトは，数詞や数字などの言語的シンボルで物体や事象などの離散量を表すことができるが，動物はどの程度できるであろうか。動物に数字を訓練する研究はいくつか行われているが，ここでは，ボイセンらが行った研究を紹介しよ

う（Boysen & Berntson, 1989）。彼らは，シバという名のチンパンジーを対象に，0から9までのアラビア数字を段階的に学習させていくことにした。シバはまず，6分割されたトレーに菓子を1つずつ置くといった単純な課題から訓練を開始し，次の段階では，ドットが示された1〜3個のカードと，目の前にある1〜3個の菓子を対応づけることが要求された。それができると，次は，ドットが示されたカードと，それに対応するアラビア数字のカードを1つずつ置き換えていった。この段階で，シバは，目の前に示された菓子の数を，1から3のアラビア数字を指差すことで正しく回答できるようになった。訓練の最終段階では，これまでと逆のことが要求され，アラビア数字のカードが示された後に，それに対応するドットカードを選択する訓練が行われた。

　こうした一連の訓練の後に，シバは，アラビア数字とそれに対応する離散量の間を自在に行き来できるようになり，最終的には，0から9までのアラビア数字の理解と産出をできるようになった。しかし，この段階に至るまでには，2年もの歳月がかかっており，アラビア数字を自然に獲得できるようには見えなかった。当然ながら，自然界でヒト以外の動物がシンボルを獲得したり利用したりすることはまずありえない。つまり，ヒト以外の動物のシンボル学習は，一歩一歩段階を踏む学習スケジュールを設けたとしても，非常に難易度の高い課題といえる。

　その他には，アレックスという名のヨウムが，数の音声ラベル（数詞）の学習に成功している。ペッパーバーグ（Pepperberg, 1987, 1994）は，「one」から「six」までの数詞をアレックスに訓練して，最終的には，異なる種類の視覚刺激（たとえば，赤い毛糸1個，青い釘2個，青い毛糸3個，赤い釘6個）のなかから，色とカテゴリーで指示された物体の数（「赤い釘はいくつ？」）について数詞（「sih」〔six に相当する発声〕）を使って答えられるようになった。その後，アレックスは，こうした数詞の知識をもとにそれらをアラビア数字と結びつけ，0から8までの数詞と数字の両方のシンボルを扱えるようになった（Pepperberg, 2012）。シバとアレックスの知見を総合すると，たとえ言語をもたない動物であっても，長期間にわたる訓練を行えば，離散量をシンボルで表現できるということである。

第4節　序数と順序性

1. ヒト乳児の序数と順序性

　第1節で述べたように，序数は「何番目」を表す数であり，「いくつ」を示す基数とは性質が異なる。こうした序数を乳児がどの程度理解できるかについては，予期的な眼球運動を測定することにより調べられている（Canfield & Smith, 1996）。この研究では，画面上の左右の位置に視覚刺激（笑顔，走る犬，車輪など）を順番に呈示していくパラダイムを用いて，ナンバー条件では，「左→左→左→右」といつも4番目のタイミングで左から右へ位置を変えたのに対し，イレギュラー条件では，「左→右→右→左」や「左→左→右→左」のように刺激の位置をランダムなタイミングで変えた。その結果，ナンバー条件の5カ月齢児は，3番目の刺激が消えて4番目の刺激が現れる前に，視線方向を予期的に右へシフトさせることがわかった。刺激の呈示間隔や呈示時間は厳密に統制されていたので，こうした行動を示すのに唯一利用可能だったのは序数の手がかりだけであった。一方，イレギュラー条件では，こうした予期的な眼球運動は見られなかった。つまり，5カ月齢児は序数に基づいて視覚刺激の出現を予測できたことになる。

　乳児はまた，序数だけでなく順序性（ordinality）も理解できる。順序性とは，「3は2より大きい」「4は5より小さい」のような，基数に順序関係があることを示す重要な概念である。逆にいうと，基数の理解には順序性の理解を含んでいないので，乳児が2個と3個の違いを区別できたとしても，それらの大小関係をわかっていることまでは意味しない。

　こうした順序性を乳児がいつ獲得するかを調べるために，クーパー（Cooper, 1984）は，馴化 - 脱馴化法を用いて，10 〜 16カ月齢児に，2つの数のペア刺激からなる上昇系列を繰り返し呈示した（1個→2個，1個→2個，1個→2個）。これらの上昇系列に馴化後，テスト試行では，上昇系列（1個→2個），下降系列（2個→1個），同値（2個→2個）を呈示した。その結果，14 〜 16カ月齢児は，下降系列と同値の新しいペアに脱馴化したが，10 〜 12カ月齢児は同値のペアにだけ脱馴化を示した。また下降系列（2個→1個）で馴化した場合にも同様の結果が得られた。これらの結果から，14カ月齢以降に順序性が獲得され

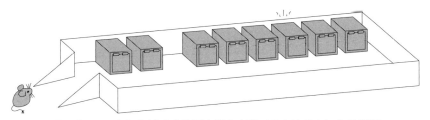

図 5-3　ラットにおける序数同定能力を調べるためのトンネル課題

（出典）　Suzuki & Kobayashi, 2000 より作成。

るのではないかと主張された。その後の研究では，2 ペア系列（1 個→2 個）ではなく，3 ペア系列（2 個→4 個→8 個）を呈示した際に，11 カ月齢から順序性の証拠が得られることがわかった（Brannon, 2002）。これは，2 ペアよりも 3 ペアの系列を呈示することで順序性に注意を向けやすくなった結果，より幼い時期から課題に成功したと考えられている。

2．ラットの序数同定能力

　動物が序数の手がかりを利用できることを示す例は，ラットの実験で見事に示されている。ある研究（Davis & Bradford, 1986）では，畳一畳分の囲いのなかに，同一の木製のトンネルを 6 個並べて，ある特定のトンネル（たとえば 3 番目）に入って食べ物を得るようにラットを訓練した（図 5-3）。トンネルの前面には扉が装着され，内部の状況は外からはわからなかった。食べ物はすべてのトンネルに入っていたが，不正解のトンネルにはストッパーが挿入されていたため，入ろうとしても内部に侵入できなかった（正解のトンネルだけストッパーを外し内部に侵入できた）。また 6 個のトンネルのすべての位置を毎試行変える操作も行い，空間的手がかりによる解決を最小限にする工夫をした。

　こうした状況で，12 匹のラットすべてが，特定の順番（3 番目か 4 番目か 5 番目）のトンネルを正しく選択できるようになった。しかも，覚えの早いラットでは 50 試行以内に，覚えの遅いラットでも 100 試行以内に正しく選択できるようになり，長い訓練期間をまったく必要としなかった。またトンネルを置く位置を少し変えて「曲がり角」を用意しても（つまり，囲いの側面に加え正面奥にもトンネルをつなげて配置しても），ラットの成績は低下せず，角を曲がったところにある正解のトンネルを選択することができた。さらに興味深いのは，こ

うした能力が1年後に「追試」された場合でも保持されていたことである。追試に参加した9匹全員が1年前の記憶を頼りに課題を正しく解決し，そのうち2匹はその半年後（学習から1年半後）の再追試も見事にパスすることができた。

　ラットの卓越した序数同定能力は，その後の研究（Suzuki & Kobayashi, 2000）でさらに確実なものとなっている。この研究では，先行研究の知見（6個のうちの4番目の同定）を確認したうえで，$n+1$のルールで正解の順番を1つずつ上げていった。つまり，4番目の課題ができるようになったら，次は5番目を正解にし，それもまたクリアしたら今度は6番目を正解にした。その際に，トンネルの個数を2倍の12個にしたため，囲いを畳2畳分（360cm）にし，空間的配置を大きく変えられるようにした。こうした状況でも，ラットは，$n+1$のルールを即座に理解し，1日20試行の各セッションに毎日落第することなく，課題を正しく解決し続けた。

　最終的に，ラットは12番目の課題まで解決できるようになったが，反対側から見ると12個中の1番目なので，彼らが12番目という手がかりを用いているかは判別できなかった。そこで，囲いを畳3畳分（540cm）にしてトンネルも18個並べた新たな場面でのテストを行ったところ，ラットは，奥から1番目という方略で課題を行わず（つまり18番目を選ばず），最初のセッションから12番目のトンネルを正しく選択することがわかった。このことから，ラットは10を超える序数を把握できていた可能性がある。

　こうした卓越した能力の裏には実験統制上の不備があるかもしれないという考えから，新たなラットで追加実験も行われた。

　配置するトンネルの個数を毎試行変えて相対的な空間的位置を極力排除（10個中の3番目→3個中の3番目→7個中の3番目などの操作）したり，大小2種類のトンネルを配置して量的手がかり（トンネルサイズの総和量など）による課題解決を阻む操作をしたり，多面的に検証した。それでもなお，ラットは課題を正しく解決できたことから，ラットの卓越した序数同定能力は確実なものと結論づけられた。その後の研究では，生後5日のヒヨコが4番目や6番目の穴にある食べ物を見つけたり（Rugani et al., 2007），ミツバチやハチドリが4番目にある食べ物を見つけたり（Dacke & Srinivasan, 2008；Vámos et al., 2020）できることなどが確認され，序数同定能力は多くの動物種で共有されている可能性が高い。

第5節　足し算・引き算

1．ヒト乳児での計算実験

　数の抽象性においてもう1つの重要な側面は，数の操作性である。物体や事象などのあらゆる対象を抽象的に扱えれば，項目を足したり引いたりして操作することが可能となる。こうした問題に対して独創的な手法で最初に取り組んだのは，ウィン（Wynn, 1992）である。彼女は，人形劇のなかに「1＋1」と「2－1」のエッセンスを挿入して，5カ月齢児に期待違反法に基づく計算問題を呈示した。この人形劇のシナリオは以下の通りである（図5-4）。まず実験者が舞台上に人形を1個置いて，しばらくしてから遮蔽物を下から巻き上げ，その人形を覆い隠した。次に，舞台脇から人形をもう1個見せて，遮蔽物の背後に隠し，実験者の手に何もないことを示してから，舞台脇に手を引っ込めた。ここまでが「1＋1」の問題部分である。

　次に，遮蔽物を巻き下ろして人形を登場させるのだが，そのときに見せるのは，人形が2個現れる場面（期待通りの事象）か，1個しか現れない場面（期待に反する事象）のどちらかであった。その結果，乳児は2個の人形が現れた場面（1＋1＝2）よりも，1個の人形しか現れなかった場面（1＋1＝1）のほうをよ

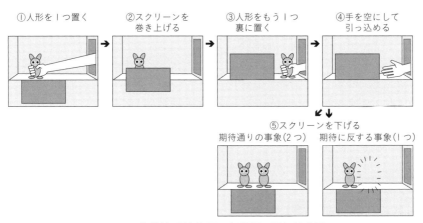

図5-4　期待違反法を用いた乳児の足し算実験

（出典）　Wynn, 1992 より作成。

り長く注視した。また「1＋1」が2か3のどちらかになる追加実験でも，「1＋1＝2」よりも「1＋1＝3」のほうをより長く注視した。つまり，5カ月齢児は，「1＋1」が1や3でなく，2であることを知っているかのように振る舞ったのである。さらに，同様の人形劇で引き算も行ったところ，5ヶ月齢児は，「2－1＝1」（期待通りの事象）よりも「2－1＝2」（期待に反する事象）のほうをより長く注視した。これらの結果から，乳児は非常に幼い時期から足し算や引き算などの初歩的計算の基礎を理解していると結論づけられた。

　この研究は，その後のさまざまな実験条件下でも期待に反する事象で乳児の注視時間が一貫して上昇することが追認されていたが，結果の解釈についてはさまざまな議論がある。ある研究者らは，「1＋1＝1」や「2－1＝2」などの間違った計算場面で注視時間が上昇するのは，乳児期の一般的な注視反応として知られている既知刺激への選好（familiarity preference）と複雑刺激への選好（complexity preference）の点から説明できると考え，数の操作（「＋1」や「－1」）の理解を仮定しなくてもよいと主張した（Cohen & Marks, 2002）。しかし，その後の研究では，感覚モダリティの異なる刺激における数の足し算（1つの音＋1つの物）を検討する実験のなかで，既知刺激と複雑刺激への選好を厳密に統制した状況でも6カ月齢児が計算結果を正しく予測できることが確認されており，乳児期から初歩的計算の基礎を理解できるという証拠が得られつつある（Kobayashi et al., 2004）。

2. ヒト以外の動物での計算能力

　計算のできる動物として最も有名なのは，ウマの「賢いハンス」である。20世紀初頭，計算や分数がわかる賢いウマとしてドイツで一世を風靡し，心理学者の入った調査委員会からお墨付きをもらうほどのパフォーマンスを示していた。ハンスは，アラビア数字で書かれた「5＋3」という問題を出題されると，自分の蹄を8回打ちつけて，正しい答えを導き出すように見えた。実際のからくりは，ハンスが答えを知る見物客の「顔色」（つまり不随意的反応）を検知して，蹄を打ち続けるのを止めただけであった。つまり，ハンスが賢かったのは，計算を学んだことではなく，ヒトが示す社会的手がかりを学んだ点であった（Boakes, 1984 を参照）。

　心理学史上のこうした不祥事はさておき，統制された実験状況でも動物が視

覚刺激の足し合わせに成功できる例がいくつか報告されている。チンパンジーを対象とした実験（Beran, 2001）では，2つの不透明なコップにチョコ菓子が1つずつ入れられ，3対4や8対9などの相対判断課題が呈示された。選択する際にコップの中身は見えなかったので，チンパンジーは2つのコップそれぞれに経時的に入れられていくチョコ菓子の数を覚えておく必要があった。この場合，3対4の課題は，見方を変えると「(1+1+1) 対 (1+1+1+1)」の足し算的な相対判断課題とみなすこともできた。その結果，第2節のオランウータン（Call, 2000）と同様に，チンパンジーもこの課題を約8〜9割の正答率で解決することができた。次の実験では，一度に見せる数を2個や3個に増やして，「(2+3) 対 (3+1)」や「(2+2+3) 対 (3+4+1)」のような，より込みいった足し算課題を設定した。この場合でも，チンパンジーはチョコ菓子がより多く含まれるコップを選べたことから，相対判断課題での視覚刺激の足し合わせは容易に達成されると考えられた。

　他の実験では，前述（第3節）したチンパンジーのシバが，アラビア数字を用いた計算ができたという興味深い報告もある（Boysen & Berntson, 1989）。まず訓練の最初の段階では，ケージ内の複数の箇所にオレンジを隠した後，シバがケージに入って，隠されたオレンジを探し回った。ある試行では，テーブルの下に2個と箱のなかから1個を見つけ出し，別の試行では，切り株の裏に1個と箱のなかから1個を探し出すことができた。その後，シバは出発点に戻ってきて，見つけ出したオレンジの総数をアラビア数字の選択により回答するという課題だったのだが，シバはこれをなんなくクリアできた。

　次の段階では，ケージ内の複数の箇所に，（オレンジではなく）数字を記したカードを置いておき，それらをシバに発見させて，数字に書かれている数の合計を答えさせるのが新たな課題であった。つまり，テーブルの下に「2」のカード，箱のなかに「1」のカードが仕込まれていた。シバは，ケージ内での探索を終えて出発点に戻ってくると，自分が見てきた数字の合計（2+1=3）を，アラビア数字「3」を指差すことで正しく回答することができた。これは，シバが実験で使われた0から6までのアラビア数字を正しく理解し，それらを実際の離散量と心的に結びつけ，これらを合計した結果を見積もり，最終的にはその結果に対応した数字をその形態情報から選べたということを示唆している。

第6節　数の認知メカニズム

1．数を知る方略

　前節までのところでは，ヒト乳児や他の動物が数の認知をどの程度できるかについてさまざまな実験を通して紹介してきた。では，言語をもたないヒト乳児や他の動物は，いったいどうやって数を把握しているのだろうか。

　まずおとなやこどもが数を知ろうとする場合，カウンティング（counting）かスービタイジング（subitizing）のどちらかの方略を用いるといわれている。カウンティングとは，「いち，に，さん，……」と数えるお馴染みのやり方であるが，厳密に定義すると，ある決まった順序関係をもつ数詞系列（安定した順序；stable order）を，外界の対象と1つずつ対応させ（1対1対応），最終的に対応させた数詞がその集合の数を表すこと（基数性；cardinality）を理解している必要がある（Gelman & Gallistel, 1978）。これまでの研究によると，幼児は2歳ごろから「いち」や「に」といった数詞をいえるようになり，その後「いち，に，さん，し，ご」と一連の数詞をつなげて数唱をし始め，カウンティングで正確に数を同定できるようになる（つまり，上記のカウンティング3原則を満たす）のは，3歳半以降といわれている。したがって，数詞だけでなく単語すらまだいえない乳児，そして言語をもたない動物が，こうした言語的なカウンティングにより数を把握できるとはとうてい考えにくい。ただし，例外は数の言語ラベルを獲得したヨウムやチンパンジーなどである。獲得した数字や数詞が安定した順序で表象されているとすると，カウンティングと似たようなことをできる可能性がある。

　一方，スービタイジングとは，4～6個程度までの対象の集合を瞬時に見積もり，ラベルづけする能力である（Kaufman et al., 1949；Starkey & Cooper, 1995）。おとなに視覚刺激を呈示して数を報告させる実験では，刺激の個数が4～6個までは反応時間に差はなく，刺激を1つずつカウンティングしなくても数をラベルづけできることがわかっている。しかし，スービタイジングは視覚モダリティに限定された同時的な処理過程と考えられており，視覚刺激の実験に限っていえば，シンボルを学習したヨウムやチンパンジーでスービタイジングを行っている可能性はあるが，聴覚刺激を呈示した実験結果は説明ができない。

数詞・助数詞の獲得

　ヒトの幼児は，1歳の誕生日前後に意味のある語（初語）をしゃべり始め，1歳半を過ぎたころから，新しい語を急速に話し始める語彙爆発の時期にさしかかる（小林他，2012）。2歳の誕生日前後になると，語をつなげて二語文や三語文も発話できるようになるが，ちょうどこのころ，「いち」や「に」などの数詞もいえるようになる。以下の表5-1には，日本語を母語とする0～4歳児約1500名を対象とした調査から集計した数詞や助数詞などの50%獲得月齢（ロジスティック回帰により推定した50%の子が該当語を発話できる月齢）を示している（小林他，2016）。この調査は，養育者の視点からその語をこどもがいえるかどうかを判定してもらっているため，「2」や「3」などの数概念を理解しているかどうかを必ずしも指し示しているわけではないが，名詞や動詞，形容詞などの語彙をある程度いえるようになってから，数の言語的ラベル（数詞）もいえるようになる。

表5-1　数詞・助数詞の50%獲得月齢（単位：カ月）

数詞	50%到達月齢	助数詞等	50%到達月齢
いち（1）	24.2	いっぱい	25.8
に（2）	24.7	1つ	29.3
さん（3）	25.5	1個	29.4
ご（5）	27.0	1回	29.8
よん（4）	27.2	ぜんぶ	30.2
はち（8）	27.8	半分	30.8
じゅう（10）	27.9	ちょっと	30.9
なな（7）	28.1	1番	32.2
ろく（6）	28.1	たくさん	35.5
きゅう（9）	28.1	少し	35.6
ぜろ（0）	32.8	1枚	39.6
じゅういち（11）	35.7	1本	40.1
じゅうに（12）	36.1	1時	41.4
にじゅう（20）	39.2	1円	42.3
ひゃく（100）	41.0	1匹	42.4
さんじゅう（30）	46.6	1月	45.3
ごじゅう（50）	48.6	1台	47.6
よんじゅう（40）	50.8	1秒	54.1

2. 言語によらない数の認知メカニズム

　言語によらない数を把握する方略として，これまでにいくつかの仮説が提案されてきている。

ニューメロン・リスト仮説

　ニューメロン（numeron）とは，数詞（言語的ラベル）ではないが，安定した順序をもつ心的表象のことである。ニューメロン・リスト仮説（Gelman & Gallistel, 1978）では，たとえば，5つのニューメロンが連続した形で心的に存在していれば（ここでは！＠＃＄％の文字を当てる），それらを「数詞」のようにしてカウンティングとほぼ同等のことができると想定され，物体が3個（●●●）ある場合，それらをニューメロンと対応づければ（●＝！，●＝＠，●＝＃），数を把握することが可能である（●●●＝＃）と考える。ただし，ヒト乳児や動物の実験でこうした高度なシンボルの存在を裏づける証拠は見つかっていない。

オブジェクト・ファイル仮説

　オブジェクト・ファイル（object file）とは，私たちが物体を見るとき，色やサイズ，形状，場所などの複数の特徴情報をまとめて保持しておくための心的表象のことである。オブジェクト・ファイル仮説（Carey, 2001）によると，こうした視覚認知の際に働く心的表象があれば，物体が3個（●●●）ある場合，ファイルを3つ（file, file, file）立ち上げ，それらのファイルと外界の物体との1対1対応（●＝file，●＝file，●＝file）によって数を把握することが可能となる（●●●＝file, file, file）。この仮説は，数や言語に関する心的表象をいっさい想定しないため，言語をもたないヒト乳児や他の動物の結果を説明できる可能性があるが，視覚認知に限定的な処理過程であるため，聴覚刺激が呈示される実験結果を十分に説明できない。また同時に処理できるのは3個程度と想定されており，4以上を超える実験結果も説明できないという問題点がある。

アキュミュレータ仮説

　アキュミュレータ仮説（Meck & Church, 1983）とは，数をアナログ式の量的表象として処理するという仮説である。たとえば，脳内に一定の間隔で神経パルスを発生させる部位があると仮定し，外界の物体や音を見聞きするたびにそのパルスがアキュミュレータ（accumulator）と呼ばれる壺に貯まっていく。そうすると，2個と4個の物体を見た場合では，壺に貯まったパルス量は変わっ

てくる。つまり，1は「—」，2は「— 」，8は「 —————————」のように表象され，数をデジタルではなく，アナログとして表象することになる。この仮説の利点は，大きな数にも対応できること，そして複数の感覚からの入力に対応できることである。また，数詞や数字に依存しないため，乳児や動物の実験結果も説明可能である。ただし，数が大きくなると，アナログ表象の区別が曖昧になり（7=「—————————」，8=「—————————」），ある一定の差分がないとその区別が難しくなる。これは，ヒト乳児や動物の実験で報告されてきたウェーバー比や総量効果，距離効果とも一貫性があり，有望な仮説の1つである。

統合仮説

現在，最も有力視されているのは，1や2や3などの小さい数に対してはオブジェクト・ファイルが働き，4以上の大きな数になるとアキュミュレータが働くとする統合仮説である（Carey, 2009）。この仮説を支持する例として，6カ月齢児が2と4の視覚刺激の弁別をできないことをあげ，2と4が別々の認知過程（2→オブジェクト・ファイル，4→アキュミュレータ）で処理されているために，それらの間で対応がとれないと主張している（Feigenson, 2005；Xu, 2003）。しかし，2と4の弁別に失敗する証拠が特定の条件でしか得られていないので，より詳細な検討により，この統合仮説を検証していく必要がある。

3. 言語なき思考から数学への第一歩

本章では，言語をもたない動物やヒト乳児でも，数をある程度認知できるという実験的証拠を見ることにより，数の認知が，進化の過程で言語とは独立に獲得されてきた領域固有の認知過程である可能性を示してきた。ドゥアンヌ（Dehaene, 1997）は，こうした領域固有の数の認知過程のことを，数覚（number sense）と呼び，これが算数や数学の理解の基礎になっていると考えた。スペルキ（Spelke, 2000, 2022）は，数（number）の領域を，概念発達の基礎となるコア知識（第4章も参照）の1つと考え，こうした領域固有の知識がその後の学習を導いていくと主張している。さらに，数の認知は，ヒトに近縁な霊長類だけでなく，多くの動物種で共有されていることがわかってきた。これは，数の認知が進化の過程で生存や繁殖などに重要な能力であったことを示しており，こうした進化的基盤があるからこそ，ヒトもそれを引き継ぎ，個体発生（発

達）の非常に早い段階から，言語とは独立に数を認知できるのだと考えられる。

　ヒトと他の動物の違いはおそらく，言語というシンボルを獲得するころから大きくなる。ヒト以外にも，長期間の膨大な訓練で数字などのシンボルを学習できる動物も実験室には一部存在するが，自然界で高度な計算や数学を理解できる動物はまずいない。ましてや，数学という学問を自ら誕生させる動物もヒト以外にはいないだろう。ヒトの幼児は2歳ころから数詞を覚え（コラム参照），3歳半ころになると，カウンティングをし始める。その段階になると，ファジーだった数の世界が一気にシンボリックなものに変わっていき，いわば，アナログからデジタルへの移行が起こる。言語と数的表象の統合，これがどのように導かれるのか。今後は，古くて新しいテーマともいえるカウンティングの獲得が，この問題を解く鍵を握っているのかもしれない。

BOOK GUIDE

●ドゥアンヌ，S.（長谷川眞理子・小林哲生訳）（2010）．数覚とは何か？——心が数を創り，操る仕組み　早川書房

　　動物やヒト乳児，脳損傷患者の例などから数覚の神経認知科学的説明を展開している。

●エヴェレット，C.（屋代通子訳）（2021）．数の発明——私たちは数をつくり，数につくられた　みすず書房

　　言語学・文化人類学などの視点からヒトが生み出した数の概念について解説する。

●入江尚子（2021）．ゾウが教えてくれたこと——ゾウオロジーのすすめ　化学同人

　　高い知能をもつアジアゾウを対象とした数の認知実験などをわかりやすく解説している。

●Pepperberg, I. M.（渡辺茂・山崎由美子・遠藤清香訳）（2003）．アレックス・スタディ——オウムは人間の言葉を理解するか　共立出版

　　ヨウムを対象とした言語・概念などに関する比較認知科学的研究の集大成。

●バターワース，B.（長澤あかね訳）（2022）．魚は数をかぞえられるか？——生きものたちが教えてくれる「数学脳」の仕組みと進化　講談社

　　無脊椎動物から魚類，両生類などを含むさまざまな動物種の数の認知能力を紹介する1冊。

第**6**章
他 者 認 知
仲間を知る3種の術

花塚 優貴

　私たちヒトを含め，霊長類の多くは社会を作って生活をしている。社会のなかでは仲間と協力したり，他者を欺いたりと多様なやりとりが行われている。このようなやりとりを行ううえで，他者を認識することは不可欠な能力である。ではヒトを含めた霊長類はどのような手がかりを用いて他者を認知しているのだろうか。本章ではヒトやヒト以外の霊長類種の「仲間を認知する能力」に焦点を当て，顔や音声，そして運動情報（バイオロジカルモーション）を手がかりとして同種の仲間を「いつごろから」「どのように」認知しているかについて紹介する。また発達とともに，それまでできていた区別が逆に困難になる「知覚的狭小化」(perceptual narrowing) について触れ，個体の育つ環境が他者を認識する能力に影響を及ぼす事例についても合わせて紹介する。

第**1**節　ヒトにおける同種認知

1. 顔

　街を歩いていると実に多くの人を見る機会がある。私たちはその人物の顔を見れば，性別や年齢，さらには自分にとって既知か未知かを即座に判断できる。つまりヒトにとって顔とは他者の情報を知るための重要な情報源であるといえる。しかし，ヒトは顔から情報を読み取る際にどのような処理をしているのだろうか。それは「顔を検出すること」と「検出された顔の特徴を分析すること」の2つの過程に分けられる。まず顔を検出するためには2つの目が横に並び，その下に鼻・口が配置されていることが重要な条件となる。これは1次関

図6-1　アルチンボルドの絵

図6-2　猿顔蘭

係情報と呼ばれ，この情報が含まれていればたとえ実物の顔でなくとも顔として検出されることが知られている。たとえば，図6-1は16世紀のイタリアの画家アルチンボルドが描いた絵であるが，描かれているものは花や葉のみであるにもかかわらず，それらが目や鼻，口の位置に配置されているため顔のように見える。また図6-2は猿顔蘭（正式名称ドラキュラ・サウリ：*Dracula saulii*）と呼ばれる南米の花の一種であるが，側花弁の部分が目，唇弁の部分が口のように位置し，あたかもサルの顔のように見える。これら2つの例からもわかるようにヒトは顔の配置を満たしたものであれば，積極的に顔として検出する性質を有しているのである。

　顔を検出した次の段階として，相手が誰であるのかといった個体識別の過程がある。個体識別の際，ヒトは目や口の微細な配置関係を頼りにしているが，これは2次関係情報と呼ばれる。2次関係情報は顔が正立しているときに利用できるが，顔を180度回転して見せられるとその処理が難しくなることが知られている（Thompson, 1980）。これは倒立効果と呼ばれる現象で，その有名な例としてサッチャー錯視がある。サッチャー錯視とは顔を上下逆さまに呈示されたときに，部分的な特徴の変化を見つけることが困難になる錯視であり，イギ

図 6-3　サッチャー錯視

（出所）　Wikimedia Commons（Photography: Rob Bogaerts; Image manipulation: Phonebox; Public domain）

リスの元首相，マーガレット・サッチャーの顔写真が使用されたことにその名の由来がある。図 6-3 の左はサッチャーの顔写真を倒立させたもの，図 6-3 の右は左の顔写真の目と口の部分を局所的に 180 度回転したものである。どちらも倒立していると違和感は少ないが，この本を逆さまにして顔写真を正立で見てみると，図 6-3 の右におけるサッチャーの顔が非常にグロテスクに感じられる。これは逆さまのときには利用できなかった 2 次関係情報が，正立になったことで利用できるようになったためと解釈される。

　ヒトのおとなは上記のような顔の情報処理を行っているが，ヒトは発達のどの段階から顔を検出，認知していくようになるのだろうか。まず顔を検出する能力についていえば，ヒトは生まれた直後から「顔」を好んで見る性質をもっている。ヒトの新生児に「顔を模した図形」や「顔のパーツ（目鼻口）を不規則に配置した図形」（図 6-4）を見せると，顔を模した図形をより長く注視することが報告されている（Johnson et al., 1991）。また生後 2 〜 36 時間経過してから母親の顔や見知らぬ女性の写真を見せると，母親の顔を見せたときに新生児のおしゃぶりを吸う回数が増えることが示されおり（Walton et al., 1992），生まれた直後の新生児は，顔を手がかりとして母親をそれ以外の人物と区別する能力があることが確認されている。ただし，生後 1 カ月ごろまでの乳児は母親を髪型など顔の外部情報で判断しており，顔の内部の情報（目や鼻，口の配置）で判断できるようになるのは 2 カ月を過ぎてからである（Pascalis et al., 1995；乳児の視力については第 3 章も参照）。

図6-4　「顔を模した図形」(左)と「顔のパーツを不規則に配置した図形」(右)

(出所)　Johnson et al., 1991 より作成。

　このようなヒト乳児の顔を好んで見る性質を説明したモデルとして，CONSPEC と CONLEARN と呼ばれる2つのシステムが提唱されている (Morton & Johnson, 1991)。CONSPEC とは生まれてから1カ月ごろまで機能し，顔のようなものに注意を向けるシステムである。そして生後2カ月ごろからは CONLEARN と呼ばれるシステムが機能し始め，顔の違いを検出し，知っている人と知らない人を区別できるようになる。CONSPEC は生得的に備わっている顔を検出するシステムであるのに対し，CONLEARN は顔を見る経験を積むにつれて発達する学習に依存したシステムである。

　一方ヒトの新生児の顔選好は，顔そのものに対するものではない可能性も指摘されている。乳児は顔の輪郭を模した図形の上半分の領域に下半分の領域よりも多くの要素を含んでいるものを選好することが示されているためである (Turati et al., 2002)。つまり生まれてすぐに乳児は顔を好んで見るようになるが，それは顔に特化したものではない可能性も示唆されている。

　生後3カ月ごろになるとヒトの乳児は顔を効率よく区別する能力，すなわち顔のプロトタイプを形成するようになる (de Haan et al., 2001)。プロトタイプとは生まれてから見てきた人の顔を平均化した，顔の表象のことを指す。顔のプロトタイプは視覚的な経験によって形作られる。たとえば日本人は，日本人の顔を見分けることは容易にできるが，外国人の顔の違いを判断するのは難しい。これは日本人にとって日本人の顔は見る機会が多いため，日本人の顔をベースとしたプロトタイプが形成されたことに起因する。この顔のプロトタイプの形成時期について調べるため，1〜3カ月までの乳児を対象とした実験が行われている (de Haan et al., 2001)。彼らは4人のおとなの顔写真を呈示した後，その4人の顔から作成した平均顔とそれまで呈示していたおとなの顔写真の1枚を

呈示した。すると3カ月の乳児はおとなの顔写真を好んで見たのに対し，1カ月の乳児ではどちらかに偏った選好を示さなかった。この結果は，3カ月の乳児は4人の顔を呈示された際にプロトタイプを形成し，プロトタイプを反映する平均顔に飽きていたために個別の顔写真に選好を示したと解釈されている。つまり生後3カ月ごろにヒトの乳児は顔のプロトタイプを形成していることを示唆するデータである。

　また同時期の乳児は，顔で性別の判断もできるようになる。3〜4カ月児に女性の顔と男性の顔を同時に呈示しどちらをより長く見るか調べた研究では，主に女性に育てられた乳児は女性の顔に選好を示すのに対し，男性に育てられた乳児は男性の顔に選好を示すことが報告されている（Quinn et al., 2002）。つまりヒトの乳児は，日常的に多く接する性別を好んで見るようになるのである。さらに生後6カ月ごろになると，顔の2次関係情報を利用できるようになることが確かめられている（Bertin & Bhatt, 2004）。6カ月の乳児を対象に，ヒトのおとなで見られるようなサッチャー錯視が認められるか検討したところ，正立して呈示された際には標準顔とサッチャー顔を区別できたのに対し，倒立して呈示された際にはこれらを区別することができなかった。つまり生後6カ月の乳児はサッチャー錯視を知覚できることを示し，この時期に2次関係情報を利用できる可能性が示唆されている。

2．音　声

　ヒトは周りにあるさまざまな音のなかから意味のある音声を聞き取ることができる。また音声の特徴からそれが誰であるかも認識できる。このようにヒトは顔だけでなく音声からも他者を特定できるが，新生児ではどうであろうか。

　ドゥキャスパーとファイファーは，新生児における母親の音声知覚について検討している。新生児のサッキング（人工乳首を吸うこと）の頻度を記録し，標準値となるサッキング頻度を割り出した。そのうえでこの標準値よりサッキング間隔を長くすれば母親の音声，間隔を短くすると見知らぬ女性の音声が聞こえるようにした。すると新生児はサッキングの間隔を長くして母親の音声を聞くようにサッキングの頻度を調整した。逆にサッキングの間隔を長くすれば見知らぬ女性の音声，短くすれば母親の音声が聞こえるようにすると，今度はサッキングの間隔を短くし，母親の音声を聞くようになることが確認されてい

る（DeCasper & Fifer, 1980）。つまり新生児は母親の音声が聞こえるように自身のサッキングの頻度を調整していることから，新生児は母親の音声を見知らぬ女性の声とは区別していると考えられる。

　しかし，生まれて間もない新生児はなぜ母親と見知らぬ女性の音声を区別できるのだろうか。1つの可能性として，母親の胎内にいるときに母親の音声を聞く経験が影響を及ぼしていることが考えられる（Birnholz & Benacerraf, 1983）。ただし胎内には羊水があるため，音声などの聴覚的な刺激ははっきりとは伝わりづらい。このような胎内における環境で，ヒトの胎児はどのくらい音を聞き分けることができるのだろうか。この点について検討するため，キシレフスキーらは33 〜 41週の胎児を対象に母親と母親以外の女性の声を区別できるか，心拍数を指標とした実験を行っている。まず母親もしくは見知らぬ女性の音声を聞かせる。その後，先に母親の音声を聞かせた場合には見知らぬ女性の音声，もしくはその逆の組み合わせで音声をを聞かせた。その結果，見知らぬ女性の声を聞いた後に母親の音声を聞いた胎児は，そのときだけ心拍数が多くなることが確認され，33 〜 41週の時期において胎児は母親と見知らぬ女性の声を区別している可能性が示されている。同様の方法で，母語と母語以外の言語を区別できるかについても検討されており，この時期の胎児は母語と母語以外の言語を区別できることも確認されている（Kisilevsky et al., 2009）。つまりヒトは生まれてくる前から，母親の音声や母語をそれ以外のものと区別できる能力を有していることが示されている。したがって新生児の母親の音声や母語への選好は，胎内での聴覚的な経験から説明できる。

　ただし言語のもつリズムが音声知覚に影響を与えることも指摘されている。ナッジら（Nazzi et al., 1998）は新生児が聞いたことのない言語を区別できるかどうか検討したところ，フランスの新生児は言語のリズムが異なる英語と日本語の区別はできたが，リズムが似ている英語とオランダ語の区別ができなかった。つまり生まれた直後の新生児は言語のリズムを手がかりとして言語を区別していると考えられている（胎児期の聴覚発達は第3章も参照）。

3. 運動情報：バイオロジカルモーション

　ヒトの新生児や乳児が顔や音声から同種の個体を区別して認識できることを紹介したが，顔や音声以外にも他者を認識する手がかりがある。それは「動

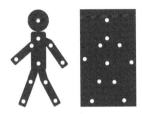

図 6-5　バイオロジカルモーション

き」についての情報である。ヒトのおとなは運動学的な情報を検出することに
長けている。このことを知るためには，頭部と主要な関節に光源をつけて作成
された「バイオロジカルモーション」という刺激を用いるとわかりやすい（本
書のサポートページを参照）。図 6-5 の右のようにヒトの関節についての情報し
かない場合でも，どのような運動をしているのか容易に認識できることが知ら
れている（Johansson, 1973）。またバイオロジカルモーションから，その人物の
性別や知人かそうでないかの判断も可能であることが示されている（Barclay et
al., 1978；Cutting & Kozlowski, 1977）。

　では乳児にとって，バイオロジカルモーションはどのように見えるのだろう
か。生後 2 日の新生児に，ニワトリが歩行して見えるバイオロジカルモーショ
ンとバイオロジカルモーションが知覚されないランダムな光点運動を呈示する
と，前者を好んで見ることが示されている（Simion et al., 2008）。したがって視
覚的な経験がほとんどない新生児であっても，バイオロジカルモーションを知
覚できることが明らかにされている。また生後 4 カ月から 6 カ月になると，ヒ
トが歩いていると知覚されるバイオロジカルモーションをランダムに動く光点
運動よりも長く注視することを示し，この時期の乳児は，ヒトのバイオロジカ
ルモーションを検出する能力を有することが明らかにされている（Fox &
McDaniel, 1982）。この知見は乳児の視覚的な選好を指標としているため，ヒト
の歩行バイオロジカルモーションをヒトの運動として見ているかどうかまでは
判断できないが，少なくともヒトの乳児は同種に関する生物学的な運動を検出
する能力を有することを示唆するものである。

　では，ヒトのバイオロジカルモーションをヒトとして正しく認識できるよう
になるのはいつごろからだろうか。パヴロワらは 3 歳から 5 歳の幼児を対象に
ヒトの歩行バイオロジカルモーションを呈示し，その刺激について回答を求め

る実験を行った。その結果，ヒトが歩いて見えるバイオロジカルモーションについて正しく回答できたのは3歳児では2割，4歳児では4割程度であったのに対し，5歳児では8割以上が正しく回答することができた（Pavlova et al., 2001）。つまりバイオロジカルモーションの知覚は3歳から5歳にかけて徐々に向上することが示されている。この知見は5歳から10歳までのこどもではバイオロジカルモーションの知覚成績に変化がないことからも裏づけられている（Blake et al., 2003）。

第2節　ヒト以外の霊長類における同種認知

　前節ではヒトの乳児が顔や音声，バイオロジカルモーションなどを手がかりとして，動物とそうでないものを区別したり，ヒトとヒト以外のものを区別できることを述べた。しかし，このような能力はヒトに特有なものなのだろうか。それともヒト以外の種でも見られるものなのだろうか。本節では同種個体を認識する能力の進化的な起源を明らかにするため，ヒト以外の霊長類の乳児やおとなを対象とした他者認知に関する研究について紹介していくこととする。

1．顔

　ヒト以外の霊長類にとっても，同種と異種を視覚的に区別する能力は必要不可欠なものである。なぜならもしこの区別ができなければ，同種の種としての維持が困難となるためである。しかしどのような手がかりをもとに，同種と異種を区別しているのだろうか。この点について検討した研究に藤田（Fujita, 1987）の研究がある。おとなのニホンザル，アカゲザル，ベニガオザル，ボンネットモンキー，ブタオザルの狭鼻猿類5種を対象とし，自種を含む7種（ニホンザル，アカゲザル，タイワンザル，カニクイザル，ベニガオザル，ボンネットモンキー，ブタオザル）の写真のうちいずれを好んで見るかが調べられた。手続きとして10秒以内にレバーを押すと同じ写真が呈示され，10秒が経過してからレバーを押すと別の写真が呈示されるという感覚性強化と呼ばれる方法が用いられた。結果，ベニガオザルを除く4種において自種を好んで注視することが明らかになった。これは多くの狭鼻猿類の多くの種において，視覚的に類似している自種と他種を区別できることを示している。ただしこの研究では身体全体

の写真が用いられており，顔のみで白種と他種を区別しているのかは示されていない。しかし，その後の研究でブタオザルの種認識において頭部が手がかりとなっていることが示されていることから（Fujita, 1993b），少なくとも顔は種を判別するうえで重要な手がかりとなっていると推察される。

　顔を手がかりとして，知っている個体と知らない個体を区別できるかについてもさまざまな種を対象に検討がなされている。ボイセンとバーントソン（Boysen & Berntson, 1989）は心拍数を指標に，チンパンジーが同種の既知個体と未知個体を見分けることができるか検討している。その結果，既知個体が呈示されたときには未知個体を呈示されたときよりも心拍数が増加することが示され，チンパンジーは顔で同種の既知個体と未知個体を見分けることができることが明らかにされている。またチンパンジーと同じ類人の一種であるオランウータンは，既知個体と未知個体を顔で区別できるのに加え，長い間見ていない既知個体も未知個体と区別して認識できることが示されている。花塚ら（Hanazuka et al., 2013）は，①日常的に見る機会のあった個体（現在既知個体）と，②10年間見る機会のなかった個体（過去既知個体）の2種類の既知個体の顔写真を用意し，未知個体の顔写真と対呈示したうえでそれぞれの注視時間を計測した。その結果，現在既知個体と未知個体のペアでは未知個体の顔を選好したのに対し，過去既知個体と未知個体のペアでは過去既知個体の顔へ選好を示すことが明らかになった。既知個体との視覚的な接触頻度によって選好パターンが逆転しているものの，この結果はオランウータンが既知個体と未知個体を区別できるだけでなく，10年間見ていなくともその区別する能力が維持されることを示唆している。

　ヒト以外の霊長類における顔を手がかりとした他者認知の研究について紹介してきたが，発達的には顔をどのように認識するようになるのだろうか。たとえばヒトの乳児では顔図形に対する選好が示されていたが，ヒト以外の霊長類の乳児においてこのような性質はあるのだろうか。この観点から調べられた研究を整理してみると，テナガザル（Myowa-Yamakoshi & Tomonaga, 2001），ニホンザル，アカゲザル（Kuwahata et al., 2004），ブタオザル（Lutz et al., 1998）の各種の乳児において，顔のような図形に対し，顔のパーツを不規則にした図形よりも好んで見る傾向があることが示されている。したがってヒトの乳児と同様，ヒト以外の霊長類の乳児も顔に模したものに対する感度が高いといえる。

では母親の認識ができるようになるのはいつごろからだろうか。明和らは生後1〜18週までのチンパンジーの乳児を対象に，顔に対する選好度を縦断的に調べている。その結果，生後4週目までチンパンジーの乳児は顔に対する選好を示さないものの，4週目を過ぎると母親の顔写真を目で追うようになる。さらに8週目になると，乳児の身の周りにいるチンパンジーの顔から作成された平均顔にも追従するようになる。以上を整理すると，チンパンジーの乳児は生後1カ月程度で母親の顔を認識するようになり，さらに2カ月が過ぎると平均顔を選好することから，この時期から顔についてのプロトタイプを形成していると考えられている（Myowa-Yamakoshi et al., 2005）。

　また前述のようにヒトの乳児では顔の倒立効果が認められ，2次関係情報を用いている可能性が示されているが，ヒト以外の霊長類ではどうであろうか。ダールら（Dahl et al., 2010）はアカゲザルのおとなを対象とし，サッチャー錯視を用いた実験を行っている。まずアカゲザルもしくはヒトの正立顔を呈示し，この刺激に馴化させた。続いて目と口を180度回転させた顔写真を正立もしくは倒立させて呈示した。もしアカゲザルがサッチャー錯視を知覚しているのであれば，倒立顔が呈示された場合にその違和感に気付かず注視率が低くなることが予測された。結果，アカゲザルは正立した顔の際には注視率が上昇したのに対し，倒立顔では注視率の変化が少なかった。一方ヒトの顔では，正立顔，倒立顔のどちらの刺激に対しても注視率の上昇は認められなかった。つまり同種の顔に対してのみサッチャー錯視が認められた。言い換えれば視覚的な経験の量に応じて顔の情報処理が変わり，最も接触する機会の多い同種の顔にのみ，2次関係情報を用いた処理を行っていると考えられる。

2. 音　声

　ヒト以外の霊長類の乳児やおとなも，ヒトと同様に顔を手がかりとして同種の個体を認識できることを示してきた。つまりヒトと同様にヒト以外の霊長類にとっても，顔は個体を認識するための重要な手がかりとなっているといえる。しかし野生下においてはお互いが見えない場所に移動し，顔による個体認識ができない場合がある。このようなときには，音声のような聴覚的な手がかりによって仲間を認識する能力が必要となってくる。とくに社会集団のまとまりを保つうえで，音声による情報のやりとりは非常に有用であることも指摘されて

仲間の音声から捕食者の種類がわかるベルベットモンキー

　ニホンザルなどが含まれるオナガザル科の一種に，ベルベットモンキー（サバンナモンキー）というサルがいる。南アフリカに生息し，身体の大きさは 50 〜 60cm 程度である。ベルベットモンキーが生息する地域ではヒョウやワシ，ヘビなど彼らにとって捕食者となりうる存在が多数存在する。そこで仲間の誰かが捕食者を発見した場合には，捕食を回避するため警戒音を発して仲間に知らせるという行動が観察される。このときベルベットモンキーは 3 種類の警戒音を使い分けることで捕食者の種類を伝え，その音声を聞いた仲間は捕食者の種類に応じた回避反応を示す。たとえばヒョウに対する警戒音を聞くと仲間のサルは木に登る。またワシに対する警戒音を聞くと上空を見上げたり草むらに駆け込み，ヘビに対する警戒音を聞いた場合には 2 本の後肢で立ち，地面を探すような行動が観察される。いずれの行動も捕食者から逃れるための有効な反応であると考えらえる。

　ベルベットモンキーの警戒音を指標にした音声知覚の野外実験も行われている。ある個体のヒョウに対する警戒音を繰り返し呈示し，この警戒音に対する仲間の個体の反応回数を減らした。この後に同じ個体のワシに対する警戒音を聞かせると，あらためて警戒行動が見られたのである。つまり同じ個体の音声でありながら伝える内容が異なる場合，仲間の個体はその音声を聞き分け，それに応じた行動を示すということが明らかになっている。

　このような警戒音を発したり，それに対応した行動を示すという能力は発達的にはどのように獲得されるのであろうか。まず警戒音を発することについては生得的に有していると考えられている。それは，①音響解析を用いて，乳児とおとなの発する警戒音を比較するとほぼ同一であり，②おとなは，乳児が発した音声であってもおとなが発した音声に対するときと同様の反応を示すためである。それに対し，警戒音の種類に応じた反応は発達的な変化が認められる。ベルベットモンキーの乳児は捕食者ではない落ち葉やイノシシに対しても誤って警戒音を発するのである。ただしその誤り方にはある規則がある。たとえば落ち葉に対してはワシの警戒音，イノシシに対してはヒョウの警戒音を発する。つまり「空中のもの」「地上のもの」という同じカテゴリのなかで警戒音を出すのである。この警戒音を発する対象は発達に応じて狭まっていき，およそ 6 カ月から 7 カ月ごろになるとおとなと同じ精度になる。ベルベットモンキーの警戒音の発声や捕食者に応じた反応も，音声知覚の生得的な側面，学習の側面を知るのに良い例といえるだろう。

いる（Rendall et al., 1996）。ここでは音声をもとに仲間を認識していることを示す研究について紹介していくこととする。

　ヒト以外の霊長類乳児における音声知覚の研究には，生後 25 日から 35 日までのニホンザル乳児を対象とした母親やきょうだい，非血縁の個体の音声認識

に関するものがある（Masataka, 1985）。サッキング頻度を指標とした馴化−脱馴化法を用いて検討された結果，母親の音声を呈示したときにのみサッキング頻度が上昇したが，母親以外の音声ではサッキングの頻度は変わらなかった。つまり生後 25 日から 35 日のニホンザルの乳児には，母親の音声をその他の音声と区別して認識する能力が備わっていると考えられている。また母親の音声を認識できた個体を詳細に調べてみると，受胎から数えて 190 日を過ぎた個体のみであり，生後の日数については影響がないことが判明した。したがってニホンザル乳児の母親の音声認識においては，生まれてからの日数ではなく受胎からの日数が影響していると考えられる。

　ニホンザルの乳児は母親の音声を認識できることが示されたが，母親は自身のこどもの声を他のこどもと区別しているのだろうか。この点について検討するため，ニホンザルの母親を対象としたこどもの音声認識の実験も行われている（Pereira, 1986）。母親に自分のこどもの鳴き声と他個体のこどもの鳴き声を呈示し，それぞれの音声に対してどのくらい注意を向けるかを記録した結果，自分のこどもの鳴き声のときにはおよそ 2 回に 1 回ほどの割合で音源のほうを向いたのに対し，他個体のこどものときには 5 回に 1 回の割合でしか反応しなかった。つまり自分のこどもの声のときに注意がより喚起されていることから，ニホンザルの母親は音声によって自身のこどもを認識することができるといえる。同様の知見はリスザル（Kaplan et al., 1978）やベルベットモンキー（Cheney & Seyfarth, 1980）を対象とした研究でも示されており，幅広い種において母親は自身のこどもの音声を他個体のこどもの音声と区別できると考えられている。

　母子間における個体認識研究について紹介してきたが，それ以外の個体，たとえば母親以外の血縁個体と非血縁個体は音声を手がかりとして区別できるのだろうか。レンドールら（Rendall et al., 1996）はアカゲザルのおとなを対象にこの点について調べている。野外において 1 頭で行動しているアカゲザルに対し，その個体にとって血縁個体の音声と非血縁の既知個体の音声を個別に呈示し，それぞれの音声に対する注意を向けるまでの時間と注意を向け続ける時間が記録された。その結果，血縁個体の音声に対しては非血縁の既知個体が発しているときと比べて音源に注意を向けるまでの時間が短く，また注意を向けている時間も長いことが明らかになった。つまりアカゲザルは音声のみを手がかりとして血縁個体と非血縁個体を区別できると考えられている。

音声による個体認識の研究は，類人においても確認されている。小嶋ら（Kojima et al., 2003）はチンパンジーのおとな 1 名を対象とし，10 頭の仲間のチンパンジーが発した音声を認識できるか検討している。彼らは 18 歳の女性のチンパンジーに，1 頭のチンパンジーの音声を聞かせ，その後に音声を発した個体と別の個体の写真をモニタ上に呈示し，先ほど呈示された音声の個体を選べば正解という課題を行った。その結果，チンパンジーは呈示された 10 頭のチンパンジーすべてにおいて，音声と写真を正しく選択できることが示された。したがってチンパンジーは非血縁の個体が含まれていても，既知個体の音声を認識できるといえる。

　ヒト以外の霊長類を対象とした音声認識についての発達研究は非常に限られてはいるが，ニホンザルの乳児は生まれてから比較的初期の段階で，母親の音声とそれ以外の個体の音声とを区別できることが示された。またおとなでは音声によって，血縁個体と非血縁個体を区別したり，非血縁の個体でもその音声が誰のものか判断することができることが明らかにされている。つまりヒトと同様に，ヒト以外の霊長類にとっても音声は同種を認識するための有用な手がかりになっていると考えられる。

3. 運動情報：バイオロジカルモーション

　これまでヒト以外の霊長類の乳児やおとなが，顔や音声を手がかりとして同種の個体を認識していることを示してきた。ここではヒト以外の霊長類におけるバイオロジカルモーションを知覚する能力について紹介する。

　ヒト以外の霊長類乳児におけるバイオロジカルモーション知覚について調べた研究は，チンパンジーやニホンザル，アカゲザルを対象としたものがある。チンパンジー乳児の研究では生後 2 カ月から 6 カ月の各月齢時での乳児を対象としたバイオロジカルモーション（ヒト・チンパンジー）への視覚的な選好反応について検討されている（石川他，2003）。その結果，4 カ月から 6 カ月の月齢時にチンパンジーのバイオロジカルモーションに対する注視率がヒトのバイオロジカルモーションに対する注視率よりも長いことが明らかになった。この研究で対象となったチンパンジーの乳児は，日常的にヒトと接する機会を有していたものの，それよりも長い時間，同種であるチンパンジーとともに生活していた。したがってチンパンジーの乳児が生得的に同種のバイオロジカルモー

ションに対して選好を示すのか，それとも視覚的な経験量が影響しているのか判断するのは難しい。しかしニホンザルとアカゲザルを対象とした研究では，育てられた環境によってバイオロジカルモーションに対する選好が変化することが示されている。足立ら（2003）は生後6カ月までのニホンザルとアカゲザルを対象に，石川ら（2003）と同様の実験を行っている。野外の放飼場で同種の仲間を多く見る機会のあった個体と，個別ケージに入れられヒトと接することの多かった個体において，ヒトとマカクザルのバイオロジカルモーションに対する選好が調べられた。その結果，同種の仲間とともに飼育されていた乳児は，どの月齢であっても正立のマカクザルのバイオロジカルモーションを倒立のものより長く見る傾向があったが，ヒトのバイオロジカルモーションに対してはこのような選好は認められなかった。一方個別ケージで飼育されていた乳児は2〜4カ月の間のみ，ヒトの正立のバイオロジカルモーションを倒立のものよりも長く注視した。これらの結果は，生まれてからの視覚的な経験がニホンザルやアカゲザル乳児のバイオロジカルモーションの選好に影響を与えた可能性を示唆している。つまりヒト以外の霊長類の乳児にとって，バイオロジカルモーションの認識は，視覚的な経験によって洗練される可能性が示唆されている。

第3節　経験によって得意になること・不得意になること ——知覚的狭小化

　これまでヒト乳児やヒト以外の霊長類の乳児，おとなが顔や音声，運動情報を手がかりとして同種個体を認識できることを述べてきた。しかし，発達初期にはいかなるカテゴリ（顔，音声）についても識別できていたものが，視覚的・聴覚的な経験を積むことで特定の下位カテゴリの識別は容易になるのに対し，それ以外の下位カテゴリの識別が困難になる現象が報告されている（Lewkowicz & Ghazanfar, 2006；Nelson, 2001）。たとえば日本人の新生児は英語の「R」と「L」の音を区別できるが，日本語の環境で育つことでその区別が困難になることなどがこれにあたる。この現象は知覚的狭小化（perceptual narrowing：第3章も参照）と呼ばれ，経験が同種の認知に及ぼす影響を知るうえで役に立つ。本節ではヒトの幼児や，ヒト以外の霊長類で確認されている知覚的狭小化の例について紹介していくこととする。

1. ヒトにおける知覚的狭小化

　ヒト乳児の顔についての知覚的狭小化を示す例は他種効果（other-species effect）や人種効果（other-race effect）があげられる。まず他種効果とは，自分と同種の顔と比べ他種の顔の識別精度が低下する現象のことである。ヒトの場合，ヒトの顔の区別は容易であるのに対し，ヒト以外の種の顔の区別が難しいことがこれにあたる。他種効果は生後1年以内という，発達の比較的早い段階で認められることが，生後6カ月と9カ月のヒト乳児を対象とした実験から確認されている。ヒトやサルの顔を2枚呈示した後，1枚だけ新しい顔に変え，この顔に対して注意が向けられるか調べたところ，6カ月の乳児はヒトとサルのどちらの顔であっても新しい顔に対する注視時間が長かった。一方9カ月の乳児は，ヒトの顔では新しい顔に対して注視時間が長くなったが，サルの顔では新しい顔に対する選好が認められなかった。これらの結果は，6カ月までの乳児はヒトとサルの顔を両方とも区別できるのに対し，9カ月の乳児はその区別がヒトの顔に限定されることを示唆している（Pascalis et al., 2002）。

　ヒト乳児はヒトの顔を見る機会が多い反面，サルの顔を見る機会はほとんどない。このような視覚的な経験の差が，顔処理に影響を及ぼしていると考えられている（Lewkowicz & Ghazanfar, 2009；Pascalis et al., 2002）。実際，生後6カ月の乳児にサル（バーバリーマカク）の顔を見る機会を設けると，ふつうサルの顔を区別することが困難になる9カ月になってもその識別能力が維持されることが報告されている（Pascalis et al., 2005）。このことから知覚的狭小化は，事前に規定された現象ではなく，視覚的な経験に影響を受ける現象であることが示唆される。

　知覚的狭小化の2つ目の例は，人種効果と呼ばれるものがある。これは自分と同じ人種の顔のほうが，異なる人種の顔よりも識別が容易になる現象のことである。たとえば生後3カ月のヨーロッパ系の乳児はどのような人種（アフリカ，中東，中国，ヨーロッパ系）の顔であっても識別することができるが，6カ月になると中国人とヨーロッパ系の顔しか識別できなくなり，さらに9カ月になるとヨーロッパ系の顔しか識別できなくなることが示されている（Kelly et al., 2007）。ただし6カ月から9カ月の間に1時間中国人が描かれている絵本を見せると，ヨーロッパ系の乳児は9カ月になっても中国人を見分ける能力を有

していることが示されている（Heron-Delaney et al., 2011）。すなわち人種効果においても他種効果と同様の知覚的狭小化の柔軟性があるといえる。

　ヒト乳児における知覚的狭小化の例は，顔だけでなく音声の知覚においても確認されている。6カ月の乳児はヒト（女性）の声を識別できるだけでなくアカゲザルの鳴き声も識別できることが示されている（Friendly et al., 2014）。つまり6カ月のヒトの乳児は同種だけでなく，異種の音声も識別する能力を有しているといえる。しかし6カ月から12カ月の間にヒト音声の識別の精度が高くなる一方，6カ月までできていたアカゲザルの音声の識別の精度が低下することが示されている（Friendly et al., 2014）。

　生後すぐの新生児は，母語を含め各国の言語を識別することができる。しかし7カ月ごろになると母語の音声は識別できるものの，他の言語や母語の音韻やリズムの特徴を取り除かれた音声（逆再生されたもの）の識別ができなくなることも報告されている（Johnson et al., 2011）。また6カ月から8カ月の英語を母語とする乳児と日本語を母語とする幼児はともにアルファベットの「R」と「L」の音を区別することができる。英語を母語とする乳児は10〜12カ月になると「R」と「L」を区別する成績が向上したのに対し，日本語を母語とする乳児はこの区別ができなくなることも示されている（Kuhl et al., 2006）。以上の知見をまとめると，音声による同種や母語についての知覚能力はおよそ6〜10カ月ごろに狭小化が生じると考えられる。

2．ヒト以外の霊長類における知覚的狭小化

　ヒト以外の霊長類における知覚的狭小化は，ニホンザルの乳児を対象とした研究（Sugita, 2008）がよく知られている。ニホンザルの乳児を生まれて数時間以内に母親から離し，6カ月もしくは24カ月の間，ヒトの手によって育てた。この期間，ニホンザルの乳児は仲間のニホンザルやヒトを見る機会を完全に剥奪されていた（ヒトがサルの世話をするときは，マスクを着用していた）。そして剥奪期間後に，ニホンザルの顔に対する選好について選好注視法を用いて調べたところ，ニホンザルはサルやヒトの顔を，顔以外のものよりも好んで注視した。さらに馴化−脱馴化法を用いて，サルやヒトの顔の識別ができるか検討された結果，ニホンザルはどちらの顔も識別できることがわかった。以上の結果は，顔を見る機会が完全に剥奪されたとしても，ニホンザルは顔を選好するメカニ

ズムを有していることを示唆している。

　剥奪期間の後，今度はサルもしくはヒトの顔のみを 1 カ月間見る機会を与え，再度顔に対する選好を調べた。するとサルの顔を見せられていたニホンザルはサルの顔に選好を示すと同時に，ヒトの顔に対する選好を失いヒトの顔を識別する能力も低下した。同様に，ヒトの顔を見せられていたニホンザルはヒトの顔に対する選好を維持しつつ，サルの顔への選好が消え，同時にサルの顔の識別も困難になることが示されたのである。以上の結果を整理すると，ニホンザルでは顔を見る経験がなくとも顔に対する選好が確認されること，また視覚経験が豊富なカテゴリの区別はできるものの，視覚的な経験が少なかったカテゴリについては選好が消え，その区別が難しくなるといえる。すなわちニホンザルにおいても顔についての知覚的狭小化が認められると考えられる。

　杉田 (Sugita, 2008) と同様の知見は，チンパンジーにおいても確認されている。ヒトに育てられたチンパンジーはヒトの顔を好むようになり (Tanaka, 2003)，さらにヒトの顔処理の能力が向上する (Martin-Malivel & Okada, 2007)。つまりヒトと接する機会が多かったチンパンジーは，同種であるチンパンジーよりもヒトの顔を区別する精度が高くなる (Dahl et al., 2013)。日常場面における視覚的な経験は，同種に限定されずに顔処理の精度に影響を及ぼすと考えられる。

　ただしヒト以外の霊長類においては，知覚的狭小化が認められない種も存在する。藤田 (Fujita, 1993a) はニホンザルとアカゲザルの乳児を母親から離し，それぞれ異種のサルに育てさせるという実験を行っている。つまりニホンザルの乳児はアカゲザルに，アカゲザルの乳児はニホンザルに育てさせた。その結果，アカゲザルに育てられたニホンザルの乳児はニホンザルよりもアカゲザルを選好したのに対し，ニホンザルに育てられたアカゲザルの乳児はアカゲザルに対する選好を維持していた。言い換えれば，ニホンザルは生まれてからの視覚的な経験によって選好が変わるのに対し，アカゲザルはそのような影響を受けないといえる。この違いについて藤田は，それぞれの種の生息環境の違いから次のように述べている。ニホンザルは島国に生息する種であり，他種のサルと接する機会がほとんどないため，生まれつき同種を選好しなくともニホンザルという固有種を維持できる。一方アカゲザルは進化的に近縁な異種が数多くいる環境で生活しているため，同種への選好を保つことで，アカゲザルとして

の種の存続を図ってきたと考えられている。

　以上の知見から知覚的狭小化の特徴を整理すると，①頻繁に接する顔や言語に特化することでその識別精度が向上するメカニズムであり，また②識別に特化する刺激（顔，言語）は自種に限定されておらず，自身の育つ環境にフィットできる柔軟性をもつということがいえるだろう。

第4節　他者認知を「発達」「進化」の2軸から捉えることの意義

　本章では発達的，進化的な観点から，ヒトを含めた霊長類の乳児やおとなが同種個体を認知するためにどのような手がかりを用いているのかという点に焦点を当てて紹介してきた。発達（個体発生）と進化（系統発生）という2つの軸から，ヒトを含めた霊長類の他者認知という能力を捉えることには，どのようなメリットがあるだろうか。まず発達の軸では，種内での発達過程を調べることで，生得的にもっている能力と生まれてから身につける能力をそれぞれ区別できる点があげられる。たとえばヒトの乳児は生まれてすぐにニワトリのバイオロジカルモーションをそうでないランダムな光点運動と区別できるが（Simion et al., 2008），ヒトのバイオロジカルモーションをヒトの運動として正確に認識できるようになるのは，だいたい5歳を過ぎてからである（Pavlova et al., 2001）。このような発達的なアプローチ法は，同じ認知機能について生得的な要因と経験的な要因を分けて整理できる強みがある。

　一方，進化の軸では，種間での比較によって，他者認知の進化的な由来について調べることができる点があげられる。たとえばヒトやチンパンジー，ニホンザルからブタオザルの乳児は，顔のように配置された図形を好む性質を有していた。これはこれらの種の共通祖先がもっていた性質であると推定することができる。一方種によって異なる認知機能をもつ場合には，その種が身を置いている環境に適応するため独自に獲得した認知機能と捉えることができる。たとえば藤田（Fujita, 1990）におけるニホンザルとアカゲザルの乳児のように，互いに近縁な種でありながら，ニホンザルの乳児は育つ環境の影響を受けて異種のサルに対して選好を示すが，アカゲザルは一貫して自種を好む性質があることがあげられる。

　これまでヒト以外の霊長類を対象とした研究はおとなを扱ったものが多かっ

た。しかしそこに発達の視点を取り入れ，ヒトを合めた霊長類の乳児について研究を進めていくことで，他者認知の生得的に備わっている側面と環境的な要因によって獲得される側面を明らかにでき，さらにはその進化的な起源について示唆を得ることができると考えられる。

BOOK GUIDE

●トマセロ，M.（大藪泰訳）（2023）．トマセロ 進化・文化と発達心理学——人の認知と
　社会性の個体発生をさぐる　丸善出版
　　私たちの祖先に最も近い類人であるチンパンジー・ボノボと乳幼児の比較実験を紹
　介しながら人間独自の発達の仕組みを解明する1冊。この分野の中心的研究者である
　著者の研究が体系的にまとまっている。

●開一夫・長谷川寿一編（2009）．ソーシャルブレインズ——自己と他者を認知する脳
　東京大学出版会
　　社会的なコミュニケーションの基盤となる能力が形成された真価の道すじを明らか
　にする。ソーシャルブレイン（社会脳）に関する研究をわかりやすく紹介している。

●竹原卓真・野村理朗編著（2004）．「顔」研究の最前線　北大路書房
　　「顔」の研究をテーマに，進化・発達・知覚・認知・生理・臨床・記憶・社会・文
　化といった各領域からの研究知見をまとめた1冊。

第**7**章
情　動
他者とのつながりを育む心の基盤

瀧本（猪瀬）彩加

　長年，情動は理性の対極に位置づけられ，理性を邪魔するやっかいなものとされてきた。しかし，今では，情動は理性と対立するものではなく，むしろ協調的に結びつき，すばやく適切な判断をしたり行動をとったりするのを手助けして，情動の送受信をうまく行うことで他者との円滑なやりとりが促されることもわかってきている。

　では，情動の表出・理解・制御はどのようにして育まれるのだろうか。本章では，とくに視点取得や「心の理論」などの高次の認知能力を必要としない発達初期の情動の表出・理解・制御に焦点を当て，ヒトと他の霊長類（以下，単に霊長類）の発達過程をできるだけ比較しながら眺めていく。

第**1**節　情動の表出

　動物は情動を顔やしぐさ，声などを使って多様に表出する。では，情動を表出すると，どんないいことがあるのだろうか。まず，ポジティブな情動の表出について考えてみよう。笑顔は人と人とをつなぐコミュニケーションの潤滑油だ。笑顔を見せることで，ことばの通じない相手の緊張状態を和らげたり，警戒心をほぐしたりすることができ，温かな交流が生まれる。また，ある人に親切にしてもらったときに喜びを表現することは，その親切な人自身にも幸福感を与えることになり，再び親切にしてもらえることにつながるかもしれない。次に，ネガティブな情動の表出について考えてみよう。何か怖い目にあったとき，悲鳴をあげれば，きっと誰かが助けに来てくれる。また，納得できないこ

とがあれば，それを怒りとして表出することで，将来のやりとりにおいて待遇が改善される可能性を高めることにつながる。そうして，自分で解決できない問題であっても，他者の助けを借りて解決することができるようになるのだ。このように，情動の表出は他者との関わりあいにおいてさまざまに重要な役割を果たすと考えられる。

1．基本情動の表出

　基本情動とは，喜び・悲しみ・恐れ・怒り・嫌悪・驚きからなる6つの情動を指す（Ekman, 1992）。ヒトでは生まれた直後から微笑みが見られる。新生児は，眠っているとき（浅い眠りのレム睡眠時）にゆっくりやさしく口角を上げて微笑むのだ。これは外的刺激とは無関係に生じるもので自発的微笑（spontaneous smile；図7-1A）と呼ばれる（Wolff, 1959など）。主に睡眠中のすばやい眼球運動に伴って反射的に生じるもので，何かに喜んで微笑んでいるわけではない。ただ，親としては，この笑顔を見るだけで，産後間もないうちの睡眠不足による育児の疲れが吹き飛ぶくらいに癒され，子への愛おしさが増す。それが，生後1カ月ごろからは徐々に周りの人の声かけなどの外的刺激に反応して微笑むようになる（外発的微笑）。そうして3カ月までには喜びを感じてそれを表現するようになる。このように乳児が社会的なやりとりのなかで用いる微笑みが社会的微笑（social smile）の始まりである。生後3カ月になると，だんだんと特定の人（主に親）と一緒にいたがるようになり，生後6カ月ごろには見慣れない人には近づこうとしない，いわゆる「人見知り」が始まるとともに，特定の人（主に親）に対して選択的に微笑むようにもなる。この選択的な微笑みは，親の養育行動をますます引き出すことにつながり，こどもはそれに呼応していっそう親に対して微笑みかけるようになるため，こどもから親への愛着と親からこどもへの養育のポジティブループが育まれてこどもは親から愛情や世話を得やすくなり，こどもにとって良い環境が整っていくことになる（板倉, 2012）。また，2歳になるまでに予想しなかったことが起きたことに対して笑うようになり（Kagan et al., 1978），2歳ごろには自分がおどけて他者を笑わせるようにもなる。こうして，徐々に他者とポジティブな情動を共有する欲求を備えるようになるのである（板倉，2012）。

　一方で，ネガティブな情動の表出はどのように発達するのだろうか。乳児が

A

B

C

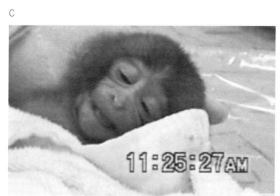

図7-1　ヒトとチンパンジーとニホンザルの自発的微笑

（出所）　A：ヒトの10日齢の自発的微笑。B：チンパンジーの16日齢時の自発的微笑
（Mizuno et al., 2006；permission conveyed through Copyright Clearance Center,
Inc.)。C：ニホンザルの11日齢時の自発的微笑（川上，2009)。

生後すぐから示すネガティブな情動は苦痛である。たとえば，生後3日目の新
生児でも，満腹時にそれまで飲んでいたミルクの匂いを嗅がせると，鼻にしわ
を寄せたり，上唇をひそめたりする（Soussignan et al., 1999)。生後2カ月ごろに
なると，予防接種の注射に対して大声での泣きを伴う苦痛を表出するとともに，
眉は下がって内側に寄り，目が固く閉じられる（Izard et al., 1987)。また，ほと

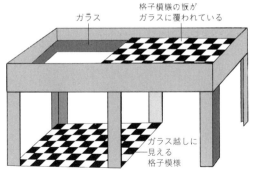

図7-2　視覚的断崖

んどの乳児には，その苦痛の表情に続いてにらみつけるような怒りの表情も観察されるという。同じく生後2～3カ月ごろには，養育者との相互作用が中断されたりすることで悲しみを表出したり，口のなかに異物や不快な味のする物が入ったときにはそれを吐き出すとともに，単なる苦痛の表情とは異なった嫌悪を表出したりするようにもなる（遠藤，2013）。なお，生後2カ月では，怒りを示す子よりも苦痛を示す子のほうが多いが，生後4カ月になると怒りを表出する子のほうが多くなり，7カ月になるとその傾向がさらに強まることもわかっている（Izard et al., 1987）。こうした怒りは，とくに，手や腕を自由に動かせないように押さえつけられたりする場面でフラストレーションが高まったときに示されるようだ（Stenberg et al., 1983）。続いて，生後6～7カ月くらいからは，恐れが見られるようになる。7カ月児は，見知らぬ人を恐れるだけでなく，新奇なおもちゃや大きな音・急激な動きなどをも恐れる。驚きもこの時期に見られ始める。これらには適応的な意義がある。危険な状況にさらされたとき，この時期の乳児は，まだ自力で素早く対処して逃げ切ることができない。そのため，恐れなどのネガティブな情動を表出することで，養育者の援助行動を引き出し，自分を守ろうとするのである（板倉，2012）。

　このように，ヒトの乳児は生後半年くらいで基本情動を備えていく。その後，運動能力の発達，取り巻く環境の広がりによって，表出する情動は多様に複雑に育っていく。その一例をキャンポスらの研究（Campos et al., 1970 ; Schwartz et al., 1973）に見ることができる。彼らは視覚的断崖（visual cliff；図7-2）に対する乳児の反応と心拍数を調べた。視覚的断崖は，乳児の奥行き知覚を調べるため

に開発されたものである。台全体は同じ格子模様であるが，半分はガラス張り
で深い段差がついている。この部分が視覚的断崖と呼ばれる。9カ月児では，
視覚的断崖を覗きこんだときに恐れを意味する心拍数の上昇が見られる。一方，
2〜5カ月児では，覗きこむ反応は見られても，心拍数の上昇はまだ見られな
い。9カ月児はハイハイなどによる移動によってバランスを崩したり転んだり
して失敗を経験することで，奥行きや高さへの恐れが生じるのだと考えられる。

　では，霊長類では，基本情動の表出はどのように発達するのだろうか。チン
パンジーでは，ヒト乳児と同様，生後早い時期からポジティブな情動もネガ
ティブな情動も見られる。水野ら（Mizuno et al., 2006）は，京都大学霊長類研究
所で生まれたチンパンジー乳児の自発的微笑（図7-1B）と社会的微笑の発達を
調べた。アユムという乳児は生後1日目に初めて自発的微笑を見せ，その反応
は1カ月ごろまで続いた。一方，パルという乳児は生後7日目に初めて自発的
微笑を見せ，その後2カ月ほどその反応は続いた。この自発的微笑と入れ違い
に発達するのが社会的微笑である。チンパンジーが覚醒時に社会的微笑を見せ
るようになるのは生後2週間後くらいからで，生後2カ月以降により頻繁に示
されるようになり，その頻度は少なくとも4カ月ごろまで増え続ける。大変興
味深いことに，チンパンジーでは，ヒトと同様の時期に自発的微笑から社会的
微笑への移行が見られるのだ。一方，他の情動表出としては，生後4日ごろに
興奮（fuss）が見られ，5日ごろから泣き始めるようだ（cry；Bard, 2003）。

　自発的微笑が見られるのはチンパンジーだけでない。ヒトから系統発生的に
はより離れたニホンザルにおいても，生後7〜14日にかけて自発的微笑が観
察されている（図7-1C；川上，2009）。しかし，社会的微笑への移行については
まだ確認されていない。

　ニホンザルよりもさらに系統発生的にヒトから離れた新世界ザルの一種に，
フサオマキザル（Cebus apella）がいる。フサオマキザルは，南米の熱帯雨林に
暮らすサルの仲間で，その知性の高さ・手先の器用さ・寿命の長さを評価され，
アメリカでは介助ザルとしても活躍している。330時間におよぶ観察研究から，
彼らの顔の豊かな表情の表出時期とその表情の意味が明らかになってきた（De
Marco & Visalberghi, 2007；「cebus apella facial expressions」などと検索すると以下の表
情の実際の画像を見ることができる。）。まず，生後1カ月ほどでリップ・スマッ
キング（lip-smacking：LS；口唇開閉）が初めに現れ，次にスカルプ・リフティン

FACS の開発

　顔面符号化システム（Facial Action Coding System：FACS；Ekman & Friesen, 1978；Ekman et al., 2002）は，解剖学に基づいてさまざまな顔の動き（アクション・ユニット：AU）をコード化し，ヒトのおとなの可視的な顔の表情を客観的に分析する手法である。たとえば，アクションユニットには，眉の内側または外側を上げる，目を大きく開く，頬を持ち上げる，唇を固く閉じる，などが含まれる。この FACS をもとに，ヒトの乳児（BabyFACS；Oster, 2006），チンパンジー（ChimpFACS；Vick et al., 2007），オランウータン（OrangFACS；Caeiro et al., 2013），テナガザル（GibbonFACS；Waller et al., 2012），アカゲザル（MaqFACS；Parr et al., 2010），コモンマーモセット（CalliFACS；Correia-Caeiro et al., 2022），イヌ（DogFACS；Waller et al., 2013），ウマ（HorseFACS；Wathan et al., 2015），ネコ（CatFACS；Caeiro et al., 2017）などの FACS も開発されてきている。たとえば，イヌは，ヒトが見ているときに，見ていないときに比べて，特定の表情（AU101：眉の内側を上げる；図 7-3B）を頻繁に表出すること（Kaminski et al., 2017）や，その表情を頻繁に見せるイヌほどシェルターで引き取り手が早く見つかりやすいこと（Waller et al., 2013）などがわかってきている。なぜイヌがこの表情を表出するのか，その動機についてはまだ明らかになっていないが，この表情がヒトの悲しみの表情に似ているためにヒトをより同情的にさせている可能性もあると考えられている。今後，FACS を用いたアプローチにより，動物の顔の表情の表出・知覚の進化プロセスやその生起を支えるメカニズムが解明されていくことを期待する。

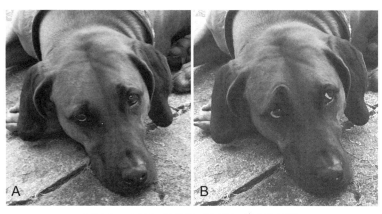

図 7-3　イヌの AU101（内眉を上げる表情）

（注）　向かって左半分のイヌの顔の表情に注目してほしい。A が中立的な表情であるのに対し，B は AU101 を示す表情になっている。
（出所）　Waller et al., 2013

グ（scalp-lifting：SL；頭皮の隆起）とリラックスト・オープンマウス（relaxed open-mouth：ROM；緊張のない口開け）・サイレント・ベアードティース（silent bared-teeth：SBT；発声のない歯の露出）・オープンマウス・サイレント・ベアードティース（open-mouth silent bared-teeth：OMSBT；開口を伴う歯の露出），最後にオープンマウス・スレット・フェイス（open-mouth threat face：OMTF；開口を伴う威嚇顔）が表出されるようになる。LS と SL は親和的場面，ROM と OMSBT は遊び場面において用いられ，相手にポジティブな情動を伝える役割を果たす。LS は，最初は受けたら受けっぱなしであるが，生後 1 カ月ほどになると，親和的な行為で反応したり，LS を返したりするようになる。OMTF は幼い個体ではまれにしか見られないが，恐れを意味する表情である。これらの表情の出現時期は，大型類人のチンパンジーよりも早く，旧世界ザルのベニガオザルよりも遅い。これは，フサオマキザルの離乳時期や脳の発達が，チンパンジーよりも早く，狭鼻猿類よりも遅いことと関連しているのかもしれない（De Marco & Visalberghi, 2007）。なお，SBT だけが発達過程で表出される場面に変化がある。最初は親和的な場面でのみ用いられるが，生後 2 年目に入ると劣位個体が優位個体に服従を示す場面でも用いられるようになるのだ（Visalberghi et al., 2006）。同様の変化はヒトの微笑みでも見られる。ヒトでも，最初は，微笑みは本当の楽しさや幸せを意味している。しかし，徐々にヒトは公式な場面での挨拶や緊張している場面での安心のため，また友好性や社交性を示すためにも微笑むようになり，微笑みが必ずしも喜びを意味しない場合も出てくる。この一致は，ヒトの微笑みの一部（喜びでなく，不安を伴うもの）が，SBT を愉楽的な微笑み（ROM に起源をもつ）に似せようとして生じ，進化したという学説（松阪，2008；van Hooff, 1972 など）が唱えられていることからも納得できる。

2. 自己意識的情動の表出

　自己意識的情動（self-conscious emotion）は基本情動よりも高次の情動で，自分が他者と異なる存在であることを意識することに依拠する情動である（Lewis, 1995）。つまり，自分と他者を区別して理解し，比較することで芽生える情動である。例としては，公平感・罪悪感・恥があげられる。本項では，霊長類でも研究が盛んに行われている公平感に絞って解説する。

　ヒトはかなり早い段階から公平性に敏感だ。たとえば，生後 15 カ月におい

てでさえ，第三者がクラッカーを受け手 2 名に分配する場面で，公平な分配を
したときよりも，不公平な分配をしたときにその結果を有意に長く注視する
（Schmidt & Sommerville, 2011）。この反応は，15 カ月児が公平な分配を期待して
いたのにその期待が裏切られたために生じた結果である，と解釈できる。さら
には生後 21 カ月になると，労力に応じた公平な報酬分配を期待するようにな
る（Sloane et al., 2012）。実験参加児は，第三者の 2 人（A と B）がおもちゃを協
力して片づけた結果，同量の報酬を得た場面よりも，A が片づけをサボったに
もかかわらず，片づけをすべて担った B と同量の報酬を得たときにその場面
を長く注視した。これは，21 カ月児が報酬を片づけの対価として認識してお
り，片づけをサボった A が片づけをちゃんとした B と同じだけ報酬を得ると
いう不公平な場面に違和感をもったことを示唆している。それが，2 歳になる
と，パートナーが非協力的であった場合には報酬を共有しようとはしないが，
パートナーが協力的であった場合には「お返し」として平等な報酬分配を有意
に多く行うようになる（Hamann et al., 2011）。また 3 歳になると，他者の行為が
自身に必要な協力であるかどうかも考慮に入れた報酬分配を行うようになる。
3 歳児は，パートナーが労力を払わなかったときよりも労力を払ったときに，
さらには，ただ労力を払っただけでなく，その労力が自身との協力作業であっ
たときに，報酬をより平等に分けあうのだ（Hamann et al., 2011）。

　霊長類でも，公平に対する感受性についてはこの 20 年ほどで盛んに研究さ
れてきた。そのさきがけとなったのがブロスナンとドゥ・ヴァール（Brosnan
& de Waal, 2003）によるフサオマキザルを対象とした実験だ（図 7-4）。実験者は
サルにトークンを渡し，サルがそのトークンを返したら，報酬として食べ物を
与えた。実験個体は常に実験者と交換課題を行い，キュウリ（低価値）を得た。
一方，隣の相手個体は，実験個体と同様にトークン交換をしてキュウリを得た
り（公平条件），ブドウ（高価値）を得たりした（不公平条件）。注目したのは相
手個体と実験者のやりとりを見た後の，実験個体が実験者とのトークン交換や
食べ物の受け取りを拒む行動である。実験個体は，公平条件でよりも不公平条
件で交換や食べ物の受け取りを有意に多く拒んだ。つまり，同じ交換課題しか
していないのに，相手個体が自分よりも高価値の報酬を受け取っているという
不公平な状況を許容できなかったのである。この反応は単なる期待違反ではな
い。相手個体がその場におらず，ブドウ（高価値）を見せられるものの，トー

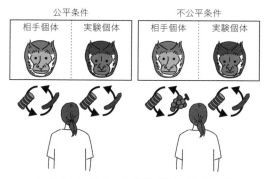

図7-4　フサオマキザルの不公平感実験

（注）　公平条件では，相手個体も実験個体も，実験者とトークン交換をして，常に価値
　　　　の低いキュウリを得る。一方，不公平条件では，相手個体のみがトークン交換の見
　　　　返りに価値の高いブドウを得るが，実験個体は価値の低いキュウリしか得られない。
（出所）　瀧本・山本，2014 より作成。

クンと引き換えに得られるのはキュウリ（低価値）であるという統制条件での
拒否割合は，公平条件での拒否割合と変わらないことが確認されている。この
不公平忌避は，ほかにチンパンジー（Brosnan et al., 2005）やカニクイザル
（Massen et al., 2012），アカゲザル（Hopper et al., 2013）でも報告されている。

　とくに，アカゲザルでは，幼若個体における不公平忌避の発達過程が報告さ
れている。アカゲザルの 17 カ月児では，条件間で交換拒否行動の頻度に差が
なく，不公平に対する感受性は確認されなかったのだが，その 1 年後，一部の
サルで再び実験したところ，今度は不公平条件で公平条件や統制条件よりも交
換拒否行動が有意に多く観察されたという。つまり，アカゲザルは少なくとも
生後 27 カ月経つと不公平に否定的に反応するようになるのだ。ただし，この
時点ではまだ報酬の受け取りを拒否することはない。目の前の報酬の受け取り
までも拒否するには，さらに抑制制御能力の発達が必要になるのかもしれない。
今後は，不公平忌避と抑制制御能力の両方の発達過程を合わせて縦断的に研究
を進めることで，抑制制御能力がどのように不公平忌避を支えているのか，が
明らかになるだろう。また，不公平忌避は非血縁者との相互協力行動
（Brosnan, 2011）や向社会行動（Yamamoto & Takimoto, 2012；Takimoto-Inose, 2021）
と共進化してきたのではないかとも考えられているため，その仮説検証も兼ね
てそれらの行動も合わせて縦断的なデータをさまざまな動物種において収集さ

れることが望まれる。

第2節　情動の理解

　私たちには意識せずとも他者の情動が自分に伝染することがある。たとえば，誰かが楽しそうにしているのを見て自分も楽しい気持ちになることもあれば，誰かがひどく怯えているのを見てその恐れの情動が伝染することもある。とくに，後者はすばやく自分の身に迫る危険に気づき，逃げ，身を守ることを可能にするため，非常に有用である。さらに，他者の表情を認識・弁別し，その表情の意味まで正確に理解する能力は，群れで生活する動物のやりとりを安全に円滑にするために重要だ。他者の表情に敏感であれば，機嫌が悪そうな顔をしている仲間と関わるのはやめようという判断をすることができ，遠ざかって，いさかいを回避することもできる。以下では，情動伝染，顔の表情弁別と表情の意味理解という順に，情動の理解の発達を見ていこう。

1. 情動伝染

　ヒトには，生後間もなく他の乳児の泣き声に反応して自分も泣き出す傾向がある（Sagi & Hoffman, 1976）。誰の泣き声でもいいのではない。新生児は，自分と同じく生後すぐの乳児の泣き声を聞くと泣き始めるが，自分の泣き声を事前に録音した音声や少し年上の乳児の泣き声，チンパンジーの泣き声には無反応で，泣きだしたりしない（Martin & Clark, 1982）。

　情動伝染の一種にあくびの伝染がある。ただし，5歳以下のこどもでは，誰かがあくびをするのを見てもそのあくびは伝染しない。その伝染レベルは小学生のうちに徐々に高まり，12歳までにおとなと同様のレベルに達するという（Anderson & Meno, 2003 など）。このあくびの伝染と共感の関連が，心理学的・神経生物学的研究から示唆されている。たとえば，共感能力や視覚的な自己認識および「心の理論」課題の成績が高いほど，あくびは伝染しやすい（Platek et al., 2003；第11章も参照）。一方，共感能力に問題を抱える自閉症児では，あくびをしている人の顔を見つめるように教示しない限り，あくびがうつらないのである（Senju et al., 2007；Usui et al., 2013）。また誰かがあくびをするのを見たときに活性化する脳領域（後部帯状回・楔前部）は，共感のネットワークの一部

として知られる脳領域である（Platek et al., 2005）。さらには，ヒトにおいては，あくびの伝染は，共感と同様に，血縁，仲の良い友達，知人，見知らぬ人の順に生じやすく，かつ速く生じることが知られている（Norscia & Palagi, 2011）。知覚－行動モデルでは，共感はよく似ている者やよく知っている者，社会的に親密な者に対して生じやすいと予測されるため，その特性はあくびの伝染の特性と一致するのである（Norscia & Palagi, 2011；Preston & de Waal, 2002）。

　霊長類でも，ネガティブな情動の伝染は幅広い種において見られ，古くから研究されてきた。たとえば，訓練されたアカゲザルは，レバーを引くと食べ物を得られることを理解している。しかし，サルは，レバーを引くことで，隣のサルが電気ショックを受けて苦しむ場合，たとえ自身が空腹であってもレバーを引かない（Wechkin et al., 1964）。これは，他者への「思いやり」が反映された行動であるのかもしれない。しかし，より節約的な見方をするなら，苦しんでいる他者を見ると自分も苦しくなってしまうからこそ，自分の苦しみを回避するために他者が苦しむような行為をしないだけなのではないか，とも解釈できる。動機づけは特定できないが，このような他者の苦痛に対する情動伝染は霊長類に限らず幅広い種において見られる。その理由の１つとして，ネガティブな情動が自動的に無意識のうちに伝染することにより，危機に対してより素早い反応をすることができるという適応的意義があるだろう。そうであれば，ネガティブな情動の伝染が生得的に見られたり，発達初期から見られたりすると考えられるが，ネガティブな情動の伝染の発達過程についてはまだよくわかっていない。

　他方，あくびの伝染は，ヒト特有に生じると長年にわたって考えられてきた。その通説を覆したのはアンダーソンらによるチンパンジーを対象とした研究（Anderson et al., 2004）である。彼らは，実験室のチンパンジーたちに，チンパンジーがあくびをするのが映ったビデオと，ただ口を開けているだけのビデオを見せた。すると，おとなのチンパンジーは，ただ口を開けているだけのチンパンジーのビデオを見たときよりも，あくびをしているチンパンジーのビデオを見たときに，より多くあくびをしたのである（図7-5：実際の様子は本書サポートページも参照）。また，後続の研究では，見知らぬチンパンジーのあくびを見たときよりも，同じ群れのよく知っているチンパンジーのあくびを見たときに，あくびが伝染しやすいことも報告されている（Campbell et al., 2011）。さらに，

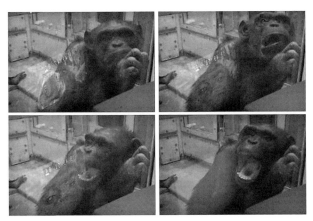

図7-5　チンパンジーのあくび伝染の様子

（注）　チンパンジーのアイはモニターに映る他個体のあくびを見て，自分もあくびをし
　　　始め，大きく口を開けてあくびを続け，ブランク画面になるとあくびを終えた。
（出所）　Anderson et al., 2004（Used with permission of The Royal Society（U.K.）;
　　　permission conveyed through Copyright Clearance Center, Inc.）

　ボノボでは，血縁個体や親密な個体のあくびが，そうでない個体のあくびより
も，より多く伝染することが確認されている（Demuru & Palagi, 2012）。サルで
も，ゲラダヒヒにおいては，親密さがあくびの伝染を促進するそうだ（Palagi
et al., 2009）。

　霊長類におけるあくび伝染の発達研究が1つだけある（Madsen et al., 2013）。
この研究では，平均年齢が約3歳（幼児）と約7歳（ワカモノ）の2群のチンパ
ンジーが，それぞれ，よく知っている人と見知らぬ人が繰り返しあくび（テス
ト条件）または口開け，鼻こすりをする様子，または何もしない様子（3つのコ
ントロール条件）を観察した。すると，年長のチンパンジーはあくびを見たと
きにその他の行動を見たときよりも多くあくびをしたのに対し，年少のチンパ
ンジーでは同様の反応の違いは見られなかった。ただし，年長のチンパンジー
でも，モデルの人との親しさがあくびの伝染割合を促進するような効果は見ら
れなかった。このように，チンパンジーでもあくびの伝染が生得的なものでは
なく，発達に伴って見られるようになるものであることが確認されている。ま
た，親密さがあくびの伝染を促進するようになるのは，7歳よりもさらに発達
が進んでからであることも示唆されている。

あくび伝染についてまとめると，ヒトもチンパンジーも生後6〜7年経過しないとあくびが伝染しないようである。あくびの表出とその伝染が見られる時期に大きなギャップがある理由は不明である。今後，他の社会的認知能力と合わせてあくびの伝染に関する縦断発達研究を進めることにより，あくびの伝染を支える心理メカニズムが明らかになれば，おのずとそのギャップが生まれる理由もわかってくるだろう。

2. 表情弁別・知覚

　ヒトは生まれてすぐから顔の表情への感受性を備えているようだ。たとえば，フィールドら（Field et al., 1982）の研究では，生後36時間の新生児に対して，実験者が喜び・悲しみ・驚きの表情を目の前で見せた。すると，新生児はその表情を弁別し，それぞれの表情を模倣したという。さらに興味深いことに，喜びと悲しみの表情では口のまわりを見て，驚きの表情では口と目を交互に見るというふうに，それぞれの表情の特徴が出る部位に注目することもわかった。また別の方法（馴化－脱馴化法）により，表情への感受性を調べたところ，3カ月になると，喜びと驚き，悲しみと驚き（Young-Browne et al., 1977），喜びと怒り（Barrera & Maurer, 1981）を区別することができるようになる一方で，喜びと悲しみの区別ができるようになるのは，少し遅れて生後5カ月が経ってからだという（Caron et al., 1982）。さらに，乳児は表情と声を統合して情動を区別しているという報告もある。たとえば，同年代の乳児の喜びと怒りについて，音声刺激を先に呈示してから，その音声刺激の情動に一致した表情刺激と不一致の表情刺激を対呈示したところ，5カ月児は音声に一致した情動の表情刺激を長く見るそうだ（Vaillant-Molina et al., 2013）。なお，この実験では，期待違反法の結果とは異なり，一致した刺激を長く注視しているが，実験刺激や手続きなどの違いでどちらを長く注視し，選好を示すかは変わってくる場合がある。

　では，表情に対する好みはどのように発達するのだろうか。ファローニら（Farroni et al., 2007）は，生後24〜96時間の新生児に対して，女性の恐れと中立（ニュートラル）の表情，または恐れと喜びの表情の写真を同時に対呈示した。これは選好注視法といわれる手法で，どちらの刺激を長く頻繁に見るかを調べて選好を測定する方法である（第3章も参照）。その結果，新生児は，恐れと中立に対してはどちらの刺激も同じように見て選好を示さなかったが，恐れ

よりも喜びの表情を有意に長く見ることがわかった。同様に，生後4カ月また
は6カ月経っても，怒りや中立の表情よりも喜びの表情が好まれることが報告
されている（LaBarbera et al., 1976）。ところが7カ月になると，この「好み」が
逆転する。喜びよりも恐れの表情を長く見るようになるのだ（Nelson & Dolgin,
1985）。この変化には乳児の経験が影響している可能性が考えられている（山口，
2004 など）。乳児にとって見慣れた表情は喜びなどのポジティブな表情であり，
怒りや恐れなどのネガティブな表情を見ることは比較的少ない。見慣れた表情
よりも珍しい表情に注意が向いた結果，ネガティブな表情を長く見るという結
果が得られたのだと考えられるのだという。なぜ7カ月経って初めてその反応
が見られたのかというと，乳児の視力がある程度安定し，顔の部位をよく見る
ようになるのが6カ月ごろからだといわれている（第3章も参照）。また，表情
を見る経験が蓄積し始めるのが7カ月ごろであることからも合点がいく
（山口，2004）。ただし，この珍しさの効果は，珍しい表情を見る経験量が慣れ
た表情を見る経験量に追いつく8カ月ごろには見られなくなる（Caron et al.,
1982）。

　ちょうど同じ月齢（生後6～7カ月）の乳児が成人女性の表情を見ているとき
の脳活動を，NIRS（nearinfrared spectroscopy；近赤外線分光法）を用いて計測し
た興味深い研究がある（Nakato et al., 2011）。乳児が怒り顔を見ているときには
右半球が，笑顔を見ているときには左半球がより活性化したというのだ。右半
球は高次の注意を伴った表情知覚処理に関連しており，乳児が身の危険を知ら
せる怒り顔に対して注意を向けたことで，右半球がより活性化したと解釈され
ている。一方，左半球は言語処理に関連していることから，乳児が女性の笑顔
を見たときに，自分に微笑みかけてくれる女性に近づき，関わりあいたいとい
う願望を伝えようとしたことで，左半球が活性化したと考えられている。さら
に興味深いことに，怒り顔に対する脳活動は笑顔に比べて速く上昇し，表情呈
示終了後はすぐに低下して持続しなかった。一方，笑顔に対する脳活動は怒り
顔に比べて上昇するのが遅かったものの，表情呈示終了後もしばらく持続した。
怒り顔に対しては，すばやく身の危険を察知して，泣き声をあげて誰かに助け
てもらったり，相手の関心を逸らして逃げたりするなどの対処をとるのが適応
的だと考えられる。そのため，すばやい反応が見られたのだろう。一方，笑顔
に対しては，急いで反応する必要はない。加えて，笑顔を見た後は，笑顔を示

してくれた人とのやりとりの開始に備え，活性が長く持続したのではないか，と解釈されている。

　このように7カ月ごろにはすでに他者の表情の区別がつき，その意味を理解して行動するための神経基盤はできているようだ。また，情動刺激の呈示によって瞳孔の直径が自動的に大きくなるという現象が見られるが，12カ月になると，その現象がポジティブな情動（笑顔＋笑い声）よりもネガティブな情動（怒り＋泣き声）を表出する乳児の動画を見たときにすばやく生じ，強い覚醒反応として認められるようになるようだ（Geangu et al., 2011）。

　一方，霊長類の表情弁別能力はパーら（Parr et al., 1998）によって精力的に研究されてきた。最初の研究では，チンパンジーが中立顔からさまざまな表情を区別できるかが検討された。チンパンジーは同種個体の5種類の表情（服従を示すベアードティース〔bared-teeth：BT；歯の露出〕，遊び場面で示されるプレイフェイス〔play face：PF〕，中立顔の一種であるリラックストリップ・フェイス〔relaxed-lip face：RLF；緊張のない口を伴う顔〕，長距離のコンタクトコールであるパントフート〔pant-hoot：PH〕をしているときの顔，スクリーム〔scream：S；悲鳴〕を出しているときの顔）を中立顔から弁別する課題（2選択の「見本合わせ」という課題）を行った。それぞれの刺激は異なる個体のものであったので，個体の同定は正解につながらない。BTとS，PFは最初のセッションからチャンスレベル（でたらめに答えても偶然正解してしまう水準）よりも有意に高い成績で正解した。PHは第4セッションでチャンスレベルを有意に上回る成績を残したが，RLFの正答率はついに基準に達しなかった。RLFは一種の中立顔であるので，比較刺激となった中立顔とは弁別が難しかったのだと考えられる。また後続の研究では，チンパンジーがヒトと同様，顔を認識する際に全体処理（部分に注目するのではなく，それらの配置によって認識）をしていることも明らかになっている（Parr et al., 2008）。チンパンジーの表情刺激を倒立させて呈示すると，正立呈示の場合に比べて弁別成績が有意に低くなり，倒立効果が見られたのだ。

　さらに，パーらは，アカゲザルの表情弁別についても同様の実験を行っている（Parr & Heintz, 2009）。アカゲザルは，同じ個体の表情の見本合わせは最初のセッションから非常によくできるものの，異なる個体の表情の見本合わせになると，比較刺激が中立顔でない限り，その正答率は低下して弁別が困難になった。つまり，個体と表情を同時に弁別するのは難しいようだ。ただし，これは

6歳の比較的若い個体のデータであるため，成熟したおとな個体ではより明確な弁別ができている可能性はある。

　アカゲザルではまた，どのように同種個体の表情刺激を見るかを調べる研究も行われている。アカゲザルは，オープンマウス・スレット（open-mouth threat：OMT；開口を伴う威嚇）や恐怖・服従を意味するフィア・グリメイス（fear grimace：FG）を見るときには口よりも目のまわりを見る一方で，あくびやLS（口唇の開閉）を見るときには口のまわりをよく見る（Nahm et al., 1997）。この結果は，敵対的な場面では口のまわりを見て得られる情報（犬歯の大きさなど）が社会的に非常に重要であるにもかかわらず，サルはOMTやFGを見るときに口の特徴を見ることを回避することを示唆している。サルにとって，敵対的な場面で相手の示している表情を見るときにより重要なのは，相手の犬歯の大きさではなく，相手が見ている方向，つまり相手が何に対して敵対的な表情を向けているのかであるのかもしれない。実際，近縁のカニクイザルでは，ヒト実験者が中立顔を示しているときよりも，BTを示しているときにヒト実験者の視線を有意に多く追従をするという報告もある（Goossens et al., 2008）。ただし，霊長類においては表情弁別の実験対象がおとな個体ばかりであり，その発達過程についてはまだ明らかになっていない。

3．社会的参照

　社会的参照とは，新奇の事象や曖昧な事象に直面したときに，それらに対する他者の表情や声の手がかりを，その事象に対する自分自身の態度を決定するために参照することである。たとえば，見知らぬ人が近づいてきたとき，母親がその人に対してニコニコ微笑んでいれば，こどもは安心してその人を受け入れるが，母親が怯えるような顔をすれば，こどもはその人に近づこうとはしない。信頼できる他者から情報を得てそれを利用できれば，経験不足な個体は試行錯誤の手間を省けたり危険を回避できたりするため，適応的だ。ヒトと霊長類における社会的参照の適応価や社会的・情動的・認知的類似性を考えると，社会的参照は，ヒトを含む多くの霊長類にとって，その社会的・物理的環境を学ぶために用いられる情動的知性の1つだと考えられる。

　社会的参照は，ヒトのこどもでは，周りの人と同様，モノにも興味が出てくる前言語期に発達する。他者の情動情報が行動に影響し始めるのは12カ月ご

ろからである（Sorce et al., 1985）。ソースらは，前述の視覚的断崖（図7-2）を用いて，12カ月児の社会的参照を調べた。奥行き知覚ができる乳児は怖くて視覚的断崖（ガラス張りの断崖）の上を渡ることができない。視覚的断崖を挟んで乳児の向かい側には母親が立っており，ポジティブな表情もしくはネガティブな表情を乳児に対して示した。その結果，12カ月児の74％が母親が喜びの表情を示していたときにその断崖を渡った。一方，母親が恐れの表情を示していたときには，誰も渡らなかった。渡ろうとしても後退したり，崖の真ん中あたりでためらって行きつ戻りつしたりして，結局渡れなかったのである。また，母親が怒りの表情を示していたときにも，ほとんどの乳児が渡れず，恐れの表情のときと同様，渡り始めたとしてもためらった。この研究から，ヒトは1歳までに養育者の情動シグナルを読み取り，曖昧な状況の意思決定に利用することができることが明らかになった。なお，喜びよりも恐れをよりよく参照できるのは，危険なものを回避するという進化的・発達的に重要な適応的役割を担っているからであろう（Vaish et al., 2008）。

　ヒトはまた，生後18カ月にもなると，自分に向けられた他者の表情だけでなく，第三者に向けられた他者の表情をも参考にして，自分の行動を調整することができるようになる（Repacholi et al., 2008）。実験参加児は，あるおもちゃで遊んでいるおとな（モデル）が他のおとなから怒り表情で叱られる場面と平静な表情で話しかけられる場面を観察した。その後，参加児はモデルが遊んでいたおもちゃで自由に遊ぶことを許された。すると，モデルが叱られるのを観察した参加児は，そうでない参加児よりも，そのおもちゃに触ることをためらい，遊ぼうとすることが少なかったのだ。まとめると，18カ月児は，第三者同士のやりとりにおいても他者の怒りを読み取り，さらに自分が怒りを向けられないよう，モデルの行動から観察学習し，自身の行動を柔軟にうまく調整することができるのである。さらに，モデルを叱っていた人が雑誌を読んで注意を逸らしていたり，目を閉じたりしている場合には，おもちゃに触ろうとする反応が増えた。これは，怒っていた人に見られていなければそのおもちゃで遊んでも怒られないだろう，と予測できているということ，つまりは，見ることと知ることの関連性の理解までできていることを示している。

　霊長類では，彼らが表情を弁別するだけでなくその意味までも理解しているかを調べた研究はまだ少ない。しかし，チンパンジーでは，表情の意味の理解

ウマにおける情動の表出と知覚

　ウマは豊かに情動を表現する動物だ。筆者は，大学在学中の4年間，馬術部で毎日ウマととも に過ごすなかで，ウマの気持ちがその顔の表情や声色・姿勢によく反映されているように感じていた。実際，ウマはイヌ（0.4程度；Lind et al., 2017）やネコ（0.3程度；Jacobson et al., 1976）に比べて視力が良く（0.8程度；Timney & Keil, 1992），視覚優位な動物であり，FACS（コラム「FACSの開発」を参照）によって同定された表情の種類が17種類とヒトに次いで多い（Wathan et al., 2015）。仲間同士で表情を通じてさまざまな情動を表出・知覚するような情動の送受信がうまくいっているからこそ，表情豊かなのだろう。加えて，ウマのいななきという音声の基本周波数や長さには，仲間と離れてしまった悲しみや再会できた喜びといった情動が反映されることもわかってきている（Briefer et al., 2015）。

　では，ウマは実際に仲間の情動に敏感なのだろうか。ウマでは，見知らぬウマのポジティブな期待に満ちた顔やリラックスした顔の写真に比べ，怒った顔の写真を見る時間が短く，その近くに滞在する時間が短い（Wathan et al., 2016）。不機嫌な仲間に近づいても親和的なやりとりが成立しないばかりか，攻撃を受ける可能性まであるため，ウマは仲間の怒り顔への接近を控えるのだ。また，ウマは，家畜化されて以来，移動や農耕・祭祀・レジャーなどの多様な場面でヒトのパートナーとして働き，長くともに暮らしてきたため，ヒトもウマの仲間になりうる。実際，ウマでは，見知らぬ人の顔であっても，笑顔よりも怒り顔を見たときに，最大心拍数に達するまでの時間が短くなる（Smith et al., 2016）。怒り顔に対して，その後に生じうる罰を回避しようとより身構えるのだ。また，もともと，ウマが仲間をその見た目と音声を合わせて個体識別することは知られていたが（対ウマ：Proops et al., 2009；対ヒト：Proops & McComb, 2012），ウマがヒトの情動についてもその表情と音声を組み合わせて知覚していることも明らかになっている（Nakamura et al., 2018）。ウマは，ヒトの笑顔や怒り顔を見た後に，それと一致したトーン（笑顔の後には褒めるトーン，怒り顔の後には叱るトーン）の声で名前を呼ばれたときに比べ，不一致のトーン（笑顔の後に叱るトーン，怒り顔の後に褒めるトーン）で名前を呼ばれたときに，声が聞こえてきたほうをすばやく見返し，長く見る，という期待違反の反応を示すのだ。つまり，ウマは，ヒトの笑顔を見た後には褒めるトーンの声を期待し，ヒトの怒り顔を見た後には叱るトーンの声を予測していることが示唆されたのだ。加えて，ウマでは，目の前にいる人が，自分から目を逸らしたときにその視線の先にあるものを見てニュートラルな反応（真顔）を示したときよりも，ネガティブな情動反応（嫌悪を示す表情と声）を示したときに，その視線を追従する回数が減少し，その視線方向を見る時間が短くなる（Baba et al., 2019）。これは，ウマがヒトの情動をもとに自身の行動を調整することを示唆している。一連の研究から，ウマはヒトとのやりとりにおいてヒトの顔をよく見てその声をよく聞いて，その情動を理解し，自身の行動を柔軟に調整していることがわかる。

とこどもにおける社会的参照に関する研究がある。パー（Parr, 2001）は，意味一致課題（matching-to-meaning〔MTM〕task）を用い，チンパンジーが表情や場面の情動価を理解し，それらを一致させることができるかを調べた。まず，モニターに負の情動価をもつ短いビデオ刺激（例：注射針で注射されている同種他個体のシーン）を再生する。次の画面で2つのチンパンジーの表情刺激（例：負の情動価をもつスクリーム，正の情動価をもつプレイフェイス）が呈示される。チンパンジーが事前に見た場面と同じ情動価（正か負）をもつ表情刺激（例：注射を打たれるシーンと同じく負の情動価をもつスクリーム）を選択できれば正解である。12歳のチンパンジーはこの課題をクリアし，他個体の表情と他個体が置かれた状況の情動価を理解していることがわかった。またラッセルら（Russell et al., 1997）は，生後14カ月から41カ月のチンパンジーのこども（人工飼育個体）を対象に，社会的参照を詳細に調べた。実験は非常にシンプルで，新奇の物体を呈示し，よく知っているヒト実験者（飼育者）が，そのおもちゃに対して喜びまたは恐れの表情を見せ，チンパンジーのこどもの反応を観察するというものであった。チンパンジーのこどもは，実験者が喜びよりも恐れの表情を見せたときに，物体から離れる行動を有意に多く示した。逆に，物体を注視する時間は恐れよりも喜び表情を見せたときに有意に長くなった。実験者を参照する様子はヒト乳児とよく似ており，参照行動は月齢とともに増加することも明らかになっている。

第3節　情動の制御

　情動の制御とは，目的を達成するために，自身や他者の情動反応をモニタリングし，評価し，制御することである。情動は個体によって内的に，他個体によって外的に制御されうる。たとえば，私たちは，何か嫌なことがあっても，自分が好きなことをしたり，他者に助けを求めたりして，何とかネガティブな情動を紛らわせることができる。こうした自分の情動の制御が得意な個体は，そうでない個体よりも，他者の情動をも制御するのがうまい。つまり，苦痛を示す他者を気にかけ，その苦痛を和らげるように行動するのが得意であるという。このように，情動の制御は，良好な社会関係を形成・維持するのに不可欠な能力である。以下では，自分の情動制御として顔の表情の表出制御・隠蔽と

満足感遅延，他者の情動制御として慰め行動を取り上げ，情動の制御能力の発達を見ていく。

1．自分の表情の表出制御または隠蔽

　乳児は，自分の情動と一致した情動の表出しか最初はできない。自分で情動の制御ができないうちは，ネガティブな情動状態に陥ったとき，他者（とくに母親をはじめとする養育者）の力を借りて，その微笑みや声かけ・身体接触などで宥めてもらったり（soothing），注意を逸らさせる方向づけ（orienting）によって気を紛らわせてもらったりして，気持ちを落ち着かせる（子安ら，2007）。そうはいっても，乳児がネガティブな情動状態にあるときに何もしないでいるわけではない。首が座らないうちの生後2～3カ月の乳児は，まだ自分でネガティブな情動（不安や恐怖など）の原因となるものから遠ざかることもそれを取り去ることもできないが，それでも，目を閉じて見ないようにしたり，指を吸ったりして，自分で自分を落ち着かせることはできる（篠原，2021）。それが，首が座って自分で頭を動かせるようになる4カ月ごろにもなると，ネガティブな情動の原因となっているものから自分で視線を逸らすこともできるようになってくる（Johnson et al., 1991）。これらの調整はまだ反射的な行動の域を出ないが，結果として不安や恐怖の程度を和らげることに多少なりとも寄与しているという（篠原，2021）。その後，運動能力の発達に伴い，生後9カ月ごろにかけて，玩具などのものを意図的につかむことでネガティブな情動が和らぐという経験を積み，情動の調整手段が単なる反射的な行動にとどまらず随意行動へと拡大していく（篠原，2021）。ただし，こども主導の調整が徐々にできるようになるとはいえ，この時点ではまだ養育者に頼って調整してもらうことも多いようだ（金丸，2014）。

　それが1歳から2歳にかけて何が原因で不快な気持ちになっているのかを認識し，その気持ちを抑えるためには何をどうすればよいかを考慮できるようになってくると，養育者の助けを補助的に使いながらも自身が主導して情動を意図的に制御できるようになる。たとえば，2歳児では，母親から慰めてもらうために，母親が見ているときだけ，他のネガティブな情動（怒りや恐れ）よりも悲しみを多く表出するという情動の制御が見られるという（Buss & Kiel, 2004）。こうした他者からのサポートを引き出すための悲しみの表出は，最初

は意識的にしていたものではなかったかもしれないが，繰り返すうちに，その表出により慰めてもらえることや，自分の情動表出が制御可能であることに気づいていき，他者から見られる自己を意識するようになっていく。この一連の流れが，以降の情動表出の制御を支える重要な基盤となっていくと考えられる。

　なお，3〜4歳になると，他者の気分を害さないために，自分の情動表出を制御することができるようになる。たとえば，お手伝いのお礼としてあまり魅力的でない期待はずれのおもちゃをもらった場合，1人で包みを開けて中身を見たときには明らかにがっかりした表情を見せるのに対し，送り主の目の前で包みを開けたときにはそうした表情は見せず，むしろ微笑みを見せる（Cole, 1986）。相手や状況に応じて社会的表示規則（social display rules）に即した形で情動を表出するよう，制御できるようになってくるのだ。ちなみに，この「優しい嘘」は女児でより見られやすいという性差があったが，対象児の3〜9歳では年齢による差はなかった。ただし，本当の気持ちと見せかけの気持ちにギャップがあることと，本当の気持ちを隠して見せかけの気持ちを表情に出したことについては，就学前児ではほとんど自発的に報告できなかったのに対し，8歳以上になるとほとんどのこどもが自発的に報告することができたというふうに，年齢による違いが見られた。

　逆に，見かけの情動と本当の情動を区別することは4歳児にはまだ難しいが，6歳になるとその区別に加え，それぞれの情動の理由づけも適切に行えるようになる。たとえば，物語の主人公がネガティブな情動（例：お腹が痛いという苦痛）を抱いているのに，それを隠そうとしている物語の一場面をこどもに読み聞かせたとき，その状況を正しく理解し，そのネガティブな情動を隠そうとしている理由（例：お腹が痛いことがお母さんにばれると遊びに行くのを禁止されるから）まで説明できるようになるのは，6歳になってからなのである（Harris et al., 1986）。

　霊長類でも顔の表情を隠すような制御は見られる。たとえば，飼育下のチンパンジーのある若い男性は，順位争いの際に，チャレンジャーに対して恐れ表情を見せないように指で唇を触り，むき出しになっている歯を唇で覆うようなしぐさをする（de Waal, 1982）。同じく飼育下のゴリラのある女性は，遊び場面で自分の手でプレイフェイスを隠すことがあるようだ（Tanner & Byrne, 1993）。さらに，野生下のあるバーバリーマカクのおとなオスでも，遊び場面ではプレ

図 7-6　バーバリーマカクの表情の隠蔽

（注）　遊びが乱暴になってきたときに，プレイフェイスを隠蔽する様子。その乱暴な遊
　　　びを望んでいないことを伝えようとしている可能性が考えられる。同じように，ス
　　　クリームを隠蔽する行動も観察されており，相手からの攻撃を弱め，早く終わらせ
　　　ようとしている可能性がある。本書サポートページからアクセスできる Thunström
　　　et al.（2014）のページには，実際の様子が動画で公開されている。

イフェイスを，攻撃されている場面ではスクリームを手で覆って隠す行動が報
告されている（Thunström et al., 2014；図 7-6）。なお，バーバリーマカクでは，
表情を隠すしぐさが常に優位個体が近接する場面で生じ，ひとりでいるときに
は決して生じないことや，優位個体から表情を隠すかのように優位個体がいる
側の手で表情を隠すこと，相手を見て隠すことまでも確認されている。

　表情を隠す意義は 2 つあるとされている。遊び場面でプレイフェイスを隠す
のは，相手の嚙み方やぶつかり具合が強すぎて今の遊び方に納得していなかっ
たり，第三者が介入してくるのを防いだりする役割があるからだという。一方，
攻撃されている場面でスクリームを隠すのは，その表情を見せることによって
相手の攻撃をエスカレートさせないためだという。また，表情自体を抑制しな
いのは，興奮した社会的やりとりにおいては表情を即時に抑制するのは難しく，
表出してしまった表情を手で覆い隠すほうが簡単だからだと考えられている。
なお，上記の研究で観察対象となったバーバリーマカクのなかには幼若個体も
含まれていたが，表情を隠す行動が観察されたのはこのおとなオスだけであっ
た。つまり，おとなでも表情を隠すことがない個体も多くいるので，どのよう
なきっかけでこの行動が生じるようになったのか，またどのように発達するの
かはいまだ不明である。

2. 満足感遅延

　情動の調整能力の1つに満足感遅延（delay of gratification）がある。これは，将来のよりよい報酬のために，自己の衝動や情動を抑制し，目先の報酬に対する反応を先送りする行動である。具体的には，即座に反応して少量の報酬または価値の低い報酬を得るか，反応するのを待ってたくさんの報酬または価値の高い報酬を得るかの2つの選択肢が与えられ，後者を選択すれば満足感遅延に成功したと解釈する。

　ミシェル（Mischel & Ebbesen, 1970 など）は，こどもの満足感遅延能力を調べるためにマシュマロテストを考案した。このテストでは，まず，実験者がこどもの目の前にマシュマロ（こどもが大好きなお菓子）1個を置き，自分がこれから少しの間部屋を離れないといけなくなったことをこどもに伝えた。そのうえで，実験者の帰りを待たずにマシュマロ1個を食べるなら，ベルを鳴らして実験者を呼び戻すよう伝えるとともに，マシュマロを2個食べたいなら，実験者が戻ってくるまでベルを鳴らさずに待つよう伝えた。こどもの行動は隠しカメラで記録された。最初期の実験（Mischel & Ebbesen, 1970）によれば，3～5歳児では，2個の報酬がともにトレイで覆われておらず見えている条件で，15分間待つことができた参加児は1人もおらず，待つことができた平均時間はわずか1分程度であった。すぐにもらえる報酬のみが見えている条件でも，15分間待つことができた参加児はわずかであった。それが，すぐにもらえる報酬と実験者の帰りを待ってもらえる報酬の両方がトレイで覆われて見えなくなっている条件では，待つことができた時間が10倍以上にもなり，ほとんどの参加児が15分間待つことができた。なお，15分間にわたって実験者の帰りを待つことができたこどもは，お菓子から視線を逸らしたり，おもちゃで遊んだり，ほかの楽しいことを考えたりしてうまく気晴らし（self-distraction）ができたこどもであった。つまり，未就学児においては，報酬が見えていることが満足感遅延の大きな妨げになることに加え，報酬からうまく注意を逸らすことができることが満足感遅延の成功の鍵であるようだ。

　ただし，近年，このマシュマロテストの結果に反映されるのは，満足感遅延能力だけではなく他者への信頼感も含まれるのではないかという指摘がなされている（Kidd et al., 2013；Michaelson & Munakata, 2016；第10章も参照）。それらの

研究では，マシュマロテストで参加児に帰りを待つよう指示する実験者として，信頼できる人（約束を守る人または過ちを認めて素直に謝る人）と信頼できない人（約束を守らない人または過ちを認めず知らんぷりをする人）を準備し，その人の様子を参加児に事前に見せてから，テストに進む。すると，実験者が信頼できる人である場合に，信頼できない人である場合よりも，参加児は3倍程度長く待つことができ，15分間待つことができる人数が9倍程度多くなるのだ。さらに，より最近の研究では，マシュマロテストの結果は，満足感遅延よりもむしろ他者への信頼感を強く反映しているということも報告されている（Michaelson & Munakata, 2020）。したがって，長年，満足感遅延能力を調べるテストであると信じられてきたマシュマロテストであるが，その結果が満足感遅延だけを反映しているとして解釈するのには慎重になったほうがよさそうである。

　霊長類の満足感遅延の能力の程度を調べる課題としては，積立課題（accumulation task；Beran, 2002 など）が用いられてきた。この課題では被験個体の手の届くところに食物報酬が蓄積していく。報酬を多く得るためには，欲求を制御し，長い時間を待って，満足感を得るのを遅らせなければならない。たとえば，チンパンジーを対象とした実験では，10秒ごとに自動的に報酬が提供された。彼らはときに20分以上も待つことができるようだ。同様の積立課題を用いて，オランウータン（Parrish et al., 2014）やフサオマキザル（*Cebus apella*），ボリビアリスザル（*Saimiri sciureus*；Anderson et al., 2010）などでも満足感遅延の能力は確認されている。また，チンパンジーでは，ヒト幼児と同様，気晴らしをして待つことができることも報告されている（Evans & Beran, 2007）。チンパンジーは，おもちゃを使って気晴らしをすることができたときに，より長く待つことができるのだ。加えて，自分では報酬のキャンディーを取ることできないときに比べて，道具を使って自分でもキャンディーを取ることができるときに，おもちゃを触っている時間が長くなるという。つまり，チンパンジーは，少しでも長く待って多くのキャンディーを手に入れるために，道具を使って衝動的にキャンディーを取ってしまわないように，おもちゃを触って気晴らしをしていたと考えられる。ただし，この積立課題の結果には，ヒト幼児のマシュマロテスト同様に，満足感遅延能力だけでなく，実験者への信頼感も含まれる可能性があるのかもしれない。また，霊長類では，満足感遅延能力が

どのように発達するのかはまだわかっていない。今後の研究の結果を待ちたい。

3. 慰め行動

　他者が痛がったり困ったりしていると思わず駆けよって慰めたくなるのは，乳児でも同じようだ。ヒト乳児にも同情的態度の萌芽が見られることがわかっている（Kanakogi et al., 2013）。10 カ月児は，2 つの幾何学図形の物体が攻撃する・される関係にあるように見える動画を見た。その後，動画のなかに出てきた 2 つの物体が目の前に呈示され，どちらか一方を選択するよう求められた。実験参加児は，攻撃された側の物体を有意に多く選んだ。また同じ動画内に呈示された攻撃・被攻撃関係にない中立物体との比較をすると，中立物体は攻撃物体よりも有意に多く選ばれるが，被攻撃物体よりも有意に多く回避された。つまり，10 カ月児による被攻撃物体の選好は，単に攻撃物体を回避した結果ではなく，攻撃された物体への関心が強まって接近した結果であり，同情の萌芽的行動（前関心：preconcern）であると解釈できる。また 1 歳を過ぎてさまざまな認知能力・運動能力の発達が進むと，痛がっている（ふりをしている）人を見かけたときに，それが見知らぬ人であっても慰めようとしたり，その痛みの原因を探すようなそぶりを見せるようになる（consolation：Zahn-Waxler et al., 1992 など）。とはいえ，その慰めはまだまだ完璧ではないし，頻繁でもない。「痛い？」と声をかけてはみるものの，できることはまだないことも多い。他者の苦痛に対して泣き出してしまったり，苦しんでいる相手ではなく自分を慰めたりする場合もある（Hoffman, 1975）。また，このころの乳児は，まだ相手に必要なことをするのではなく，自分がしてほしいことを相手にしてやろうとする傾向にある。泣いている友達を，その子の母親ではなく自分の母親のところに連れていくこともあるそうだ（Hoffman, 1978）。このような混乱が生じるのは，自分と他者の欲求の違いに気づけないからだ。この時点では，他者の視点に立つのに必要な能力が十分に発達していないのだ。それが 2 歳になると，転んで泣いてしまった友達を慰めるために，最初は自分のテディベアを差し出すが，その効果がないとわかると，友達のテディベアをちゃんと手渡してやるようになるという（Hoffman, 2000）。このころになると，自分と他者の欲求の違いに気づき，それに応じた行動をとれるようになるようだ。

　霊長類においては，チンパンジー（de Waal & van Roosmalen, 1979 など），ボノ

図 7-7　ボノボの若い個体による慰め行動の様子

（注）　対立の後，ストレスを受けた仲間を抱きしめている。コンゴ共和国の Lola ya ボノ
　　　ボサンクチュアリにて Zanna Clay が撮影。
（出所）　Clay & de Waal, 2013（写真提供：Zanna Clay / Lola ya Bonobo Sanctuary）

ボ（Clay & de Waal, 2013 など），ゴリラ（Mallavarapu et al., 2006 など）といった類
人で，慰め行動が報告されている。とくにチンパンジーでは，膨大な観察事例
に基づいた分析から，彼らの慰め行動が攻撃行動を目撃して比較的すぐに生じ
ることや，キス・抱擁・手を差し出す・服従を示す音声によって構成されるこ
と（de Waal & van Roosmalen, 1979），非血縁者間でよりも血縁者間で，親密でな
い個体間でよりも親密な個体間で慰め行動が多く生じ，男性よりも女性が慰め
行動を有意に多く行うこともわかっている（Romero et al., 2010）。また，霊長類
における慰め行動の発達研究としては，コンゴ共和国にある Lola ya ボノボサ
ンクチュアリのボノボを対象とした研究がある（Clay & de Waal, 2013；図 7-7）。
こども群（3〜7 歳）では，おとな群（13 歳以上）とワカモノ群（8〜12 歳）に
比べて有意に多く慰め行動が見られる。また，母親に育てられたこども個体は，
孤児のこども個体よりも，攻撃の被害者になったときにその苦痛・不安から立
ち直るのが速く，慰め行動を 3 倍多く見せる。また社会性が高く，社会的な遊
びに従事する時間が長く，友達を 3 倍も多くもつという。なお，興味深いこと
に，苦痛・不安からの立ち直りの速さと慰め行動の頻度，社会性の高さと慰め
行動の頻度は，それぞれ正の相関関係にあることもこの研究から明らかになっ
ている。ただし，それらの因果関係についてはまだわかっていない。また，発

達とともに慰め行動の頻度が増えるのではなく，かえって減ってしまうのはなぜなのか。今後の研究が待たれる。

第4節　ヒトらしい情動とは

　ここまで見てきたように，ヒトは生後半年までに多様な表情を見せるようになる。とくに笑顔を早くから表出し始め，次第に選択的に表出するようになることで，養育者の関心を引き，ますます愛情を注いでもらうことを可能にしている。また生後7カ月ごろには，表情を見て理解する準備は終わっているようだ。乳児の運動能力が飛躍的に発達する時期を目前に控えているこの時期，彼らはハイハイをして動き回って見ることができる世界が広くなり，出会う刺激が格段に増えても，危険をうまく回避するために必須な表情を使ったコミュニケーション能力を身につけておかなければならないからだろう。自分が危険な目に遭わないよう，とくに他者のネガティブな情動表出に対しては敏感で，速く反応する。そして生後1年が経つころまでには，他者の表情の情動価（ポジティブかネガティブか）を正確に判断・理解し，他者の表情を参照して意思決定して行動を調整することができるようになる。その後，自他の区別ができるようになると，自分と他者を比較して生まれる公平感などの自己意識的情動を表出するようになったり，他者の目を意識した情動制御もできるようになったりする。同時に，他者が望む慰め行動をすることも可能になる。以上のように，ヒトの情動表出・理解・制御の発達過程については，長年にわたって膨大な数の研究がなされており，それぞれが乳幼児期における他者との関わりあいのなかでどのように役立ちうるのかも含め，明らかになってきている。
　一方，霊長類では，表情の表出の発達については，いくつかの種で複数の研究事例が報告されてきている。また，非常に興味深いことに，ボノボではヒトと同じように，慰め行動を通じて他者の情動を制御する能力と社会性の高さが正の相関を示すことも報告されている（Clay & de Waal, 2013）。ただし，それ以外の情動の表出・理解・制御については，幼若個体における発達研究がほとんど進んでおらず，情動の発達が他のどのような認知能力などの発達と関連しているかもわかっていない。したがって，ヒトと霊長類の情動の発達を比較して情動のヒトらしさについて考察する以前に，早急に霊長類種それぞれの幼若個

体を対象とした情動の発達研究を進めるべきだと考える。幸いにも，霊長類のおとな個体を対象とした情動の表出・理解・制御に関する研究事例は年々増えてきており，その実験パラダイムも洗練され豊富になってきている。本章でもその一部を紹介したが，今後はそれらこれまで蓄積されてきたノウハウが情動の発達研究に活用されることを願う。

　それでは，ヒトらしい情動にはどのようなものが候補として挙げられるのだろうか。たとえば，これまでは，ポジティブな情動伝染はヒトに特有に見られると考えられてきた。しかし，近年，霊長類では，遊び場面におけるプレイフェイスの伝染がオランウータンとゲラダヒヒで報告されている（Davila-Ross et al., 2008；Mancini et al., 2013）。もちろん，ポジティブな表情が伝染してもポジティブな情動までも伝染しているとは限らないので注意が必要だが，今後，行動指標に加えて生理指標も合わせて測定することで，ポジティブな情動も伝染しうるかを検討できるだろう。なお，プレイフェイスはこどものころから見られる表情であるため，ポジティブな情動の伝染の発達過程についても検討できうる。従来，ポジティブな情動の伝染がヒトらしさの1つであると考えられていたが，今後，この考え方が覆されるかもしれない。

　ヒトの幼児と霊長類のおとなのデータを比較するのは不公平で好ましくないが，その比較から，他者と何かを共有したいという強い欲求がヒトらしい情動の候補に挙げられるかもしれない。ヒトの幼児とチンパンジーを対象に，協力に従事する動機づけを実験的に調べた研究によると，ヒトの幼児が食べ物を得るために他者と共同作業をするのを強く選好したのに対し，チンパンジーはそうした選好を示さなかったそうだ（Rekers et al., 2011）。またチンパンジーは，協力的な作業と独立した作業で得られる報酬が同じときには，独立して作業をすることを選好するという（Bullinger et al., 2011）。この他者と行動をともにしたいという欲求は，ともに行動することによって喜びや安心といったポジティブな情動を得られるからとも考えられる。そうだとすると，ポジティブな情動の伝染の強さはやはりヒトにおいて勝るということもありうるだろう。今後の研究の進展が待たれる。

　われわれヒトの生活を支えてくれている情動。この情動のヒトらしさ，情動の発達過程のヒトらしさを探る比較認知発達科学的研究が，これから注目を集める研究になることは必至である。霊長類における情動がどのように発達する

のか，またほかのどのような認知能力や性格・環境特性などと関連して情動が豊かに育まれるのか，ヒトの情動発達と何が同じで違うのか。縦断研究を実施するからこそ見えてくる個体差に着目し，発達初期の情動的知性が将来のどのような認知能力・社会性を予測するのかを調べるのも面白いだろう。今後の研究によってこれらの謎が1つ1つ解き明かされていくのが楽しみでならない。

BOOK GUIDE

●藤田和生編（2007）．感情科学　京都大学学術出版会
　　情動を心理学のさまざまな視点から眺め，学ぶことができる。
●渡辺茂・菊水健史編（2015）．情動の進化——動物から人間へ　朝倉書店
　　情動の進化について学ぶことができる。
●遠藤利彦・石井佑可子・佐久間路子編著（2014）．よくわかる情動発達　ミネルヴァ
　　書房
　　情動の発達に加え，諸発達における情動の役割も学ぶことができる。
●上淵寿・平林秀美編著（2021）．情動制御の発達心理学　ミネルヴァ書房
　　生涯にわたる情動制御の発達について学ぶことができる。
●森口佑介（2021）．子どもの発達格差——将来を左右する要因は何か　PHP研究所
　　情動の制御を含む実行機能と向社会的行動の発達や，その格差の改善策を学ぶことができる。

第8章

コミュニケーション
母と子が紡ぎ出す世界

竹下 秀子

　ヒトとヒトが出会うところにコミュニケーションは発生する。伝え，伝えられ，親子・友人・恋人・師弟，その他さまざまな関係性が深められていく。しかし，ヒトはヒトとしかコミュニケーションできないわけではない。イヌやネコはもちろん，ペット，家畜となっている異種の動物がヒトと親密な関係を結んできており，これらとのコミュニケーションから人々は大きな癒しを得ている。他方，これらの動物も同種間，異種間のコミュニケーションを行うのであり，多彩なコミュニケーションが地球上のさまざまな環境で発生している。

　一般に，コミュニケーションとは情報を伝達しあうことである。発信と受信，受信内容に即した応答，というプロセスが円滑，適切に進んでこそ，自他の相互理解が進む。ヒトの場合，個体同士のコミュニケーションは「言語」が主となって成り立っており，高機能の言語を獲得したことで近縁種とも隔絶した自他理解や社会文化がもたらされた。ゆえに，ヒトの言語がどのように発生・発達し，進化してきたのかはヒト理解をめざす学術の研究関心の的である。言語コミュニケーションの起源と発達進化をめぐっては，今日まで議論が引き継がれ，さらに前進させるべく旺盛な取り組みがされている（Hayashi, 2022）。

　他方，ヒトのコミュニケーションは言語によるばかりではない。言語の介在しない非言語コミュニケーションが多用され，むしろ，これによって情報伝達が成り立つ局面は決して少なくない。表情しかり，ジェスチャーしかり，である。さらに，非言語コミュニケーションはヒトと動物，さらにはヒト以外の動物個体間でも利用されており，その発達進化を問うことなしにヒト的なコミュニケーションを理解することはできない。本章では，母と子の関わりに焦点を

図 8-1　ヒトとチンパンジーの生後 1 カ月齢のあおむけ

当てて，言語を生み出したヒト的なコミュニケーションの発達進化を捉えたい。

第 **1** 節　相互行為としての基礎定位システム

　ヒトもその一員であるホミノイドには，小型類人のテナガザル属，フクロテナガザル属と大型類人のオランウータン属，ゴリラ属，チンパンジー属が含まれる（第 2 章図 2-3，第 9 章図 9-3）。ホミノイドは，霊長類のなかでも最もゆっくり育って長く生きるグループである。遺伝的にヒトと最も近縁なチンパンジーは，40 〜 50 年の寿命を生き，その成長期間は約 15 年である。約 230 日の在胎を経て出生する乳児の姿勢運動発達は未熟であり，ヒトと同様，あおむけにされると寝返りすることもできない（図 8-1）。

1．定位システムの発達

　魚は水中を泳ぎ，鳥は空を飛ぶ。地上や地中にも，さまざまな動物が，重力や環境表面と一定の関係を結びつつ姿勢や運動の方向性を作り出している。自分の身体をどのように空間に位置づけるのか。リード（Reed, 1996）は，姿勢や全身運動を，身体と空間の諸要素との間でさまざまな調整に関わる一連の知覚－行為系とし，基礎定位（functional basic orientation）システムと呼んだ。リードによれば，このシステム上に環境と関わる機能的な行為があり，それらは，①知覚システム群：環境内の利用可能な情報を利用するための探索的活動，②行為システム群：非動物的な環境に対する遂行的活動，③相互行為システム群：他者の行為との協調を生み出す知覚と行為の統合的活動，に大別できる。基礎定位システムはこれらの根幹をなすもので，採食，生殖などさまざまな機能的な活動は，身体の基礎定位システムとの協調なしにはうまく進まない。

2. 母子の相互作用から自分を地球上に位置づける

　ヒトに近縁な霊長類種の認知発達を特徴づけるうえで何よりも重要なのは，基礎定位システムの発達そのものがすでに社会的，相互行為的だということである。つまり，霊長類の新生児の生活は，母親の身体にしがみつき，母親という他者のぬくもりや臭い，肌の感触や動きの速さ，方向性を感知し，これに応答する行動によって開始される。母子の結びつきを維持するためには，母親はしがみつくわが子の体重を全面的に支えなければならない。乳児の側は，出生時点において未成熟な基礎定位システムを，自らにとっての環境基盤たる母親の身体運動との協調を探るなかで発達させていくことになる。母親にいかにしがみつき，抱かれるか，霊長類の乳児にとっては，出生直後からの密着した母親の身体との相補的な相互行為の発達，つまり，身体運動の伝えあいの発達が，とりもなおさず，自らの身体を地球上に位置づける過程であり，必須な活動なのである。

第2節　発育遅滞と「しがみつき－抱き」の進化

1. 霊長類の多様な育児様式

　なぜ，霊長類の系統で「しがみつき－抱き」のような子の運搬型育児が出現したのか。霊長類のなかでも，より原始的な特徴を残すといわれる原猿では，出生直後は巣に残されたり，木の枝につかまって「フリーズ」していたりする状態のある種もある。しかし，より進化した現生のほぼすべての種では，母親の背側か腹側か，しがみつきの部位やそれに伴う母親の介助の度合いなどにバリエーションがあるものの，母子の「しがみつき－抱き」というスタイルが共有されている。原猿から真猿への，あるいは，真猿としての進化の過程で，「しがみつき－抱き」が広範な種に生じ，受け継がれてきた。

　ロス（Ross, 2001）は，現生霊長類の育児様式を「巣留め置き」（nest），「枝留まり」（park），「口運搬」（carry orally），「しがみつき－抱き」（carry clinging to fur）に分類し，「しがみつき－抱き」が進化した理由をライフヒストリーや生態学的要因に探った。その結果によると，食べ物を探している間は乳児を巣に置き去りにしない非「巣留め置き」である後者の2様式は，一産の子の数が少

なく，出生後の成長速度が遅く，離乳が遅い。なかでも，「しがみつき－抱き」の種は，それ以外の種よりも，母親の身体はどちらかといえば大型で，離乳や初産が遅い傾向があることがわかった。つまり，頭数の少ない子がゆっくり育つことに関する指標と，母親がより密着して育児するタイプの出現とに関連が見られた。

2. 生き方の2つの極

　動物の生き方は，「速く生きて，早く死ぬ」と「ゆっくり生きて，遅く死ぬ」を両極として，そのどちらかの極，あるいは，その間のどこかに位置づけうるという考え方がある。生活史戦略の研究から得られたもので，前者の生き方をr戦略，後者の生き方をK戦略という。rとは，資源があふれているが，変動的で不安定な環境にある場合に特徴的な高い繁殖増加率を表すintrinsic growth rateからとったものである。Kとは，資源をめぐっての競争が激しいが，比較的安定した環境がもつ収容能力を示すドイツ語のKapazitätsgrenzeからとっている。r戦略では，同時に産む個体数が多く，こどもの性成熟は早く，寿命は短い。したがって，親による子への保護的な投資は少ない。K戦略では，出産子数は少なく，子の性成熟は遅く，寿命は長い。性成熟の遅い，頭数の少ないこどもに対して，親の保護が大量に投資される。

　K戦略の種のなかでも，大型哺乳類には，霊長類と同じく出産子数が少なく離乳までの期間が長いものの，いわゆる離巣性となり，母親との近接を保つために，出生直後から独力での姿勢保持，位置移動の能力が備わっている種が多い。その場合，乳児の基礎定位システムは，地面という環境基盤との関係ですでに一定の発達水準にある。これに則って，母親を追従するという相互行為を発達させていく。母親にはわが子の体重を支えるという負担はなく，子は霊長類に比べるとはるかに自立的である。

　これに対して，霊長類が，哺乳類としてのK戦略を強めていったときに出現したものは，巣の放棄である「枝留まり」や，さらに，巣や枝の代わりに母親や他個体の身体が環境基盤となる「しがみつき－抱き」だった。樹上という生活環境，「しがみつき－抱き」に適した身体，母子の生理的条件が複合的に作用した結果なのだろう。とくに「しがみつき－抱き」は，子を連れたまま母親が他個体とコミュニケーションできるというメリットがある。発育期間の長

期化という事態に対して，母親と他個体による保護的行動が拡大するなかで，育児行動の進化があったと考えられる。

第3節　母親の背側か腹側か
——生まれるときの顔の向き

1．霊長類のなかでも並外れのヒトの乳児

　多くの霊長類からのデータをもとに，母親の体重から子の出生体重を予測することができる（Leutenegger, 1976）。チンパンジーの乳児の出生体重は予測では 1800g ほどであり，実際もほぼこれに合致する。これに対して，ヒトの乳児の場合，予測では 1990g であるが，実際には 3000g 前後が標準となる（Pawlowski, 1998）。そして，体脂肪率を見ると，チンパンジーがニホンザルなどと同じ 4 〜 5％であるのに対して，ヒトの乳児は 15％ほどもある（Kuzawa, 1998）。実際のヒトの新生児は並外れて大きく，太っていることがわかる。ヒトの系統での新生児の大型化は，母親が大型化したというわけでもない。新生児体重が母親体重に占めるパーセンテージは，ゴリラでは 2.7，チンパンジーでは 3.3 のところ，ヒトでは 6.1 である（DeSilva, 2011）

　胎生期の発育において，脳重・体重比成長曲線はヒトも含めてどの霊長類でも同じである（Deacon, 1990）。脳重の増大か，体重の増大か，どちらが一次的であったにせよ，両者はカップリングして増加する。ヒトの新生児は霊長類としては大きな脳をもつので，それを維持するエネルギー供給源として体重を増加させる必要があったかもしれない。オープンランドに進出したヒトにとっては，身体全体の大型化がむしろ重要な適応であったろうという指摘もある（Pawlowski, 1998）。森を出て夜間も地上に眠ることになったとき，その低温環境に乳児が耐えうるには，これにふさわしい体重と脂肪が必要だったことだろう。

2．出産時の姿勢の違い

　頭の大きな，さらに身体の大きな乳児として産む選択は，直立二足歩行とも相まって，出産プロセスを他の多くの霊長類とは違うものにした。ヒトの出産では，産道を限界まで広げてやっと通過するほどの大きさまでになった胎児がより通過しやすい方向に沿う形で頭を回旋させ，産道を押し広げながら進む。

そして，最終的に顔が母親とは反対側に向くように，頭を反らせた姿勢で出生してくる。母親は娩出で疲労困憊であり，どんな姿勢をとったとしても，この姿勢で生まれた乳児に対してひとりで安全な介助をすることはきわめて困難である。ニホンザルなど狭鼻猿の種では，乳児は母親と同じ方向に顔が向くように，頭を前屈させた姿勢で出生してくる。したがって，母親は乳児の頭から身体の背面を片手で支えながらそのまま自分の腹側に抱き寄せればよい。これに対して，ヒトの乳児は，いったん産み「落とされる」か，さもなければ，母親以外の誰かに介助されて「受けとめられる」かという生まれ方をし，その後に母親に抱かれる。そこで，顔を背側に向けて出生することと，出産における助産師のような役割を果たす第三者（産婆）の存在を関連づける考え方が提起された（Rosenberg & Trevathan, 1995）。進化生物学の「おばあさん仮説」（grandmother hypothesis）にちなんで「産婆さん仮説」（midwife hypothesis）と呼んでおこう。

3. 産婆さん仮説

　産婆さん仮説は当初，ヒト以外の霊長類に関する十分な実例に基づいていなかった。しかし近年，母親の背側に顔を向けた出生が飼育下のチンパンジーでも観察された（Hirata et al., 2011；図 8-2）。

　産婆さん仮説の生理学的な前提には，①ヒト以外の霊長類では骨盤入口，骨盤腔中部，骨盤出口とも前後径が左右径よりも長いが，ヒトでは骨盤入口ではその逆，左右径が前後径よりも長くなって産道の狭小化を招いていること，他方，②胎児の頭蓋や肩幅の大きさの増大は産道の拡大を要請すること，そして①と②のジレンマを両立させる方途として，③母親の直立二足歩行と胎児の産

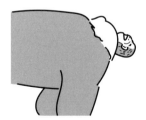

図 8-2　チンパンジーの出産で胎児が母親の背中側を向いている様子

（出所）　Hirata et al., 2011 より作成。

道通過を損ねないように，ぎりぎりの母子の形態的，生理的，さらには，出生・出産のタイミングの調整（小さく出生する方向で出生時期が早まる）が行われている可能性がある，という「産科のジレンマ仮説」(obstetrical dilemma hypothesis；Washburn, 1960) がある。アウストラロピテクス属とホモ属のいずれの特徴も合わせもっていたとされるアウストラロピテクス・セディバ (*Australopithecus sediba*) の骨盤は，入口では，現代人と同様，長径に合わせて顔面が母体の側方を向いていたため，乳児は，そのままの頭位で骨盤腔中部，骨盤出口を通過できたと想定されている (Laudicina et al., 2019)。つまり，胎児の回旋はホモ属以降の特徴だということになる。

　脳と身体が大型化したホモ属の胎児は，形状の複雑化した産道を自己身体の運動によってより通過しやすい体位を繰り出しつつ進んでいく。これに対応する母親の痛苦は，とりわけ未経産婦にとっては想像を絶するものであり，周囲の他者が関与しないわけにはいかない。すなわち，第三者の助けが不可欠となる。産婆のような第三者が受けとめてくれるのであれば，乳児は母親の背中を向いて生まれてきても問題ない。こうして，乳児の回旋がヒトの特徴になったという考え方もできる。どのように援助すれば母子ともにこの事態を乗り越えることができるのか，産婆の知恵が集団に蓄積されていったことだろう。

4．理論上はヒトと同じ出産様式も可能な大型霊長類

　ここで，チンパンジーをはじめ，大型類人の産道は胎児が容易に通過するほどに産道が広いことに留意しておこう (Rosenberg & Trevathan, 1995)。となるとむしろ，大型類人の胎児はヒト以外の他の霊長類種よりも，産道通過時の胎児は回旋しやすいのではないか。仮に母親の背を向いて生まれたとしても，その際にチンパンジー属の新生児が経験する子宮外環境である産道との初めての出会いの質は，ホモ属の新生児のそれ（狭い産道を艱難辛苦しつつ，回旋して通り抜ける）と大きく異なると推察される。とはいえ，いずれの場合も，出産時，母親は産み落とした子の，まずは顔を見る体勢になろうとすることが共通しているため，出産後の母子の相互関係は近いものになるかもしれない。

第4節　身体の動きの伝えあい

　チンパンジーの母親がしがみつくわが子を手で介助する度合いは，ニホンザルなど，狭鼻猿類に分類される種に比べてはるかに大きい。しかし，そこにも乳児自身が環境基盤としての母親の身体に対して，運動を自発させ，応答を得る相互行為が成立している。母子の生理的コミュニケーションともいえる，吸乳・授乳のたびに，身体運動的コミュニケーションが繰り返されている。

1. 吸乳行動を起点とした母子のコミュニケーション

　栄養摂取は乳児の生存にとって不可欠の生理的欲求であり，吸乳行動は出生後の適応的行動として最も重要なものである。飼育チンパンジーを対象とした研究によると，吸乳（授乳）間隔は夜間でも規則的である（水野・竹下，2002）。実際の吸乳に至る場合には，覚醒して活発な全身運動が起こる。母親の腹側を乳首に向かって四肢を屈伸させて進む運動が起こり，頭部も左右に振るようにして乳首を探す。このとき，チンパンジーの母親は，自分の乳首をわが子に向かって差し出すことはしない。しかし，両手あるいは，両脚でわが子の身体を保護しながら，乳児が自分の腹に接して身体を揺すり，四肢をもがき動かすのを許容する。鼻でまさぐっても，乳首をなかなかくわえるに至らないとき，新生児は，むずかり声を発する。ちなみに，このような発声を英語では effort grunt（がんばりうなり声）と呼んでいる。これが発されたとき，母親は，わが子が乳首にたどり着きやすい体勢になるように抱きなおす。また，母親が急に姿勢を変えるなど，「不快」な事態が起こったとき，乳児は悲鳴やむずかり声を発するなどして「泣く」。これに対して，ほとんどの場合，母親はなだめるように乳児に触ったり，抱きなおしたりする。このように，チンパンジーの乳児においても「泣き」は母親へのシグナルとして機能し，適切な養育行動を誘発するらしい（Mizuno et al., 2006）。

2. 母親からのフィードバックで乳児は世界を理解する

　チンパンジー母子は，「しがみつき－抱き」と「吸乳－授乳」を出発点として，まずは，身体の直接の触れあいによって，感覚運動的な相互行為を伴いな

がら，身体の動きを伝えあっていく。日々繰り返されるその活動のなかで，新生児期以降の乳児は，自分との関係において他者はどのように動くのか，他者との関係において自分はどのような身体運動を発すれば適応的な基礎定位を得ることができるのか，そのことへの認知につながる最も基礎的な感覚運動的経験を，日々蓄積していくのである。

第5節　あやし遊びから対面コミュニケーションへ

1．わが子をあやすチンパンジー

　チンパンジーとニホンザルなどの狭鼻猿類を比較したとき，母親の育児行動として顕著な違いは，口や手の使い方だろう。ニホンザルと同じマカク属のアカゲザルとチンパンジーを飼育下で比較した研究によると，「キスで相手の身体に触れる」「手を相手の口にもっていく」「手で相手の身体をくすぐる」など，グルーミング以外に乳児の身体を口や手でさわる行動がチンパンジーでは圧倒的に多い。さらに，母親があおむけに寝て，乳児を「高い高い」する行動は，チンパンジーでは顕著だがアカゲザルでは見られない。

　京都大学霊長類研究所で2000年4月に出生したチンパンジー，アユムとその母親のアイの相互行為を記録した映像によると，生後5週目ですでに，「子の身体を指先でつんつんとつつく」「子の足をつかみゆっくりひっぱる」などの母親のプレイフルな手指を使った行動が見られる（本書のサポートページから実際の動画にアクセスできる）。さらに，生後7週では，「子を高い高いする」などのあやし遊びの行動がさまざまなバリエーションをもって展開されるようになった。子のほうは，生後5週では，「母親の胸の上によじ登ろうとする」「手足を伸ばし母親の身体をつかもうとする」など母親との接触を維持しようとする行動が多かったが，生後7週では，「高い高い」に対して，口をパクパクあけたり，四肢をバタバタさせるなどの身体運動遊びのような応じ方をするようになった。生後1カ月を過ぎて見られるこのような母子相互行為の発達は，野生チンパンジーでも同様に観察されている。タンザニアのゴンベでチンパンジーを観察したプローイ（Plooij, 1984）は，乳児は，生後6週以後，探索的に母親の身体を咬むことを始めると述べている。母親がそれに応えて優しく咬み返すと乳児は口をまるく大きく開けた笑顔（プレイフェイス；第7章も参照）で

反応するという。プローイによれば，このような相互行為が成立するようになると，母親の乳児に対する視覚的注意は「劇的に」増大する。

　生後7週のアユムとその母親アイの高い高い遊びでも，互いを見つめあうアイコンタクトが見られた。しがみつき－抱きあい，口を大きくあけて咬みあい，手指で触れあい，目と目で見つめあい，というさまざまな感覚運動器官の活動による相互行為を母親との間で成立させつつ，チンパンジーの乳児は育っていく。

2. 母親とのコミュニケーションを通じて学ぶ

　チンパンジーの乳児にとって，母親の身体は，おっぱいや温もりという生理的・情緒的充足を与えるものとしてだけあるのではない。動物として動きは自発するという大前提のもと，母親の身体とは，乳児にとって，さまざまな運動の創出に関わる最も重要な環境基盤である。

　母子間には，しがみつき－抱かれる，咬む－咬まれる，触る－触られる，見る－見られる，といった，能動と受動（働きかけと受け入れ）が交互に織り込まれた同型的な運動が相互行為として現れる。親から子への動きの伝達は，まずは，このような能動－受動の交互性のなかに捉えることができる。

　アカゲザルの乳児も，母親の顔を，口を，四肢を，尻尾を，お尻を手で探索するという。しかし，母親はこれを受け入れず，押したり，叩いたり，威嚇したりして乳児の動きを終了させてしまう。乳児が自発する口や手の探索・遊び的な動きに対する，能動－受動の行為の連鎖はアカゲザルの母子では起こりにくい。相手に対して行為することと，相手の行為を受け入れること，相互好意の連鎖のコミュニケーションを通じて，チンパンジーの乳児は母親の動きを継承していく。

　母子間のしがみつき－抱き，社会的なグルーミングはアカゲザルにも見られるが，それに加えてチンパンジーの母子間では，口や手指による触れあい，見つめあい，微笑みあいがそのレパートリーに含まれる。それら，相互的な運動の多様性はヒトにおいてさらに増大する。つまり，ヒトでは，乳児があおむけで「物をもたされる－もつ」「もっているものを引っ張られる－引き返す」など，母子間の相互行為に物が早くから取り入れられる。相手との発声や笑顔の伝えあいと並行しつつ，第三者としての物を，行為を通じて共有するという経

験が，生後4〜5カ月ごろから乳児期後半にかけて蓄積していく。

第6節　物のやりとり，ジェスチャーから共同注意へ

1．コミュニケーションとしての物の受け渡し

　チンパンジー母子の食事場面を観察すると，手のなかの食べ物を子がとっていくことを母親が許す消極的分配に加えて，積極的に自分の食べ物を子に差し出す行動が出現する（Ueno & Matsuzawa, 2004）。母親が食べているとき，子はじっと覗き込み，母親のもっている食べ物に口をつけたり，手を伸ばしたり，咀嚼中の母親の口まで口や手で触れてみたりもする。そのような働きかけを受けた母親は，自らが口に含んでいる食物の種や芯，皮，噛みかすを乳児の口に向けて差し出す。食べ物だけでなく，物が口から口へ，母親から子へと差し出されることもある。

　対して，自分の手から乳児の手へと物を渡す行動を行うのがヒトの母親である。乳児はその行為を受け取り続ける。さらに，ヒトでは，9カ月ごろから，「相手が指さしをしたり，視線を向けたりした方向を見る」，いわゆる共同注意という行動が始まる。生後9カ月ころにこうした親子の2項関係が3項関係へと急激に拡大することは9カ月の奇跡と呼ばれる（第11章も参照）。チンパンジーでは，これに関連する行動は，3〜4歳にならないと十分に信頼できるレベルには達しない。ただし，ヒトの実験者が相手となって十分な経験を積ませると，1歳過ぎから指さしや視線を理解し始める。ここで，アカゲザルの母親は乳児が母親の身体を手で探索しても，それを受け入れて働きかける行動を示さないことを思い出そう。チンパンジーの乳児も，母親の動静を視覚も含めて複数の感覚運動系で探索しているが，母親の側がそれを斟酌して，自分の動作や物を乳児に見せるという働きかけが不足している可能性がある。母親自身，そのような3項関係をヒトほど自在に構築する認知運動レベルに至っていないのである。

　とはいえ，チンパンジーの母子間で，口から口への物の受け渡しが見られることは，共同注意の進化と個体発達にとって非常に示唆的である。数千人の規模で，ヒトの共同注意行動発達を調査した大神（2008）によれば，「物を他者に見せる，または，手渡しをする」行動は，生後12カ月前後，指さし理解（9

表 8-1　儀式化されたジェスチャーと乳児の指さしが可能になる時期

ゴリラ		10 カ月〜
チンパンジー		10 カ月〜
ボノボ	ジェスチャー	11 カ月〜
オランウータン		18 カ月〜
ヒト		9 カ月〜
	指さし	14 〜 15 カ月〜

カ月ごろ）と指さし産出（14 〜 15 カ月ごろ）の中間に出現し，両者の発達的連鎖を橋渡しする役割を担っている可能性が考えられている。

　手にもったものを他者に見せたり，手渡したりするという行動は母子間でもチンパンジーでは滅多に見られない。しかし，母親の口から子の口への呈示や受け渡しが出現することは確かである。感覚運動器官としてのチンパンジーの口は，物を介して他者との関係を結ぶとき，ヒトが手を使用すると同等の機能を果たしている。

2. ジェスチャーによるコミュニケーション

　野生チンパンジー社会で利用されるジェスチャーは多彩であり，それらのうちの数個から特定の意味を構成しているらしい（Hobaiter & Byrne, 2014）。母親から乳児へのジェスチャーとして「Climb on me」（背中にお乗り）が紹介されている。四足歩行で森を移動中の母親が片方の後肢を上げて足裏を後続する乳児に示す行動である。母親の背中に乗るようにジェスチャーされて子はいそいそとそれに従う様子が動画に記録されている。ボノボでも同様に母親が乳児を背負っての移動を開始する場面で，母子ともにジェスチャーを使用することが報告されている（Halina et al., 2013）。

　チンパンジーの乳児にとっての母親は，身体を抱いてくれ，対面して見つめてくれ，さまざまに遊んでくれ，物を渡してくれる存在である。さらに，日々の行動の共有に導くジェスチャーを示してくれる存在でもある。これらの「儀式化されたジェスチャー」はヒトの個体発達におけると同様に日常の社会的相互行為から派生するものであり，発生の時期もほぼ重なるといえる（Tomasello, 2019；表 8-1）。

　先述のように，ヒトで 9 カ月ごろから見られる指さし理解や視線理解は，チ

ンパンジーの個体発達では，通常3～4歳ごろまでに可能なる。3～4歳といえば，そろそろ離乳する時期である。母親の圧倒的な庇護のもとにある生活から，自立に向かう時期までに，チンパンジーのこどもは他者との共同注意の能力を身につけるのだろう。そして，おそらくそれ以降の長い日常生活で経験するさまざまな物との関わりや他者との関わりを通じて，自ら子育てをする時期までには，わが子に向けて口から口への物の受け渡し，つまり，自分と子と物の3項を関係づける行動を主導することができるまでになるのだろう。そのような母親に向かって，乳児は自分の口を差し出して応える。そして，食物以外の物や他者，他者の行為への注意を母親と，さらに母親以外の他者と共有していくように育っていくのだろう。

第7節　イメージの伝えあい

1．行動の背後に必要になるイメージ

　並べることは積むことよりも難しい（Poti et al., 2009；竹下，2001）。立方体の積木ならば上の一面にもう1つを積み重ね，さらにその積木の上の一面に積み重ねることを繰り返して高く積んでいけるが，並べ置くには4つの面から1つを選択せねばならない。この方向にずっと並べる，という意図がなければ，あるいは，できあがりの一直線が行為の結果として表象されていなければ，並べ続けることは簡単ではない。ヒトでは1歳後半に可能になるが，積木を一直線に並べることができるチンパンジーはこれまで2個体だけしか知られていない（竹下，2001）。4歳だった彼女らは，部屋の床と壁が接する地点の直角のコーナーを利用する，積木をもたないほうの片腕を床において「積木を堰き止める」役割をわりあてる，などを行って積木を並べようとした。しかし，そもそもこの観察場面には，並べるモデルをヒトが呈示し，同じ空間で両者が自由に遊ぶという社会的文脈があった。ヒトの並べる様子を熱心に見つめていた彼女たちは，「同じように並べたい」と思ったのだろうか。積む技術は充分にもっていながら，場の積木を両手で中央にかき寄せるなど，「積まない」行動を出現させたこともある。水を飲む，ナッツを食べる，あるいは，9個のカップを重ねきる，と同様に，「まっすぐ並べる」というイメージがもてていればこそ，試行錯誤的な積木操作がある期間の観察中継続して出現し，同じ空間にあるさ

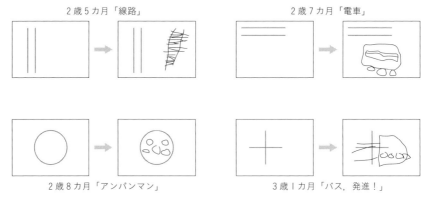

2歳5カ月「線路」　　　　　　2歳7カ月「電車」

2歳8カ月「アンパンマン」　　　3歳1カ月「バス，発進！」

図8-3　ヒトのこどものイメージの発露（模式図）

（出所）　Saito et al., 2014 より作成。

まざまな物理的手がかりを利用して並べる行動を発見できたのだろう。ついに
は，まっすぐ長く並べる技術を習得した。ご褒美の食物を得るということなし
に，新たな「造形」に到達したのである。

　チンパンジーのこどももヒトのこどもと同様に物同士を組み合わせようとし，
組み合わせ方を調整して行為を継起させることで自らイメージした「完成」に
至る。操作が繰り返される「完成」までのプロセスには，組み合わせたものを
新たな1つのものとして扱う再帰的な操作も出現する。ここに捉えることので
きる操作の階層性は，言語発達における単語の組み合わせ，文の構成に見られ
る階層性に対比できる（Hayashi & Takeshita, 2022）。

2. 絵を描くために求められるイメージする力

　描画にも目を向けてみよう。チンパンジーと1～3歳のヒトのこどもを対象
として描画を比較したところ，モデルが単純な図形を描いている姿が呈示され
ると，ヒトのこどもは1歳台で，不完全ながらも模倣らしきものをして線を描
く（模倣については第10章も参照）。しかし，チンパンジーにはモデル図形の自
発的な再産出はなかった（Saito et al., 2014）。ただし，モデル図形の上に描線を
重ねることは可能で，描線自体も精細なものだった。さらに，顔の部位に欠損
のある顔のイラストを呈示し，欠損部位を補う描画をするかどうかを両者で比
較したところ，ヒトのこどもは早い時期から不完全ながらも補完しようとする

COLUMN

異種間に育まれる絆

オランダの中東部，ヘルダーランド州アーネム市にあるバーガース動物園では，1970年代から世界各地の飼育・研究施設に先駆けてチンパンジーの集団飼育に取り組んできた。冬季以外の日中，チンパンジーは約7000㎡の屋外飼育場で毎日過ごす。観客との間を隔てるものは，幅10mに満たない堀である。時期によって増減があるが，30個体前後のチンパンジーが一群で暮らし，彼らの「権力と性」をめぐるメンバー間の社会関係の豊かさ，複雑さがフランス・ドゥ・ヴァールらの卓越した研究によって明らかにされてきた。それらは，後に報告されるようになった野生チンパンジーの場合にも比肩するものだった。他方，女性同士は非血縁でも親しい関係を結ぶなど，野生とは異なる特徴も報告されている。広大な敷地を有するとはいえ，集団が1カ所にまとめられて過ごす飼育下の環境が，野生では分散して過ごすことの多い女性間の関係に影響を与えるのだろう。飼育チンパンジー群設立時以来，おとなの女性チンパンジーたちは，折りにふれて，第1位男性にさえ対抗する連合を組んできた。

筆者はかつて，バーガース動物園のチンパンジーを対象として，物の操作や道具の使用の観察を行ったことがある。データ収集の合間には，彼らの社会生活の一端も観察することができた。そこには，ドゥ・ヴァールの描いたと同様，男性間の「権力」争い，男女の「駆け引き」，女性間の「友情」などが日々展開した。彼らの精神生活の細やかさ，激しさ，深さに強く心揺さぶられ，また惹きつけられた。なかでも，生涯続く母と子の関わりは大変印象深いものだった。チンパンジーの母親は子を慈しみ，心の頼りとして暮らす。子は母親を慕い，付き従いつつ，しかし，果敢に物理的，社会的環境を探索し，挑戦していく。さらに，個性豊かな老若男女チンパンジーが母子に絡み，さまざまな相互交渉が重ねられていく。

他方，飼育下であるため，各個体と担当飼育者や獣医，その他動物園関係者との関係も日々築かれる。集団飼育開始当初からの最古参メンバーであったママという名の女性チンパンジーと，動物園創設者の親族にしてユトレヒト大学動物行動学教室教授だったヤン・ファン・ホーフには，互いに若いころからの独特な長いつきあいがあったが，老衰で死にいこうとするママがヤンの訪問に気づいたときにママが発した歓喜の声や表情は，ヤンにとっても衝撃的なものだった。互いへの敬意と愛情が感受される，貴重な異種間コミュニケーションの記録となった（実際の動画は本書サポートページを参照）。

が，チンパンジーは，存在する部位に描線を重ねるだけで，「そこにないもの」を描出することはなかった。つまり，ヒトのこどもはそこにあるものからそこにないものをイメージし，たとえ技術は拙いながらも，意欲的に表出しようとする。縦線からは線路，横線からは電車，十字の線からはバスを想起して発話しつつ描出する（図8-3；Saito et al., 2014；齋藤，2014）。その意欲と発話を受け

とめ，描出過程に寄り添うおとなの存在がヒトの子の日常生活にある（ヒトの
こどもの描画については，山形，2000）。

3．創造性の萌芽としてのイメージする力

　色積木積み模倣課題や描画課題と同様，チンパンジーの積木並べは，そこに
あるもの，見たものを引き続いてそこに再現しようとするものだった。これと
は異なり，チンパンジーが粘土から器のような形を作り出し，さらにその
「器」に粘土の小片を出し入れしたという例も報告されている（中川，2001）。
チンパンジーが器の形状を作り出す手指をもっていることは確かである。さら
に，そこに出現した形を器に見立て，それを行為で示したとも理解できる。ヒ
トのこどもも，偶然のなぐり描きを何かに見立てて表象を描くことがある。広
く捉えれば，いずれも，セレンディピティ（思ってみなかったことを偶然に発見す
る）に通じるものである。眼鏡を変えて世界を見る「発見する心」（井山・金森，
2000）の萌芽がそこにある。

　野性チンパンジーには，木切れを人形に見立てて遊ぶらしい行動の報告があ
る（Kahlenberg & Wrangham, 2010；Matsuzawa, 1997）。そのほかにも見立てやふり
に関わる興味深い例が報告されている（松沢他，2010）。そこにあるものからそ
こにないものをイメージして持続する行為であり，ヒトのこどもの見立て遊び
や，既存の描線に触発されて産出される表象描画に通じるものである。イメー
ジや見立て遊びを生み出す素材はリアルな生活経験のなかにあるという点も，
ヒトとチンパンジー，両者に共通する特徴だろう。

　さらにヒトのこどもは個体発達の早期から，自身と他者が共有する事物や意
図，行為の意味を探り，自ら表出し，身近な他者との伝えあいを確認しようと
する。母親や養育に関わる人々は受容的で細やかなコミュニケーションによっ
てこどもの内面の育ちに寄り添う。

第8節　比べてわかるヒトの育ちの特異性

　ゆっくり育つ乳児にたっぷりと手をかけて育てる，K戦略の典型例のような
子育てが，チンパンジーを始めとする大型類人に共通する育児様式である。こ
のような大型類人型育児によって，母子間で伝達されるものの質は他の霊長類

種と比べると大きく変化した。対面コミュニケーションによってもたらされた認知世界はヒトのそれに連続している。

　他方、チンパンジーが親になるまでの長い時間をかけて獲得する共同注意の能力を、ヒトの乳児は生後 1 年ほどで身につけていく。ヒトの進化と個体発達のダイナミクスを示す非常に興味深い事実である。そこには、ヒトの母と子のコミュニケーションが生み出すものの豊かさ、複雑さが大いに示唆されている。

BOOK GUIDE

●井上陽一（2022）．歌うサル──テナガザルにヒトのルーツをみる　共立出版

　　本文中で紹介できなかったテナガザルの認知について、さまざまな実験観察を通してヒトとの比較を試みる 1 冊。小型類人であるテナガザルを通して、ヒトのルーツを問う。テナガザルの歌の特徴やヒト言語との類似、テナガザルの隣人関係について述べながら、「言語の歌起源説」に迫る。

●フランス・ドゥ・ヴァール（柴田裕之訳）（2020）．ママ、最後の抱擁──わたしたちに動物の情動がわかるのか　紀伊國屋書店

　　ドゥ・ヴァールが、広い動物種にわたって実施した情動の研究を体系化した 1 冊。

●松沢哲郎編（2019）．心の進化を語ろう──比較認知科学からの人間探究　岩波書店

　　「人間とは何か」の理解に向けて心の進化を探ってきた研究者たちが、それぞれの視点から得られた知見を語っている。比較認知科学という分野が誕生した経緯を当事者目線でまとめているのも大きな特徴である。

●齋藤亜矢（2014）．ヒトはなぜ絵を描くのか──芸術認知科学への招待　岩波書店

　　ヒトとチンパンジーの DNA の違いはわずか 1.2% だが、絵を描く能力はヒトにしかない。ヒトのもつ想像と創造の力を脳の機能や言語の獲得から分析する。

●明和政子（2006）．心が芽ばえるとき──コミュニケーションの誕生と進化　NTT 出版

　　ヒトの心の発達の道筋を、チンパンジーを始めとする各種類人との比較研究や、胎児の超音波映像をもとに探る。

●竹下秀子（2001）．あかちゃんの手とまなざし──ことばを生みだす進化の道すじ　岩波書店

　　指を吸ったり両手をあわせたりといった、乳児の何気ない仕草に注目し、ヒトの心の発達をひもといていく 1 冊。多くの霊長類間での比較を通じ、ヒト独自の心の育ちを明らかにする。

第**9**章
自 己 認 識
「わたし」の起源を探る

平田 聡

　自己の認識に関して，最も研究が進んだトピックの1つに鏡映像自己認識があげられる。鏡に映った自己の姿を正しく自己だと理解する能力である。ヒトの場合は，1歳半から2歳の間にこの鏡映像自己認識が可能になる。マークテストと呼ばれる手法を用いて調べると，チンパンジーなどの大型類人も鏡映像自己認識が可能であることがわかる。本人が気づかないうちにこっそり額に印をつけておき，印をつけた後で鏡を見せると，鏡を見ながら印を触る行動をするのである。チンパンジーを対象とした先駆的研究に続いて，霊長類のさまざまな種や，ゾウやイルカを対象とした比較研究が行われるようになった。またオペラント条件づけによる訓練を用いてヒト以外の動物における鏡の自己像の理解を調べる研究も行われている。さらに，タッチパネルや事象関連電位により，自己認識の関連領域の研究も進んできた。本章ではこうした研究について，最新の成果も交えて概説する。

第**1**節　大型類人の鏡映像自己認識

1. マークテスト

　私たちヒトは，鏡に映った自分の顔を正しく自分だと認識することができる。鏡を見ながら髪形を整えたり化粧をしたりするのは，鏡に映った像がほかならぬ自分だと理解しているからである。自己の認識について科学的な比較研究をする場合において，鏡に映った自己像の認識を調べることが多い。鏡映像自己認識と呼ばれる現象である。

図 9-1　鏡を見ながら裏側を探る 2 歳のチンパンジー

　アメリカの心理学者ギャラップ（Gallup, 1970）は，マークテストと呼ばれる
方法を用いて，チンパンジーの鏡映像自己認識に関する画期的な研究成果を出
した。マークテストに先立って，まずギャラップは，鏡を見たチンパンジーが
自発的に行う行動について調べた。

　チンパンジーの前に鏡を置くと，鏡像を見たチンパンジーは，最初は鏡の向
こうに別のチンパンジーがいるかのような反応をする。社会的反応と呼ばれる
ものである。鏡に映った像を見ながら毛を逆立てて，体を揺らすなど，見知ら
ぬ他個体に対する威嚇的な行動をする。また，鏡の裏側に手を伸ばすなど，鏡
の向こうに本物の他個体がいると錯覚しているような行動も見られる（図9-1）。
しかしやがて，鏡の向こうに他個体はいないことに気づく。そして，鏡を見な
がら手を振ってみたり，変な格好をしてみたり，鏡に映ったものと自分の動き
の対応を確かめるような行動を行う。協応反応や随伴性行動と呼ばれる行動で
ある。さらに，口を開けて歯の間に挟まったものを取ろうとする，頭の毛につ
いたごみを取ろうとする，といったように，自分の体に向けられた行動が出現
するようになる（図9-2）。自己指向性反応，あるいは自己探索反応と呼ばれる
行動である。

　こうして，自発的な自己探索反応の出現によって，鏡映像を自己と認識して
いることが示唆された後，ギャラップはマークテストを行った。この研究では，
推定 3 歳から 6 歳のチンパンジー 4 個体が対象とされた。まず，チンパンジー

図9-2　鏡を見ながら口のなかを調べるチンパンジー

を麻酔する。そして，麻酔したチンパンジーのおでこに，染料で赤い印をつけ
ておく。チンパンジーは麻酔で眠っているので，染料をつけられたことには気
づかない。麻酔から目覚めても，おでこの印には気づかない。印はおでこにあ
り，自分の目で直接見ることができないからである。また，染料には触感や匂
いもないように配慮がされている。チンパンジーが麻酔から覚めた後，チンパ
ンジーに鏡を見せてみる。チンパンジーが鏡に映った像を見ると，当然，鏡に
は，自分の顔が映る。その鏡の自己像には，おでこに赤い印がついている。そ
れに気づいたチンパンジーは，鏡を見ながら，自分のおでこを触って，染料を
取ろうとするような行動をする。染料で印（マーク）をつけるので，マークテ
ストと呼ばれる。鏡映像の自己認識が，マークテストによって客観的に示され
たのである。
　　マークテストの優れた点は，行動を客観的に示すことができる点である。染
料の部分を何回触ったのかという回数として示すことができ，そしてそれを，
鏡を見る前と鏡を見ながらの行動として比較することができる。鏡を見ていな
いときにはおでこを触らず，鏡を見ながらだとおでこの染料を触る行動が出現
し，そしてそれが統計的に有意に異なるかどうかを検定することができる。

2. 大型類人での証拠
　　ギャラップの最初の研究報告の後，多くの研究者が追試を行った（Anderson

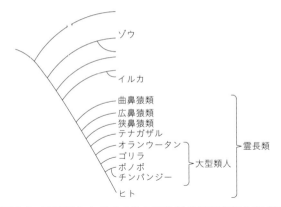

図 9-3　霊長類およびその他の動物種の系統関係の模式図

& Gallup, 2015)。チンパンジーを対象とした追試でギャラップと同様の結果が確認されたり，あるいは別の種で同様の現象が見られたりという報告が出ている。これらについて見てみる前に，まずは霊長類の系統関係について補足したい。ヒトも霊長類に含まれ，現在は世界中に約 300 種の霊長類がいるとされる。そのなかで，ヒトに最も近い霊長類のグループが類人である。類人はさらに，系統的にヒトに近くて体が大きな大型類人と，系統的に遠く体の小さい小型類人に分かれる。類人以外は，狭鼻猿類，広鼻猿類，曲鼻猿類とグループ化され，この順にヒトから系統的に遠くなる。系統図を図 9-3 に示した。以下に，まずは大型類人の鏡映像自己認識について概観しよう。

チンパンジー

　ギャラップの最初の研究以降，多くの研究で同様の鏡映像自己認識が確かめられている（Lin et al., 1992；Bard et al., 2006）。さらに，生後間もなくから個別にひとりだけで暮らしてきて，社会経験が欠如した環境で育ったチンパンジーは鏡映像自己認識を示さなかった等，生後の環境要因の影響も示されている（Gallup et al., 1971）。

　ただ，単純な生後の環境だけでなく，同じような環境で育った場合でも，鏡映像自己認識の証拠を示す個体とそうでない個体がいるという，個体差も指摘されている。チンパンジーの個体差に関する最初の報告を行った研究では，チンパンジー 11 個体のうち，マークテストに合格したのは 1 個体のみだった（Swartz & Evans, 1991）。マークテストではなく，自発的な自己探索行動を基準

に自己認識の判断をすると，11 個体中 3 個体で鏡映像自己認識ができている
と結論づけられた。鏡を見て自己探索的行動を行うからといって，必ずしも
マークテストでマークを触ろうとするわけではない。マークへの興味の有無な
ども関係してくると考えられる。

ポヴィネリら（Povinelli et al., 1993）の研究では，約 100 個体という多くの個
体を対象として鏡映像自己認識について調べた。その結果，自己認識の証拠を
見せたチンパンジーは，全体の半分以下だった。どの年齢段階でも，100％に
ならない。発達的な変化については後に述べるとして，個体差があるのは間違
いない。こうした個体差が何に由来するものなのか，まだ確たる答えは出てい
ない。そもそも自己認識の能力の有無に個体差があるのか，あるいは自己認識
期の能力自体は全個体備わっているが自己探索行動を行う動機づけのレベルに
個体差があるのか，異なる仮説が提示されている。

オランウータン

チンパンジーに次いで確かな証拠が得られているのはオランウータンである。
ギャラップの研究では，2 個体のオランウータンをテストし，そのうち 1 個体
で自己認識の証拠が得られた（Suarez & Gallup, 1981）。麻酔してマークテストを
行った結果，この 1 個体のオランウータンは，鏡を見ながら顔のマークを触っ
たのである。また別の研究でも，2 個体のオランウータンと 6 個体のチンパン
ジーを比較して，鏡映像自己認識の能力に両種に違いはなく，ともに自己認識
が可能であることが示されている（Lethmate & Dücker, 1973）。

ボ ノ ボ

ボノボに関しては，マークテストを用いた研究は報告されていない。ただし，
鏡を前にした自発的な行動を調べた研究はいくつか実施されている。それによ
ると，複数の研究の複数のボノボで，鏡を見ながら鼻を触ったり，目を触った
りするなどの自己探索行動が出現した（Hyatt & Hopkins, 1994；Westergaard &
Hyatt, 1994）。同様の状況におけるチンパンジーの行動と違いは見られず，チン
パンジーと同様にボノボも鏡映像自己認識が可能であると結論づけられる。

ゴ リ ラ

ギャラップは 4 個体のゴリラを対象に研究を行ったが，いずれの個体も自己
認識の証拠を見せなかった（Suarez & Gallup, 1981）。その後も複数の研究者が複
数のゴリラで研究を行っているが，ゴリラでは自己認識の証拠が見られないと

いう報告が多い。ただし，ゴリラでも自己認識が可能であるという報告も存在する。マークテストを用いた研究で，ある1個体のゴリラが鏡を見ながら自分の顔のマークを触る行動を行った（Posada & Colell, 2007）。また，マークテストを用いずに鏡に対する自発的な行動だけを調べた研究で，ゴリラが鏡を見ながら自己探索的な行動を行ったという報告例もある（Patterson & Cohn, 1994；Parker, 1994）。概して，ゴリラにおいては，他の大型類人に比べて自己認識の強い証拠は得られていない。ただし，自己認識の能力が皆無であるというわけではなく，一部の個体ではその能力が見られると考えられる。ゴリラはその進化の過程で自己認識の能力を失いつつあるのではないかという主張もあり（Gallup, 1997），今後の検証が待たれる。

第2節　鏡映像自己認識の多種比較と発達

1．霊長類での多種比較

　ギャラップが行った最初の研究では，チンパンジーだけでなく，アカゲザルとベニガオザルも対象として鏡映像認識を調べた（Gallup, 1970）。そして，アカゲザルとベニガオザルでは鏡映像自己認識はできないと結論づけた。その後の研究で，大型類人以外の霊長類種に鏡映像自己認識を見出そうとさまざまな試みがされた。たとえば，出生後間もなくから鏡を見る経験を与える，何カ月や何年にもわたって鏡を見せる，持ち運び可能な鏡を与える，自分の体だけではなく他個体も鏡に映るようにする等である。こうしたさまざまな試みが，ガラゴやキツネザルなどのいわゆる原猿類（曲鼻猿類），マーモセット，タマリン，リスザル，オマキザルなどの広鼻猿類，タラポアン，ヒヒ，複数種のマカクザル類を対象に行われたが，いずれも鏡映像自己認識の証拠は認められなかった（Anderson & Gallup, 2015）。

　小型類人であるテナガザル類でも，結果は同様で，自己認識の証拠は基本的に得られていない（Anderson & Gallup, 2015）。複数の研究で複数の対象個体から，テナガザルの自己認識に関して否定的な結果が得られている。ある研究で，鏡を見ながらの自己指向的な行動が見られたと報告があるが（Heschl & Fuchsbichler, 2009），この自己指向的行動はセルフスクラッチ（自己接触行動の1つ）であり，鏡を見なくても自然な場面で出現するもので，自己認識の証拠と

はならないという批判が提示されている（Anderson & Gallup, 2015）。これまでの研究結果を総括すると，テナガザルでは鏡映像自己認識の証拠は認められないということになる。

以上を総合的に捉えると，霊長類において鏡映像自己認識が可能なのは大型類人だけであり，それ以外の霊長類では鏡映像自己認識はできないというのが結論となる。

2. ヒトにおける発達

ヒトは鏡映像自己認識が可能であるが，生まれたばかりの乳児にこうした能力が見られるわけではない。鏡映像自己認識がいつから発達するのかについて，これまでの研究をまとめると，1歳半から2歳までの間に鏡映像自己認識が可能となるというのが多くの研究で一致して得られる結論である（Amsterdam, 1972；Anderson, 1984）。

ヒトが2歳ころに鏡映像自己認識の能力を発達させることについて，ドゥ・ヴァール（de Waal, 2009）は向社会行動と関連づけて「同時創発仮説」を提唱している。自己認識の能力と向社会行動との間に関係があるという仮説である。論旨は次の通りである。高度な向社会行動を行うには，相手の立場に立って考える必要がある。相手の視点から見ること，といってもよく，視点取得と呼ばれる。視点取得のためには，自分と他人を切り離して，それぞれを客観的に捉える必要がある。つまり，自分も客観的に捉えることになる。それが自己認識である。したがって，自己認識と向社会行動には深いつながりがあることが演繹できる。

ヒトのこどもを対象として，自己認識と向社会行動の関係を調べた研究がある（Zahn-Waxler et al., 1992）。自己認識については，一般的な鏡映像自己認識のテスト結果を指標にした。そして，向社会行動を調べるために，おとなとこどもがやりとりする場面を作った。おとなには，何か困ったことがあって悲しいという演技をしてもらった。そうすると，こどものなかには，そのおとなをなぐさめたり，助けたりするような向社会行動をするこどもがいた。ここでのこどもたちの振る舞いは，鏡映像自己認識との間に強い関係があることが見つかった。向社会行動を行うこどもは，鏡映像自己認識ができ，向社会行動を行わないこどもは，鏡映像自己認識ができなかったのである。自己認識と向社会

行動が同時に発達するという，同時創発仮説と　致する結果である。

　ヒトの自己認識に関して，ビデオ映像を用いた知見も得られている。ポヴィネリら（Povinelli et al., 1996）は，ビデオカメラを用いて，3分前に録画した映像をこどもに見せ，映っている映像が自分だと正しく認識できるかどうか調べた。その結果，4歳児では3分前のビデオ映像を正しく自己だと認識できたが，2歳児ではそれができなかった。

　ビデオ映像ではなく，もう少し短い時間の遅延を挟んだ映像を用いた研究では，2歳児は2秒遅れた映像のなかの自分を自分だと理解できず，2秒遅れの自己像を正しく理解できるようになるのは4歳ごろであるということが示された（Miyazaki & Hiraki, 2006）。

　上述の通り，2歳児では時間的遅延のない鏡映像の自己認識は可能である。現在の自己と過去の自己の理解には段階の違いがあり，2歳児はいま・ここの自分しか理解できないが，4歳ごろになると時間を超えて自己を理解するようになると解釈できる（Povinelli et al., 1996）。

3．大型類人における発達

　大型類人の鏡映像自己認識の発達に関しては，10カ月から5歳のチンパンジーを対象に調べた研究がある（Lin et al., 1992）。この研究では，厳密に麻酔してのマークテストではなく，ヒトを対象とした研究で用いられるような遊び場面でのテストが行われた。ヒト実験者が，チンパンジーとスキンシップを図るように見せかけて，チンパンジーの体をあちこち触る。こっそり手に塗料をつけておいて，チンパンジーの体のどこかに塗料を塗る。チンパンジーに気づかれないように，できるだけ自然な流れで体の一部に塗料を塗る方式である。この研究によると，チンパンジーは2歳から2歳半で，鏡を見ながら自分の体の塗料に触るようになる。鏡映像の自己認識は2歳〜2歳半で可能という結論である。

　これとは別の研究結果もある。チンパンジーの乳児が生まれて間もなくから，定期的，継続的に鏡を見せた観察研究である（Inoue-Nakamura, 1997）。自発的行動のみを観察項目とし，マークテストは行わなかった。その結果，1歳半くらいに，鏡映像を自己と認識していることを示唆する行動が観察されるようになった。鏡を見る経験を十分につめば，ヒトとまったく変わらない年齢で自己

認識が可能になる可能性を示している。

　ポヴィネリら（Povinelli et al., 1993）はこれとは異なる研究結果を報告している。まず彼らは，以前の研究方法には曖昧な点があると批判する。単に鏡を見ながら自分の体を触っただけでは，自己認識の強い証拠とはならないという批判である。実際，リンら（Lin et al., 1992）のデータでは，鏡を見ていない状態でも塗料に触る行動がある程度確認され，その割合は，鏡を見ながら行う行動に比べて無視できない。ポヴィネリらは，10カ月から40歳のチンパンジー105個体を対象として，鏡に対する反応をより詳細に調べた。そして，単に鏡を見ながら自分の体を触るかどうかではなく，鏡を見ないと分からない体の部分をよく見ながら触ったり調べたりする行動に焦点を絞って検討した。さらに，チンパンジーを麻酔したうえでマークテストを行った。その結果，鏡の像に対する自己認識の証拠が認められたチンパンジーの最年少は3歳3カ月であり，多くの個体は5〜8歳だった。つまり，チンパンジーで自己認識が可能になるのは，多くの場合で5〜8歳ということである。

　ポヴィネリの研究は約100個体という多くの個体を対象としているので，ここから具体的にどのくらいの割合なのか見てみよう（Povinelli et al., 1993）。自己認識の証拠を見せたチンパンジーの割合は，5歳以下で2％，6〜7歳で25％，8〜15歳で75％，16歳以上で26％だった。どの年齢段階でも100％にはならず，個体差があるという点については，先述の通りである。

第3節　鏡映像自己認識の境界

1．鏡以外の自己認識

　鏡を使った研究だけで，自己認識のすべてを理解したことにはならない。よりよく理解するためには，多様な方法で調べるべきである。鏡以外を使った研究として，ヒトのこどもの影の理解を調べたものがある（Cameron & Gallup, 1988）。それによると，自己の影を理解できるようになるのは早くて25カ月齢，多くの場合で40カ月齢のようだ。鏡映像理解より発達的に遅れる理由について，この研究を行った研究者は，鏡に比べて影のほうが鮮明度に欠け，色もなく，そして経験も少ないためではないかと述べている。

　チンパンジーの影の理解について，1つ研究例がある（Boysen et al., 1994）。

この研究では2.8歳の男性と8歳の女性の2個体が対象となった。影の理解の
テスト状況は次の通りである。チンパンジーの背後からスポットライトを照ら
す。チンパンジーは壁に向いており，この壁に，スポットライトでできた影が
映る。実験者が，チンパンジーの背後にそっと帽子を掲げる。チンパンジーの
頭に帽子が直接触れることなく，影の上でチンパンジーが帽子をかぶっている
ように見えるようにしたわけである。

　2個体のうち，8歳の女性のほうは，自分と帽子の影を見た後，手を自分の
頭の上に伸ばして，帽子を探るような行動をとった。そして，すばやく身をか
がめ，帽子と頭を切り離そうとするような行動をとった。このチンパンジーが
自分の影を正しく理解している証拠だと考えられる。一方，2.8歳のチンパン
ジーは，影の自己認識の強い証拠は得られなかった。自己鏡映像認識と影認知
の有無に関して2個体の結果が一貫しており，証拠の有無は発達的変化を反映
していると考えられる。1個体のデータではあるが，チンパンジーの自己認識
は鏡の像に対してだけではなく影に対しても発揮されるといえよう。

　また，チンパンジーは，テレビモニターに映し出された自己像の認識も可能
である（Hirata, 2007）。カメラを通してテレビモニターに映し出された自己像と，
鏡映像と，基本的には似た構造であり，自己認識ができれば，テレビ画面に
映った姿を自分だと理解することができる。しかし，カメラを通してテレビ画
面に映した映像は，鏡とはいくつか違う特徴がある。テレビ画面では鏡と左右
の関係が逆である，正面以外の角度からの映像を見ることができる，縮尺が原
寸大ではない，といった点である。

　チンパンジー10個体を対象にした研究で，テレビモニターを2台設置し，
それぞれに別のビデオカメラからの映像を映し出した。一方のテレビモニター
の真上にカメラを設置し，その映像がモニターに映るようにした。チンパン
ジーがモニターの前に来たとき，ほぼ実物大の顔がモニターに映る（図9-4）。
このとき，左右の対応は鏡像とは逆になる。もう1台のテレビモニターには，
部屋の反対側に配置したビデオカメラから捉えた広角の映像が映るようにした。
このテレビモニターの前に座ったチンパンジーは，斜め後ろから捉えた自己の
全体像を，実物の約5分の1の大きさで見ることになる。その結果，2個体の
チンパンジーが，モニターに映った自己像を見ながら自己探索的反応を見せた。
すなわち，鏡像とは対応が左右逆の正面顔に対しても，自己を斜め後ろから捉

図9-4 テレビモニターを見ながら物を操作するチンパンジー

えた実物の約5分の1の大きさの自己像に対しても，自己認識の証拠を示した。さらに，この研究場面で，さまざまな物体を入れておいたところ，その物体をもってテレビモニターに映す行動も見られた。実際の世界とテレビモニターに映った世界の対応関係を確かめる行動と解釈できる。チンパンジーの自己認識の能力は，広く一般化可能なものとして備わっているようである。

2．非霊長類種での証拠

　これまで，ヒトを含めた霊長類を対象とした研究に絞って紹介をしてきた。それでは，霊長類以外の動物種ではどうだろうか。これまでのところ，イルカとゾウで，鏡映像自己認識が可能なのではないかという研究結果が提示されている。

　イルカの研究は，アメリカの水族館で行われたものである（Reiss & Marino 2001）。この研究では，2個体のイルカが対象となった。3つの条件があり，そのうちの1つの条件ではイルカの体の表面に黒い色のインクでマークがつけられた。2つ目の条件は偽マーク条件で，マーカーで体に印をつける動作をするのだが実際にマーカーのなかに入っているのは水なので，体には何の印もつかない条件である。マーク条件でイルカが鏡を見ながら何らかの行動をとった場合に，それが鏡に映ったマークを見て生じたことなのか，あるいはテストの前に体にマークをつける接触刺激があったことによるものかを見極めるための条

件といえる。3つ目の条件は対照条件で，マークをつける動作を何もしない場合だった。

　こうした3つの条件で，水中に鏡を用意して，イルカの行動を観察した。その結果，体にマークがつけられた条件では，イルカは鏡にそのマークがついた部位を映すような姿勢と行動をとった。たとえば，あごの下に黒いマークがあると，鏡に向かって頭を後ろにもたげてあごの下が鏡に映るようにしたり，あるいは体の左側に黒いマークがあると，鏡に体の左側が映る姿勢をとってそれを長時間維持したりという具合である。こうした行動は，偽マーク条件や対照条件ではほとんど出現しなかった。こうした結果から，この研究を遂行した研究者は，イルカも鏡映像自己認識が可能であると述べている。

　ただし，霊長類の研究と明らかに異なる点は，マークを触る行動が出てこないことである。イルカは水中適応しており，前肢はヒレのような形態となっている。また，後肢は退化している。つまり，イルカは霊長類のような手足をもたず，したがって，体についたマークを触ることができない。マークが鏡に映るような態勢をとったことをもって自己認識の証拠と解釈しているのは，こうした制限があるためである。

　同様の方法を用いて，ゾウの研究も行われている（Plotnik et al., 2006）。動物園に飼育された2個体のゾウを対象にした研究である。体に白い塗料で印をつけるマーク条件と，体色と同じ色の印をつけて，印をつけた感触だけあるが実際に目には印が見えない偽マーク条件を設けた。その結果，2個体のうち1個体のゾウで，鏡を見ながらマークを鼻で触る行動が見られた。ゾウは，長い鼻をもち，その鼻で物をもったり体を触ったりすることができる。マーク条件で，マークの部分を鼻で触る自己指向性反応が出現したということである。ただし，こうした行動を示したのは1回目のテストのみで，2回目，3回目と追試をしたときには見られなかった。また，もう1個体のゾウはそうした行動を一度も行わなかった。

　以上のような結果をもって，イルカやゾウも鏡映像自己認識が可能だとする主張がある一方で，結論に懐疑的な見方をする研究者もいる（Anderson & Gallup, 2015）。イルカでもゾウでも個体数が少なく，そして，他の研究者の追試によって確認された例がない。チンパンジーやオランウータンのように，複数の個体で複数の研究者が確認した現象ではないのが現状である。イルカやゾ

ウで鏡映像自己認識が可能なのかどうか，明確な結論を下すのにはまだ証拠不十分であり，今後の研究の展開が待たれる。

3. 自己指向性行動の学習

　鏡映像自己認識に関するマークテストを通過するためには，鏡を使って自己の顔のマークを触るということが根幹となる。こうした行動を，オペラント条件づけによって学習させる試みが行われた。ギャラップのチンパンジーの研究論文が出た少し後に，ハトを対象に行われた研究である（Epstein et al., 1981）。ハトの体にマークをつけて，そのマークをつついたら食べ物が得られるという状況で訓練を行った。さらに，鏡を使って，鏡に映った物体が実際にどこにあるのかを定位する訓練も行った。その結果，ハトは，鏡を見て自分の体のマークをつつくようになった。同様の試みを他の研究者が行って，失敗した報告例と，成功した報告例が今のところ混在している（Uchino & Watanabe, 2014）。

　アカゲザルを対象にした同様の訓練による研究も行われている（Chang et al., 2015）。この研究では，サルが鏡を見ると，顔に赤いレーザービームが当てられ，そのビームによって皮膚に刺激が生じた。その刺激の部分をサルが触ると食べ物が得られた。さらに，皮膚に刺激を生じないレーザービームを顔に当てても，鏡を見ながらそのレーザービームが照射された顔の赤い部分を触るようになった。全体的に，最大38日間にわたって何千試行もの訓練を経た結果である。こうした訓練を受けたサルは，テストとは別の場面でも，鏡を見ながらお尻などの自分の体をチェックするようになった。訓練によって鏡映像自己認識がアカゲザルにも出現したのではないかと研究者は解釈している。

　ただし結果に対する反論もあり，訓練の後に見せたアカゲザルが示した鏡を見ながらの行動は，どちらかというとストレスを受けた場合にも生じる自己接触行動に近く，チンパンジーが見せる自発的な自己探索行動とは異なるという見方もある（Anderson & Gallup, 2015）。完全に自発的にはアカゲザルは鏡映像自己認識を示さないことは間違いないが，訓練によってどこまで可能になるのか，今後の検証次第である。

　自己指向性行動そのものではなく，鏡の利用を訓練したものもある（Itakura, 1987）。ニホンザルを対象とした研究である。この研究では，直接目では見えず，鏡を使って初めて見ることができる物体を見つけて触ることをニホンザル

に訓練した。その訓練に成功した後，頭の背後から物体をかざした。そうすると
とサルは，鏡を見ながらその物体をつかんだ。ただし，サルの体にマークをつ
けても，鏡を見ながらマークを触る行動はほとんど出現せず，つまり明確な鏡
映像自己認識の証拠は得られなかった。明確な自己認識とはいわないまでも，
ある程度の自己と環境の関係の理解はサルでも持ち合わせていると解釈できる。

第4節　自己のレベルと関連領域

1．自己のレベル

　鏡映像自己認識は，自己に関する私たちの理解の部分集合であるが，ひとく
ちに自己の理解といっても，いろいろな現象があり，いろいろなレベルが考え
られるだろう。アメリカの心理学者ナイサー（Neisser, 1988）は，さまざまな自
己理解を，5つに分類して整理した。生態学的自己，対人的自己，概念的自己，
時間的拡大自己，私的自己の5つである。

　生態学的自己は，物理的環境のなかで知覚される自己である。自分を取り囲
むさまざまな物のなかで，自分の体やその位置関係を把握することと言い換え
てよいだろう。ヒトの発達過程において乳児期の早い段階から知覚される自己
である。

　対人的自己は，他者との社会交渉のなかで知覚される自己である。他者と感
情を通じたりコミュニケーションをとったりするなかで特定される。対人的自
己も，ヒトの場合は乳児期の早い時期で成立すると考えられる。

　概念的自己は，社会文化的経験に基づいて，概念的に理解する自己である。
その意味で，社会や文化の影響を受けると考えられる。主に言語的情報によっ
て獲得される自分自身の特性に関する心的表象というふうに言い換えることも
でき，したがって言語発達に伴ってヒトの2歳ごろに現れる。

　時間的拡大自己は，経験の記憶や将来の予測など，過去と未来の時間軸が含
まれる自己である。概念的自己の成立の後に，この時間的拡大自己が現れると
される。ナイサーによるとその時期は4歳ごろである。

　私的自己は，自分の経験は自分だけのものであり，他人のものとは違うとい
うことに幼児が気づいたときに成立する自己である。

　ナイサーも指摘している通り，自己に関する上記の5つの側面は，普段の生

活のなかで互いに切り離されたものとして経験するものではない。すべてが同一の個人についてのことであり，5つの分類に含まれる要素は重なりあっている部分があるためである。しかし，自己についての理解を，それがどのような情報に基づいた理解なのか，発達的にいつごろから生じるものなのかといった視点で整理して検討するうえで，ナイサーの分類は有益だろう。

2. 自己主体感

自己主体感とは，ある行為を自分自身でしているという感覚のことである。鏡を使って，自己主体感について調べた研究がある（Nielsen, 1963）。この研究では，ヒトのおとなに対して，鏡に映った手を見ながら直線を描画する課題が与えられた。鏡には自分の手が映る場合と別人の手が映る場合とがあった。実際は別人の手が鏡に映っているにもかかわらず，それを自分の手だと思い込んでいる状況では，その鏡像の手が直線から逸脱した軌道の描画をすると，それが自分の手ではないにもかかわらず，自分の手で軌道を修正するような行動をとった。他者の手の動きに対して，錯覚として自己主体感が生じたのである。

アイトラッカーの先端技術を用いた研究で，視線の意図的コントロールについて調べられている（Miyazaki et al., 2014）。イメージ・スクラッチと呼ばれるこの課題は，モニター画面上に黒い背景が呈示され，この画面を見ている人の視線をアイトラッカーで検知することによって，視線の先の黒い背景が小さな円形に削られてその部分に絵が浮かび上がってくる，というものである。自分の視線の先が黒背景から絵に変わることを理解した場合には，視線を意図的に動かして，黒い背景を次々に削って絵の全体像を見ることができる。ヒト8カ月児で研究を行った結果，8カ月の段階ですでに自分の視線を意図的に動かして黒背景から絵を浮かび上がらせようとすることがわかった。

チンパンジーを対象にした自己主体感の研究では，タッチパネルとトラックボールを用いた課題が用意された（Kaneko & Tomonaga, 2011）。この課題は，第1段階と第2段階からなり，第1段階ではチンパンジーがトラックボールを操作すると，その操作に応じて画面上のカーソルが移動した。トラックボールはコンピュータのマウスのようなものだと理解してもらえればよい。画面上にはもう1つのカーソルがあり，そのカーソルはコンピュータのプログラムによって動きが生成された。つまり，第1段階では，タッチパネル画面上に2つの

カーソルがあり，その一方はチンパンジーがトラックボールを動かすのに応じた軌跡を描き，もう一方はチンパンジーの動きとは関係ない軌跡を描いた。実はこのもう一方のカーソルは，当該のチンパンジーが過去に操作したトラックボールの軌跡を再現したものである。したがって，軌跡の滑らかさや動きの速さといった点では，チンパンジーが自身でカーソルを動かした場合と基本的に同じである。異なるのは，当該のチンパンジーのリアルタイムのトラックボール操作に対応しているかどうか，という点である。そして，第2段階で，2つのカーソルのうちどちらが自己の動きに対応しているのかという点が問われた。チンパンジーが，自分で動かしたカーソルにタッチすると正解，そうでないほうをタッチすると不正解である。

　この研究の結果，チンパンジーは自己のトラックボール操作に対応したカーソルを正しく選ぶことができた。さらに，トラックボールの動きとカーソルの動きに時間的遅延を挟んだり，あるいは動きの対応関係を135度ずらしたりした場合には，チンパンジーの成績は低下した。つまり，時間的同期生と動きの対応関係を手がかりにして，カーソルを選択していたということになり，チンパンジーの自己主体感の知覚も，ヒトの場合と同様に時間的・空間的随伴性が大きな手がかりになることを示すものである。

3．事象関連電位による自己名の認識

　最後に，チンパンジーを対象にした事象関連電位の研究を紹介しよう（Ueno et al., 2010）。事象関連電位とは，脳内の神経活動に起因する電位変化が頭皮上に現れたもの（いわゆる脳波の一種）であり，かつ，ある出来事に対する脳内処理を反映した電位変化のことを指す。

　自分の名前が呼ばれた場合の事象関連電位である。チンパンジーの行動の日常的な観察から，チンパンジーも自分の名前を知っているという印象がある。たとえば，チンパンジーみんなで遊んでいる運動場に向かって「ミズキ」と声をかけると，チンパンジーのミズキがこちらを見る。「ロイ」と声をかけると，チンパンジーのロイが振り向く。アフリカの野生で暮らすチンパンジーは話しことばをもたず名前で呼びあうこともないが，ヒトが飼育して，チンパンジーに名前をつけて呼びかけながら暮らしていると，いつのまにかチンパンジーはそれが自分の名前だと学習するようである。ただし，ヒト以外の動物で，自分

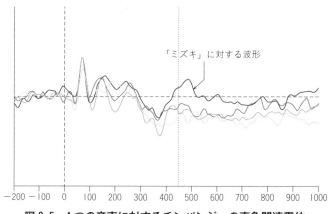

「ミズキ」に対する波形

$-200 -100 \quad 0 \quad 100 \quad 200 \quad 300 \quad 400 \quad 500 \quad 600 \quad 700 \quad 800 \quad 900 \quad 1000$

図9-5　4つの音声に対するチンパンジーの事象関連電位

の名前に対する反応を客観的，科学的にそれを検証した例はほとんどない。そ
こで，ミズキという名のチンパンジーを対象として，名前を呼ばれた場合の事
象関連電位を測定した。

　頭皮上で脳波を測定しながら，スピーカーから音を流す。流す音声として，
4種類用意した。まず1つ目は「ミズキ」で，ミズキ自身の名前である。2つ
目は「ツバキ」で，ミズキと普段一緒に暮らしている仲間のチンパンジーの名
前である。3つ目は「アスカ」で，ミズキにとってこれまで聞いたことがない
名前である。4つ目は人為的に作成した音声で，音の特徴としては「ミズキ」
とヒトが呼ぶのに似せているが，ヒトの声とはまったく聞こえ方が異なり
「サッザッ」という雑音のように聞こえる。

　こうした4種類の音声をスピーカーから流しながら，それを聞いているミズ
キの脳波を測定した。その結果，音声の開始から500ミリ秒あたりで，「ミズ
キ」という音声に対してだけ大きな陰性マイナス電位の波形が認められた（図
9-5）。ヒトのこどもの脳波研究で，刺激開始から500ミリ秒後くらいに陰性マ
イナス電位として観察される脳波成分が知られている。Ncと呼ばれるこの成
分は，選択的な注意を反映すると考えられている。ミズキも，自分の名前にと
くに選択的に注意を向けた結果，このような脳波の成分が出現したのではない
かと考えられる（Hirata et al., 2011）。

　ただし，脳波を見ただけでは，「ミズキがどんなふうに自分の名前を認識し
ているのか」というところまではわからない。私たちと同じように，自分の名

前として認識しているのか，あるいは，もっと違う捉え方をしているのか，この点については現在の事象関連電位研究で見極めることはできない。自己認識とか自己意識といった問題と関係して，いまの科学水準では解明しきれない難問である。いずれにしても，自分の名前に対して脳が特別な反応をした，というのは正しい。大きな難問に向けての小さな一歩である。

　将来の研究の方向性として，自己認識の脳内基盤を探る研究に大いに期待ができる。自己知識や自意識といったさらに広い概念も含めて，測定技術の進歩と並行で，その脳内基盤と情報処理機構に関する科学的解明が進んでいくだろう。

BOOK GUIDE

●開一夫・長谷川寿一　編（2009）．ソーシャルブレインズ──自己と他者を認知する脳　東京大学出版会

　　ヒトやヒト以外の動物が自己と他者をどのように認識しているのか，脳研究者や動物行動学者など幅広い研究者がわかりやすく解説した論文集。

●板倉昭二（1999）．自己の起源──比較認知科学からのアプローチ　金子書房

　　オウム，イヌ，サル，類人とヒトの間で行われた自己意識に関する比較実験を通じて，自分を意識する心の起源を探る1冊。

●平田聡（2013）．仲間とかかわる心の進化──チンパンジーの社会的知性　岩波書店

　　チンパンジーの社会的知性について，筆者が行った各種実験的研究の成果を紹介している。

●ゴメス，ファン‐カルロス（長谷川眞理子訳）（2005）．霊長類のこころ──適応戦略としての認知発達と進化　新曜社

　　ヒト以外の霊長類の認知について，多くの研究成果を網羅的に解説している。

第 **10** 章
社会的学習
他者から学ぶということ

黒島 妃香

　ヒトを含む多くの社会的動物は，直接経験することなしに，他者の行動を観察することからも多くの情報を獲得することができる。このような学習を社会的学習（social learning），または観察学習（observational learning）と呼ぶ。ヒトは社会的学習を通じて効率よく知識を得るだけでなく，同じコミュニティのなかで知識や技能を共有することで文化を形成し，さらに世代を超えてそれらを伝承することもできる。ヒトは発達の過程でいつ，どのように社会的学習を行うようになるのか。ヒト以外の動物がもつ社会的学習能力との類似点，相違点はどのようなものなのか。ヒトが社会的学習によって獲得する内容は多岐にわたるが，本章では，社会的学習のなかでも動作模倣に焦点を当て，ヒトはいつから動作模倣を始めるのか，社会的学習によって誰から何を学ぶことができるのかについて，ヒトとヒト以外の動物（主に霊長類）の行動研究から得られた知見を比較し，ヒトの社会的学習における特異性を議論する。

第 **1** 節　新生児模倣

1．ヒトとヒト以外の霊長類における新生児模倣

　ヒトが生後最初に見せる模倣として，他者の顔の動きを真似る「新生児模倣」（neonatal imitation：第 7 章も参照）があげられる。メルツォフとムーア（Meltzoff & Moore, 1977）は，2 〜 3 週齢の乳児に，顔のジェスチャー（舌出し，口開け，唇突き出し）と手のジェスチャー（指先を開閉させる）を観察させたところ，当該の動作の生起頻度が増加することを報告した。さらに生後 71 時間以

内の乳児でも，口開けと舌出しの表情模倣を行うことが観察された（Meltzoff & Moore, 1983）。これらの結果からメルツォフらは，他者の身体運動イメージと自身の運動イメージを対応づけるメカニズムが生得的に備わっているというAIM（active intermodal mapping）を提唱した（Meltzoff & Moore, 1997）。

　新生児模倣は類人に属するチンパンジー（Myowa-Yamakoshi et al., 2004）や，ヒトから系統発生的に離れた狭鼻猿類に属するアカゲザルでも，リップ・スマッキング（lip smacking；唇をパクパク開閉する動作。親愛の情を示すジェスチャー；第7章も参照）や舌出しをヒトが見せると，生後3日目にこれらを模倣したことが報告されている（Ferrari et al., 2006）。ヒト，類人，狭鼻猿類のサルで同様に初期模倣が生起するとすれば，ヒトの新生児模倣能力の進化的起源は，ヒトとサルの共通祖先までさかのぼることが示唆される。

2．新生児模倣をめぐる議論

　メルツォフらによる新生児模倣の発見から約30年にわたり，追試やメタ分析を含む多くの研究が蓄積されてきた（森口，2016）。しかし，新生児模倣の実験結果は再現性が低いという問題もあり（Anisfeld, 1991），ブラスとヘイズは，新生児模倣は生後の経験や学習に基づいて生起するという経験説の立場で「連合系列学習理論」（associative sequence learning：ASL）を提唱し，メルツォフらの見解に対して批判的な見解を主張している（Brass & Heyes, 2005）。新生児模倣のなかでも，舌出し模倣は比較的再現報告が多いが，4週齢の乳児を対象にした研究では，視覚や聴覚的に興味を引く刺激により，舌出し行動が反射的に生起することも示されており，乳児の舌出し反応は模倣ではなく，反射行動である可能性も指摘されている（Jones, 1996）。また，アカゲザルを対象にしたフェラーリら（Ferrari et al., 2006）の研究には，解析の不備を指摘する意見もあり，ヒト乳児と同様にサルの新生児模倣を否定的に捉える見方もある（Redshaw, 2019）。

　研究結果の再現性や手続き上の問題点などから，新生児模倣の存在自体がいまだ議論の対象となっており（Meltzoff et al., 2019；Oostenbroek et al., 2016），近年では，新生児模倣の存在に対して懐疑的な見方が優勢ではある。しかし，新生児模倣の発見は，他者の動作を観察したときに，自身が動作するときと同じように活動するミラーニューロン（Gallese et al., 1996；Rizzolatti et al., 1996）の発見

とともに，模倣が生得的か後天的かの議論とも関連して，認知発達，比較認知科学，神経科学分野など，多岐にわたる研究分野の進展に多大な影響を与えてきたことは確かである。

3. 模倣とミラーニューロン

　1992年にサルの運動前野（F5）で，自身が動作を行うときと，他者が同じ動作をするのを観察したときの両方で，同じ活動をする脳神経細胞が発見された（di Pellegrino et al., 1992）。この神経細胞（ニューロン）は，自分の動作と他者の動作を鏡のように反映した活動をすることから「ミラーニューロン」と名づけられた。その後，下頭頂小葉や一次運動野，背側運動前野などでもミラーニューロンは確認され，同様の働きをする脳活動が，ヒトの運動前野，一次運動野，頭頂葉下部でも観察された。ヒトの脳活動計測は特定のニューロンの活動を反映したものとは限らず，異なるタイプのニューロンの総体としての活動を反映している可能性もあることから，ミラーニューロンと同様の機能をもつ脳領域は総称して「ミラーニューロンシステム」（MNS）と呼ばれている（Rizzolatti & Craighero, 2004）。新生児やアカゲザルの乳児でも，生得的にMNSが備わっていることを示す研究結果も報告されている（Ferrari et al., 2012；Nyström, 2008）。

　自身の動作と他者の動作に対応して活動するMNSの心的機能は，模倣をはじめとして，他者の行動理解，音声知覚，自閉症をはじめとした発達障害との関連など，多くの分野で議論がなされてきた。とくに模倣は，他者の運動情報の入力を自身の運動出力に変換することを必要とするため，MNSの存在が重要な役割を果たしていると推測されてきた。ヒトでは，模倣中にMNSの活動が高いことが多くの研究で確認されており，またミラーニューロン脳領域である下前頭回の機能を反復経頭蓋磁気刺激で阻害すると，模倣が選択的に阻害されることも報告されている（Catmur et al., 2009；Heiser et al., 2003）。しかし，サルではMNSが発見されていても，ヒトのような新奇な動作に対する模倣は見られておらず，MNSの模倣に対する寄与は，他者と自己の身体部位を対応づけて認識するという前段階の機能に限定されていると考えられる。

　他者と自己の身体部位を対応づけて認識することは，他者の行動理解とも関連する。MNSは，自身の運動経験をシミュレートすることによって，他者の

行為の認識に寄与しているとする「シミュレーション仮説」が提案されている（Rizzolatti, 2005）。ある研究では，カポエイリスタとバレエダンサーにそれぞれが専門とする身体動作と，そうでない身体動作を見せたときの MNS の活動を比較しており，それぞれが専門とする身体動作を見たときのほうが，活動量が高まることが示されている（Calvo-Merino et al., 2005）。個人の運動・視覚経験の違いが MNS の活動に影響を及ぼす結果は，「シミュレーション仮説」を支持するものである。ただし，MNS の活動は観察された行動のより低次な認識に限定されており，行動理解や意図理解のような高次認知過程にまで関与する証拠はないことが，関連研究のメタ分析により示されている（Thompson et al., 2019）。

第2節 何を学ぶのか

1. 社会的学習の分類

　何を手がかりにして学習が成立するのかによって「社会的学習」は分類され，「比較認知科学」においてその定義が議論されてきた（Galef & Whiten, 2017；Zentall, 2012）。比較認知科学とは，ヒトを含む多様な動物種の認知能力を比較することによって，ヒトの知性の進化を跡づけることを目的とする研究分野である。ガレフとホワイトゥン（Galef & Whiten, 2017）は，社会的学習の主要な形態をあげ，それに関する研究を例示している。ここでは3つの主要な分類である「刺激・局所強調」「エミュレーション」「模倣」について紹介する。

- 刺激・局所強調（stimulus and local enhancement）——モデルが操作している物体や場所（部分）に学習者の注意が向けられることで生じる学習。たとえば，メスのウズラは，他のメスと一緒にいるオスに接近したり，マルハナバチは他のマルハナバチが訪れた花をよく訪れたりする。多くの社会的動物に見られ，複雑な認知能力を伴わなくとも，社会的なパートナーの影響により社会的学習が成立する。
- 目標エミュレーション（goal emulation）——モデルと動作（方法）は異なるが，動作の結果（環境の最終状態）を再現することができる。たとえばチンパンジーでは，モデルが扉を右に開けて報酬を得るのを観察した後，同じく扉を開けて報酬を取り出すことはできるが，扉を開ける方向はモデルの動

作に影響されない。操作している物体の最終状態，物体や環境の物理的特性やメカニズムを理解する必要はあるが，モデルの動作自体は記憶しなくてもよい。

- 模倣（imitation）——モデルが特定の方法で動作をするのを観察した後，観察者が同じ動作をコピーすることで，目的を達成することを学習する。観察した動作がすでに学習者の行動レパートリーのなかにある場合は文脈的模倣，新奇な動作の場合は生成的模倣と呼ばれることもある。モデルの動作の単なるコピーではなく，動作の目的を理解したうえで，それを達成するための一連の動作を再現することが要求される。そのため，模倣が成立するためには，より複雑な認知能力を要すると考えられている。

2. 模倣とエミュレーションに見られる種差

コールら（Call et al., 2005）は，ヒト幼児とチンパンジーを対象とした実験で，パイプの両端にキャップがついたダンベル型のチューブのなかに報酬を入れ，①チューブを開ける動作とチューブの最終状態を見せる条件，②動作のみを見せる条件，③チューブの最終状態のみを見せる条件，④チューブだけを渡す条件（統制条件）のいずれかを行った。その結果，チンパンジーではモデルの動作の有無にかかわらず，装置の最終状態を観察することで課題の成功率が高まり，ヒト幼児では目的に到達した装置の最終状態を確認することがなくとも，モデルの動作を観察することで成功率が高くなることを示した。これらの結果は，動作の観察学習に，チンパンジーはエミュレーションを，ヒト幼児は模倣を用いることを示唆している。

また，チンパンジーにとって，より自然な場面での社会的学習として，テニーら（Tennie et al., 2010）は，シリンダーに水を注ぎ，底にあるナッツを浮上させて回収する課題を行った。実験に参加したチンパンジーは，別のチンパンジーが口に含んだ水をシリンダーのなかに注ぎ入れるか，ヒトがボトルからシリンダーに水を注ぎ込むかのいずれかを観察した（図10–1）。その結果，いずれの条件でもチンパンジーは自らの口で水をシリンダーに注ぎ込んでピーナッツを浮かせて回収した。問題解決に至る方略の違いが，社会的学習に影響を及ぼさないことから，この結果はエミュレーションの典型的な事例といえる。

社会的学習がエミュレーションと模倣のどちらで成立しているのかを決定す

図 10-1　チンパンジーにとって「自然な」場面での社会的学習

（注）　左図：チンパンジーによるデモンストレーション条件。右図：ヒトがボトルで水
　　　を注ぐ（解決法のみを呈示する）条件。両条件ともに他者は存在している。
（出所）　Tennie et al., 2010 より作成。

る方法として，装置の操作者を見せずに装置の動きだけを観察させる，ゴース
ト条件があげられる。テニーら（Tennie et al., 2006）は 4 種の類人（チンパンジー，
ボノボ，ゴリラ，オランウータン）とヒト幼児（12，18，24 カ月児）に，他者が扉
を手前に引くか，扉を押すか，あるいは扉だけが 2 つの異なる動きで開く条件
（ゴースト条件）を観察させた（図 10-2；扉の背後には報酬が置かれている）。その
結果，類人 4 種では，多くの類人が扉を開けることに成功したが，条件間に違
いはなく，観察した装置の動きやモデルの動きをコピーしたという証拠は得ら
れなかった。一方，12 カ月児では条件による影響は受けなかったが，18 カ月
児ではモデルの動作を再現し，24 カ月児ではモデルとゴースト条件の両条件

図 10-2　モデルとその観察

（注）　扉の背後には報酬が置かれている。
（出所）　Tennie et al., 2006 より作成。

において扉の動きを正確に再現した。

　ヒト以外の霊長類は、環境の変化に注意を向けるエミュレーションによって社会的学習を成立させるのに対し、モデルの動作と環境変化の両方に注意を向けるために多くの認知的負荷を必要とする模倣は、ヒト特有の能力であるという考え方が広く受け入れられている。文化を維持し、さまざまな技術を環境に応じて発展させていくためには、モデルの動作を忠実に再現する能力（模倣）と、その環境の変化から物理的な因果関係を理解し、新たな技術へと変化させていく能力（エミュレーション）の両方が必要になる。しかし、因果理解は動作を獲得してからでも可能であるため、ヒトの社会的学習は模倣への偏りが強いのかもしれない。

3. 過剰模倣

　ヒトは類人と比較して社会的学習場面において、他者の動作を模倣する傾向が強いことが示されてきたが、その特徴的な現象が過剰模倣（over-imitation）である（Lyons et al., 2007）。ホーナーとホワイトゥン（Horner & Whiten, 2005）は、同じ仕組みの透明なからくり箱と不透明なからくり箱を用意し、箱を開けるために必要な操作と不必要な操作を組み合わせて、若いチンパンジーとヒト4歳児に見せた。透明な箱では、操作の因果性が見て取れるのに対し、不透明な箱では箱の中身が見えず、操作の必要性を区別することができない。チンパンジーは、不透明な箱のときには不必要な操作も再現したが、透明な箱のときには不必要な操作は再現しなかった。一方、幼児はどちらの箱に対しても、一連の操作に含まれる不必要な操作も再現した。さらにライオンズら（Lyons et al., 2007）は、ヒト3～5歳児は、装置を開けるために必要な操作と不必要な操作を正しく理解しているにもかかわらず、実際には不必要な動作も再現してしまうこと、また時間制限を設けて早く回答させたり、不必要な操作はしないように警告したりしても、不必要な操作まで模倣することを示した。

　このような過剰模倣が生じる要因として、主に2つの仮説があげられている。1つは、モデルの動作を自動的に因果性のある動作であると認識してしまう「自動符号化」プロセス（"automatic cording" process：Lyons et al., 2007）による「認知的仮説」であり、もう1つは、忠実に動作を模倣することによって、他者と同調し、良好な社会的関係を築くという動機によって過剰模倣が起きると

図 10-3　モデルのデモンストレーションの様子

(注)　左：寒いので毛布にくるまっており手が使えない状態で，額で押してライトを点
　　　灯させる。右：毛布は羽織っているが手が使える状態でありながらも額でライトを
　　　押して点灯させる。
(出所)　Gergely et al., 2002 より作成。

する「社会的動機仮説」(Over & Carpenter, 2012) である。新奇な道具使用場面
において，不必要な動作まで模倣してしまう過剰模倣は一見非効率的にも見え
る。しかし，模倣によって動作を獲得した後に，その装置の仕組みや操作の因
果性を理解できれば，長期的に見れば効率的な方略にもなりうる。

4．合理的模倣

　ヒト幼児の模倣のすべてが過剰模倣になるわけではない。非合理的な動作は
模倣しない「合理的模倣」(rational imitation) と呼ばれる現象も報告されている。
ゲルゲリーら (Gergely et al., 2002) は，ヒト 14 カ月児に寒いので両腕ごと毛布
にくるまったモデルが額でランプを押して点灯させる場面 (図 10-3 左) と，両
手は覆われておらず使えるが，額でランプを点灯させる場面 (図 10-3 右) のい
ずれかを観察させた。その後，額でランプを押した乳児は，両手を使えるモデ
ルを見た条件で 69％だったのに対し，両手が使えないモデルを見た条件では
21％にとどまった。この結果は，ヒト 14 カ月児がモデルの意図性を検出し，
額を使って操作することが意図的であると判断した場合に模倣が生じることを
示している。

　バトルマンらは (Buttelmann et al., 2007) は，上記のゲルゲリーらと同様のパ
ラダイムを，ヒトに育てられたチンパンジーに適用したところ (図 10-4)，ヒ
ト乳児と同様，手が塞がっていない条件のほうが，塞がっている条件よりも有
意にモデルの動作を再現すること発見した。しかし，人工飼育されていないチ
ンパンジー，ボノボ，オランウータン，ゴリラに対象を広げ，同様のパラダイ
ムで実験を実施したところ，オランウータンを除くすべての類人では，合理的

図 10-4　不合理な動作と合理的な動作

（注）　人工飼育されたチンパンジーに，荷物をもっていて手が塞がっていない条件（左）
　　　と塞がっている条件（右）で，通常使用しない身体の部分（足など）を使って装置
　　　を操作する場面を観察させた。
（出所）　Buttelmann et al., 2007 より作成。

模倣は生起しなかった（Buttelmann et al., 2008）。合理的模倣には，モデルの動
作を再現する能力と，動作の意図性を理解する能力を要するが，類人でも飼育
環境により動作の意図が学習されていれば模倣が生じることを，この実験結果
は示唆している（オラウータンのみ異なる結果が得られた点については今後の検討課
題とされている）。

　人工飼育されていない個体に対しても，モデルを同種他個体にするなど，よ
り自然な実験設定に変更することによって，合理的模倣が見られる可能性はあ
る。しかし，多くの霊長類種がエミュレーションによって社会的学習を行うこ
とから，模倣による社会的学習の生起において，動作を再現する能力と意図理
解の能力を，別の問題として扱うことが妥当かもしれない。

第 3 節　誰から学ぶのか

1. ヒト乳幼児における選択的社会的学習

　社会的学習場面において，他者から得られる情報が必ずしも適切であるとは
限らない。効率よく情報を獲得するためには，情報提供者である他者の性質を
見極め，それに応じた学習を行うことが必要である。ケーニッヒら（Koenig et
al., 2004）の研究を契機として，その後 20 年たらずの間で乳幼児は信頼できな
い他者と信頼できる他者を弁別し，信頼できる他者から選択的に社会的学習を
行っていることが明らかになってきた（第 7 章も参照）。ケーニッヒらの研究で
は，ヒト 3 歳児と 4 歳児を対象に見慣れた物体に対して幼児がすでに知ってい

る正しい名前を答える話者と，明らかに間違えた名前を答える話者（たとえば，「ボール」を「靴」と呼ぶ人）を登場させ，新奇な物体を前にしたときにどちらの話者から物体の名前を学ぶかを調べた。その結果，3，4歳児ともに，信頼できない話者よりも，信頼できる話者から新規物体の名前を学ぶことが示された。同様の結果はヒト2歳児でも得られている（Koenig & Woodward, 2010）。このようなモデルの信頼性に基づいて学習する選択的社会的学習は，新規物体の名前を学ぶ言語習得場面でのみでなく，視線運動の学習や（Tummeltshammer et al., 2014），新奇物体の使い方などの模倣場面でも見られている（Zmyj et al., 2010）。また，ヒト12カ月児でも，新奇な物体に遭遇したとき，馴染みのある他者か新奇な他者かにかかわらず，相手の能力（熟達度）に応じて社会的参照を行うことも示されている（Stenberg, 2013）。

　さらには，動作目的と直接関係しないモデルの振る舞いも，乳幼児の選択性に影響を及ぼす。チョウら（Chow et al., 2008）は，ヒト14カ月児に演技者が容器の蓋を開けてなかを覗き，歓喜の声をあげてうれしい表情を観察させた後，乳児に容器を手渡し，容器のなかを探索させた。条件は2種類あり，信頼できる人条件では，実際に容器のなかにおもちゃが入っていたのに対し，信頼できない人条件では，おもちゃは入っていなかった。結果，おもちゃがないにもかかわらず喜ぶ表情を見せた演技者よりも，おもちゃを見て喜ぶ表情を見せた演技者の視線のほうを乳児はより追従することが示された。また，24カ月児では，自信があるように振る舞う人の動作を，自信がなさそうに振る舞う人よりも好んで模倣することも示されている。（Birch et al., 2010；Brosseau-Liard & Poulin-Dubois, 2014）。

　これらの研究結果などから，乳児は他者の動作やしぐさ，熟達度などからその人の信頼性を判断し，何を誰から学習するかを選択的に決定していることがわかる。しかしながら，その認知的メカニズムは明らかにはされておらず，現状では異なる理論的主張がなされている。

2．ヒト以外の動物における選択的社会的学習

　社会的学習場面において，情報の正確さを評価することは，ヒト以外の動物においても重要な能力の1つであり，ヒト以外の霊長類でも，特定の対象から得られる情報を利用した選択的学習が生起している可能性が示されている。

ホーナーらは（Horner et al., 2010），2つのチンパンジー集団において，年長で最も社会的順位の高い個体（モデルA）と若齢で社会的順位の低い個体（モデルB）が異なる方法で装置から報酬を取り出す場合，どちらの方法を学習するかを調べ，どちらの集団においても，年長で社会的順位の高いモデルAから学習することを示している。狭鼻猿類に属するベルベットモンキーも，集団内の最優位女性，あるいは最優位男性が，ある方法で装置の扉を開けて報酬を獲得する様子を観察させたところ，最優位女性がモデル個体だった集団のほうが，装置により多くアクセスし，モデルの方法を真似る確率が高いことが示されている（van de Waal et al., 2015）。

さらに，広鼻猿類に属するフサオマキザルでは，半野生下において道具（石）を使ったナッツ割り行動が観察されているが（Fragaszy et al., 2004；Ottoni & Mannu, 2001），彼らも他の種と同様に，若齢のオマキザルがナッツを割る際には，社会的に親しい個体の行動ではなく，ナッツ割り行動に熟達した年上の個体の動作を選択的に観察していることが報告されている（Coelho et al., 2015；Ottoni et al., 2005）。また，個体間関係が方略の学習に影響を及ぼす可能性も示唆されている（Kuroshima et al., 2008）。

ヒト乳幼児に見られる選択的学習は，年齢差，技術の熟達度だけではなく，確率的な信頼性や文脈に応じた感情表現など多岐にわたる。最近の研究からヒト以外の霊長類種でも，他者を社会的に評価する能力があることが示されている（Anderson et al., 2017）。ヒト以外の霊長類種がどのような個人の特性を考慮したうえで社会的学習を行うのかに関しては，さらなる研究が必要とされている。

3. 伴侶動物における社会的学習研究の可能性

動物がヒトと暮らすなかで，その認知能力が受ける影響を考察する研究も，イヌやネコといった伴侶動物に対して行われている。とくにイヌは，多くの犬種が用途に応じた人為選択によって作り出されており，ヒトにとってコミュニケーションが取りやすい個体，扱いやすい個体が選択されてきたという歴史がある。イヌは家族としてヒトの生活のなかに入りこみ，飼い主とイヌはヒトの母子関係のようなオキシトシンを介した愛着関係を形成しうることが報告されている（Nagasawa et al., 2015）。イヌはヒトの動作を真似ることを学習でき

イヌの社会的学習

2000年以降，伴侶動物であるイヌの認知研究が急速に進展し，ヒトのコミュニカティブシグナルへの感受性の高さが示されてきた。たとえば，系統発生的にヒトにより近いチンパンジーは，訓練なしにヒトの指差し行動を理解することは難しいが，イヌでは特別な訓練を行わなくとも，ヒトの指差しに従って物体を選択できる。また，ヒトの視線や注意状態への感受性や，表情と声色の一致・不一致も理解されており，ヒトの感情状態への感受性の高さも示されている。

イヌはヒトとの生活のなかで，さまざまな社会的学習を行っている。たとえば，イヌは報酬が目の前にあるのに障壁があって直接アクセスできない場合，自発的に回り道をする（いったん報酬から遠ざかる）ことはほとんどしないが，ヒトが遠回りをして報酬に到達する場面を見せると，そのルートを取ることを学ぶことができる。また，社会的学習を通した物理的特性の理解には，自身の経験が影響することも示されている。たとえば，2つの扉に対して，ヒトが重そうにゆっくり押し上げた場合と，軽そうに早く押し上げた場合を観察しただけでは，扉の選好に差は見られなかったが，自分で扉を押し上げる経験によって，扉が重い場合と軽い場合があることを知った後では，ヒトの動作を参照して軽い扉を選ぶイヌが有意に多くなった。イヌは自身の経験を通すことで，ヒトが操作する物体の動きからその物理的情報を得ることできると考えられる。

イヌがヒトの動作に対する過剰模倣を示すことも報告されている。ハンドルを押し，扉を開けて報酬を取る場面で，装置の操作には何ら関係のない動作（壁に貼られた図形を触る）も含めて観察させたところ，イヌは装置の操作に関係のない動作まで再現した。その際，モデルが見知らぬ人よりも飼い主のほうが無関係な動作の再生頻度は高かった。ヒト幼児においても，モデルとの社会的関係が過剰模倣を促進することが示されており，イヌも飼い主との関係によって，過剰模倣が引き起こされると考察されている。イヌは日常的に飼い主に指示されたり，訓練されたりする経験が多いため，操作に無関係な動作であっても指示された動作だと理解し，過剰模倣が生じやすくなったのかもしれない。近年では興味深いことに，動作模倣を調べる方法である「Do-As-I-Do」法（モデルの動作を真似させる）を用いて，イヌを訓練することが効果的であるとの報告もあり，従来の訓練法（報酬や罰による条件づけ学習）に代わる訓練方法としても提案されている。

（Fugazza & Miklósi, 2015；Topál et al., 2006），不確実な場面では飼い主に対して社会的参照を行ったり（Yong & Ruffman, 2015），社会的に他者を評価することも報告されている（Chijiiwa et al., 2015）。今後，伴侶動物を対象としたさらなる研究により，ヒトの社会が育む認知能力や社会的学習戦略の認知的・社会的基盤に

ついての新たな知見が得られるかもしれない。

第4節　他者から学ぶということ

　動作の社会的学習における，ヒトとヒト以外の霊長類との明白な相違点は，どの学習方略を使用するかにあると考えられる。ヒトは他者の動作自体に着目し，その動作を真似る（模倣する）のに対し，ヒト以外の霊長類では動作自体を真似るのではなく，動作の結果である環境の最終状態を再現する（エミュレーション）ことによって，新たな技能を獲得する。この違いは，他者という存在に対する認識や注意配分における種差，動作の意図理解の能力の違いが影響していると考えられる。ヒトは他種と比較して他者という存在への関心が強く，それが他者の動作への着目につながり，動作の目的とする環境変化だけでなく，動作の意図と環境変化の関係も理解し，動作の真似を含めた模倣に至るのかもしれない。

　模倣は単なる動作のコピーではなく，他者が何をしようとしているのか，何がしたいのか，といった他者の内的状態の理解，いわゆる「心の理論」をもつことが必要と考えられ，物体を用いた技能の獲得であれば，物理的事象に関する知識や理解も必要である。社会的学習に見られる方略の種差は，このような社会的，物理的認知能力における種差も反映していると考えられる。また，他者への強い関心は，社会的学習だけでなく，困難に遭遇している人に対しての援助や慰めをはじめとする協力的社会の形成の基盤にもなりうると考えられる。今後，情動伝染，同調行動などを通して，ヒトとヒト以外の霊長類種の間にある「他者」への感受性の違いを明確にすることで，その社会的学習との関わりを明らかにできるかもしれない。

　学習方略に種差は見られるものの，ヒト以外の霊長類においても，他者の行動から学ぶという社会的学習は成立しており，さらには誰をモデルとして新たな技能を獲得するのかを選択している点も類似している。情報源としての「信頼」を獲得するために必要な要件は，ヒトの場合多岐にわたるが，ヒト以外の霊長類種では，現状では年齢差や社会的順位によるところが大きい。ヒト以外の霊長類も他者を社会的に評価することが示されていることから，社会的評価が選択的学習に及ぼす影響も今後調べていく必要がある。

最後に，本章では新奇な動作の獲得，模倣に着目した研究を紹介してきたが，社会的学習の内容は，言語や文化を形成するような風習，習慣，儀式，宗教，社会的規範と多岐にわたる。社会的学習に関す比較認知科学のさらなる研究により，ヒトとヒト以外の動物の間にあるどのような違いが，ヒトの文化を支える社会的学習を可能にするかを明らかにすることが期待される。

BOOK GUIDE

●日本認知科学会編／嶋田総太郎著（2019）．脳のなかの自己と他者——身体性・社会性の認知脳科学と哲学　共立出版

　「自己」と「他者」が脳内でどう表現されているのかを探る認知脳科学の実証的アプローチを多数紹介している。身体性と社会性の背後にある脳メカニズムに迫る1冊。

●明和政子（2006）．心が芽ばえるとき——コミュニケーションの誕生と進化　NTT出版

　主にコミュニケーションの側面から，ヒト乳児が他の霊長類と何を共有していて何を共有していないのかを分析する。

●日本発達心理学会編／尾崎康子・森口佑介責任編集（2018）．社会的認知の発達科学　新曜社

　「心の理論」「共同注意」「社会的相互作用」など発達心理学の研究成果が体系的にまとまっている。神経科学や比較認知科学も含めた，分野の全体像を把握することができる。

●中島定彦（2019）．動物心理学——心の射影と発見　昭和堂

　「心とは何か」を明らかにするためにヒト以外の動物に着目する動物心理学について，「動物」の定義から歴史まで網羅的に整理した1冊。

山本 真也

第**11**章
社会的認知
集団における他者の理解と集団としての意識

知性は集団生活に適応する形で進化してきたという考え方があり，社会的知性仮説と呼ばれている。物理法則に従って動く物体と違い，他者の行動は予測が難しい。目に見えない心の働きによって制御されているからだ。そのような他者とときには競合し，ときには協力する。これを可能にするのが社会的認知と呼ばれる能力である。本章では，他者とのインタラクションにおいて発揮される知性に焦点を当て，ヒトの社会性がどのように獲得されてきたのか，発達と進化の両面から探る。特定の他者とのやりとりだけでなく，それを見ている第三者の目や社会的規範といったものを気にするのもヒトの特性である。このような「ヒトらしさ」が生まれてきた謎に迫りたい。

第**1**節　他者の心を理解する心
——「心の理論」の発達

1.「心の理論」とは

週末に面白そうなイベントがある。好きな人を誘って一緒に行きたい。でも，彼女は忙しくて行きたくないかもしれない。そもそも，好みが違うかもしれない。変な趣味だと思われないだろうか。どうしよう。誘おうか，ひとりで行くべきか。

こんな悩みをもったことのある人も多いだろう。他人の好みや意図といった心の状態に想いを馳せ，また他人から自分がどのように思われるのか気にする。なんでもないことのようだが，実は非常に高度な心のシステムが働いている。ヒトだからこその悩みともいえるかもしれない心の働きなのだ。

他者の心が自分の心と違うことを理解する，このことを「心の理論」をもつという。ここでいう「心」とは，好みや意図，信念や知識といった，目には直接見えないものだ。目に見えない他者の心を推し量る能力がヒトにはある。他者を他者として見る能力である。

　もう少し詳しく見てみよう。他者のことをどのように「他者」として理解するのだろうか。「自分」ではないのだから「他者」であるのは当然である。しかし，その他者の心の働きを理解することは簡単ではない。最もシンプルなのは，他者も自分と同じ心をもっているという考え方だ。私はAが好きだ，だから，あの人もAが好きなはずだ，と。他者を自分のコピーとして理解する方略である。前章で紹介されたミラーニューロンなどは，この方略に大きく寄与していると考えられる。他者の行動を自分のものとして理解し，そこに現れる自己の心を他者にも当てはめて考える。共感のベースにもなる心の働きだ。

　しかし，実際には他者の心は自分の心と異なる。そのことを理解するためには，自己と他者を分離しつつ理解することが必要になる。これができることで，ヒトは他者の必要に合わせて手助けすることもできるし，逆に相手を出し抜くこともできる。また，恋人同士，相手の気持ちに想いを馳せ，ときには悩むことにもなる。ヒトの大きな特徴でもある教育も，この「心の理論」に支えられている。自分は知っているが，相手はその知識をもっていない。これがわからなければ，適切かつ効率よく知識を伝達することはできないだろう。このように，健常なおとなであれば当然もっているだろうと考えられる「心の理論」だが，このような能力はどのような過程を経て身につくのだろうか。発達的視点と進化的視点から見てみよう。

2. 誤信念課題

　まず，「心の理論」をもっているかどうかを調べる方法から紹介しよう。マキシ課題やサリー・アン課題といった手法が1980年代に開発された（Wimmer & Perner, 1983；Baron-Cohen et al., 1985）。サリー・アン課題（図11-1）では，2人の女児が出てくる劇が見せられる。この2人の名前がサリーとアンである。最初，サリーがビー玉で遊んでいたが，ビー玉を自分のバスケットにしまって外に散歩に出かけていった。それを見ていたアンは，サリーのバスケットからビー玉を出して遊び，遊び終わると自分の箱に入れて部屋を出ていった。しば

これはサリーです　　　　　　　　これはアンです

サリーはカゴを持っています　　　アンは箱を持っています

サリーはビー玉を持っています
サリーはビー玉を自分のカゴに入れました

サリーは外に散歩に出かけました

アンはサリーのビー玉をカゴから取り出すと
自分の箱に入れました

サリーが帰ってきました　　　サリーは自分のビー玉で
　　　　　　　　　　　　　　遊びたいと思いました

サリーがビー玉を探すのはどこでしょう？

図 11-1　誤信念課題の代表例であるサリー・アン課題

（出所）　Baron-Cohen et al., 1985 より作成。

らくしてサリーが遊びに戻ってきたとき，サリーは自分のバスケットとアンの箱のどちらのなかにビー玉を探すでしょうか？

　ポイントは，この一部始終を見ていた実験参加者の知識と劇中のサリーの知識が異なるという点である。ビー玉が箱に移されたことを実験参加者は知っている。しかし，サリーは部屋の外に出ていたため，このことを知らない。自分のバスケットにビー玉が入っているとサリーは思っているはずなので，この課題の正解は「バスケット」である。実験参加者がこの答えに至るには，自分の知っている事実をサリーは知らないということを理解しないといけない。

　サリー・アン課題のほかにもさまざまなバリエーションがある。サリー・ア

ン課題では，物の場所が移動する位置移動課題だったが，スマーティ課題と呼ばれる課題では，箱の中身が変わる内容変化課題となっている（Perner et al., 1987）。こどもに人気のスマーティというお菓子（日本のマーブルチョコのようなもの）の箱を実験参加者は見せられ，なかに何が入っているかたずねられる。当然「スマーティ」と答えなければいけない。その後，箱の中身を見せられ，実は中身が鉛筆であることを知らされる。さて，この箱を他の人が見たら，なかに何が入っているとその人は思うでしょうか？　正解は「スマーティ」である。この質問をされたときには，箱の中身が鉛筆であることを知っている。しかし，他の人はそのことを知らないので，中身を見ていないときに自分が答えたように「スマーティ」と答えるはずだ。事実とは違う他者の誤った知識を理解できるかどうかを調べているため，このような課題は総称して誤信念課題と呼ばれている。

3．ヒトのこどもでの発達変化

　このような誤信念課題に正しく答えられるのは，4歳以降だといわれている。3歳以下のこどもは，自分の知識に引きずられて，他者の誤信念を正しく理解できない。上のサリー・アン課題では「箱」と答え，スマーティ課題では「鉛筆」と答えてしまう。自分と違う心をもった存在として他者を認識するには，しばらく時間がかかるようだ。

　ヒトは生後すぐから他者を認識し，他者の表情を真似たり，他者の情動に敏感に反応して情動伝染を見せるようになる（第7章参照）。この段階は，自己と他者を同一化させている段階だといえるだろう。まだ自己と他者の分離ができておらず，自己が今どのような状態なのかを客観的にモニタリングすることも難しい状態だと考えられている。その後，自分が今どのような状態なのか，どのような行動をとってどのような情動をもっているのかを理解できるようになる。自己認識の芽生えである（第9章参照）。自己認識ができるようになると，自己の行動や表情，さらにはそれに付随する心の働きをモニタリングし，これに照らし合わせながら他者の行動や表情・情動も理解できるようになる。さらに，コミュニケーション能力が発達するにしたがって，自分から能動的に他者に働きかけ，それに対する他者の反応をモニタリングする機会も増えるだろう。さらには離乳を経て独立性が高まり，さまざまな他者と交流する機会をもつよ

うになると，自分と他者で行動・表情が異なるという経験も多くなる。このような過程を経て，ヒトは自分の心と他者の心を分離して理解することができるようになると考えられている。

　とくに「心の理論」獲得の前段階として重要だと考えられている行動に共同注意がある。共同注意は，他者がどこに視覚的注意を向けているかを理解し，自分もそこに注意を向ける（視線追従），他者の態度・表情などから注意の対象物に対する評価を共有する（社会的参照；第 7 章も参照），また，他者の注意を別のものに向けさせる（指さし），といった行動に現れる（第 8 章も参照）。まず，自分と他者の間での 1 対 1 の関係が成立し，この二項関係において情動や行動の共有が生まれる。これは生後 3 カ月ごろから見られると考えられている。その後，生後 9 カ月ごろになると，自分と他者，さらに別の目標物という三項関係の理解が成立するようになる。このころの乳児は，他者が目標をもって主体的に行動する存在であるということを理解し，他者の目標や知覚を共有するようになるという。上記の視線追従や社会的参照，指さしなどが頻繁に出現するのもこの時期だ。これまでの二項関係の閉じた世界から，三項関係という外に広がるネットワークを構築できることによって，一気に世界が広がると考えられる。この変化を「9 カ月の奇跡」とも呼ぶ（第 8 章参照）。その後，他者の意図といったより複雑な心的状態を理解できるようになり，4 〜 5 歳ごろの「心の理論」の獲得につながっていく。

　ただし「心の理論」は，4 歳になって急に獲得されるというわけではないようだ。上で紹介した誤信念課題は，実験者の質問を理解し，ことばを使って回答しなければいけなかった。それでは，ことばを自由に話せるようになる前にはこのような能力は見られないのだろうか。言語獲得前の幼児の「心の理論」を調べるべく，非言語での誤信念課題が開発された（Onishi & Baillargeon 2005；Southgate et al., 2007）。このうちの 1 つでは，幼児の予期的な注視という，無意識的に行われる視線の動きが計測された。2 つの箱のうちどちらか一方におもちゃが入っており，その前にある 2 つのドアのどちらかを開けて，箱に入ったおもちゃに他者が手を伸ばす。何度かそのような場面を見せると，幼児は，手が出てくるであろうドアのほうを，実際に手が出てくるよりも前に見るようになる。これが予期的注視と呼ばれるものである。その後，誤信念理解のテストが行われた。おもちゃの入った箱の位置を自分は知っているが，他者は間違っ

て理解している条件である。他者の手が出てくる前にどちらの窓を幼児が注視するかを調べたところ，他者が手を出してくるであろうほうのドア，つまりおもちゃがあると他者が思い込んでいるほうのドアを幼児は見ていた。自分の知識ではなく，他者の知識をもとに他者の行動を予測していたといえる。こういった非言語での誤信念課題を用いると，ヒトだと2歳までに課題をクリアできるということが知られている。少なくとも無意識的あるいは潜在的な状態では，かなり早い段階で「心の理論」の基盤は発達している可能性が指摘されている。

第2節　「心の理論」の比較認知科学

1．チンパンジーは「心の理論」をもつか

　では，ヒト以外の動物ではどうだろうか。実は，「心の理論」研究の始まりは，チンパンジーを対象にした一編の研究論文にさかのぼる。プレマックとウッドラフ（Premack & Woodruff, 1978）によって発表された「チンパンジーは心の理論をもつか？」という論文だ。この研究では，サラと名づけられた14歳の若いおとなのチンパンジーに，さまざまな場面でヒトが困っている様子が映っているビデオが見せられた。たとえば，手の届かない場所にあるバナナに向かって手を伸ばしている様子や，鍵のかかった檻に閉じ込められて抜け出せないでいる様子などである。その後，いくつかの写真が見せられた。そのうちの1つには，先ほどの「困った状況」を解決してくれる道具や状況が写っている。バナナをとるためのステッキや，檻を開けるためのカギといったものだ。このような問題解決方法を示した写真をサラが選べるかどうか調べたところ，彼女は正しく選択できることがわかった。チンパンジーも他者の意図・目標を理解できるのではないかということを示した最初の論文である。ただし，この研究では，対象が1個体だけであり，また実験結果についてもほかのさまざまな解釈を排除しきれなかった。

　この研究以降，ヒトと系統的に近い類人を中心に，彼らが他者の心を理解するかどうかが調べられてきた。ただし，言語を使って質問したり答えてもらったりすることはできない。どうすれば，動物の心を調べられるだろうか。

　まず，「心の理論」獲得の前段階だと考えられている共同注意から見てみよ

う。第8章で詳述されるように，チンパンジーもヒトと同様に生後間もなく他者とアイコンタクトを介した社会交渉をもつようになる。生後3カ月前後には他者に対して微笑みかけるといった社会的微笑も見られるようになる（第7章も参照）。さらに生後9カ月前後からは，視線追従も見られるようになる。これはニホンザルなどのマカクザルに比べ有意に高頻度であり，ヒトと共通する点といえるだろう。しかし，ヒトと異なる点も明らかになっている。ヒトの場合，視線追従の後に手がかりを出した人と再度見つめあうなど，相手との注意の共有を確認するようなやりとりが見られるが，チンパンジーではまず観察されない。つまり，自己−他者の二項関係から，視線追従を介して自己−物の二項関係に移るだけであり，ヒトで顕著な自己−他者−物の三項関係の成立がほとんど見られない。

　ポヴィネリら（Povinelli et al. 1990）は，他者の視知覚を心的状態に結びつけてチンパンジーが理解できるかを調べる一連のテストを行った。他者の「見る」という行為が他者の注意や知識に直結していることを理解できているかを問うた。この能力も，見えない他者の心を理解するという点で，「心の理論」のベースになる認知能力である。テストでは，チンパンジーに対面する形で実験者が2人参加し，1人は「知っている人」，もう1人は「推測する人」を演じた。「知っている人」はカップに食べ物が隠される場面を見ていた人であり，「推測する人」はその場面を見ていなかった人だった。それぞれの人が別々のカップ（「知っている人」にとっては食べ物が入っていることを知っているカップ，「推測する人」にとっては食べ物が入っているだろうと推測するカップ）を指し示すと，チンパンジーは「知っている人」の指示により従ったという。

　ただし，この結果の解釈には注意が必要だ。この結果が得られるまでに数多くの試行が行われていた。試行を重ねるうちに，単に人の身体的状態と食べ物との連合学習が成立した可能性も否定できない。つまり，「カップに向きあっている人のほうには食べ物がある」ということを学習しただけで，人の「知識状態」といった心的状態までを理解していたかというと疑問が残る。実際，第1試行目だけを取り出して分析すると，チンパンジーはでたらめに選択していたことがわかった。他者の心を理解していたかどうか，この実験からだけではわからない。そこで，ポヴィネリらは，先ほどの「推測する人」の状況をさまざまに変え，他者の「見る」という行為をチンパンジーがどのように理解して

図 11-2　チンパンジーを対象に行われた，他者の知識状態の理解に関するテスト

（注）　チンパンジーは，Aの条件でのみ，食べ物が隠されるのを見ていた人（「知っている人」）と見ていなかった人（「推測する人」）を区別し，見ていた人の指さしに従って食べ物を取ることができた。他の条件（B〜D）ではどちらの人物の指さしにも同じ程度の割合で従った。

いるのかを詳細に検討した（図 11-2）。その結果，見るということ，すなわち他者の目がその人の心的状態に結びついているということを明確に示す証拠は得られなかった（Povinelli & Eddy, 1996）。

　コールとトマセロ（Call & Tomasello, 1999）は，チンパンジーの「心の理論」をより直接的に調べるため，言語を用いない誤信念課題を開発した。同一の 2 つの缶のうちどちらか一方に報酬が隠される。実験に参加したチンパンジーとオランウータン，そしてヒト 4 歳児と 5 歳児は，この場面（つまり，報酬が隠されたこと）は見ているのだが，どちらに報酬が隠されたかはわからない。この場面をもうひとり別の実験者も見ている。この実験者からは，どちらに報酬が隠されたのかも見えるようになっていた。しかし，この実験者が部屋を出ている間に 2 つの缶の位置が入れ替えられる。その後戻ってきた実験者が報酬の入っていると思われる缶のほうを教えてくれるのだが，実験参加者は報酬を無事獲得することはできただろうか？　実験参加者が実験者の誤信念を正しく理解できていれば，実験者が指し示しているほうと違う缶を選ばないといけない。

しかし，この課題をクリアできたのはヒト5歳児だけで，チンパンジーとオランウータン，そして言語的誤信念課題もクリアできないヒト4歳児は正しく選ぶことができなかった。

2. 「心の理論」比較認知研究の新展開

　これら一連の研究が1990年代に精力的に行われ，「心の理論」に関しては，チンパンジーとヒトの差異が強調される論調が優勢を占めるようになった。そのようなときに，この研究分野における1つのブレークスルーとなったヘアらの研究（Hare et al., 2000）が登場する。競合的な場面ではチンパンジーも他者の視線を利用することができ，他者の見ている世界が自分のものと異なることを理解している可能性を示した研究である。

　この研究では，飼育下のチンパンジーを対象に，順位に上下関係のある2個体が食べ物を競合する場面が設定された（図11-3）。隣接する3つの部屋の両端にチンパンジーが1個体ずつ入っている。左の部屋には順位の高い個体，右の部屋には順位の低い個体という具合である。真ん中の部屋には食べ物が2カ所に置かれた。そのうちの1つはどちらのチンパンジーからも見えるが，もう1つの食べ物は順位の低い個体からしか見えない。このような場面で2つの食べ物をめぐって2個体が競合すれば，どうなるだろうか。チンパンジーの社会では順位関係が厳しいので，順位の低い個体は高順位個体の前で食べ物を取ることはなかなかできない。ポイントは，順位の低い個体が一足先に真ん中の部屋に入れるようにした点だ。実験を考案したヘアらは，相手に見えているもの（あるいは見えていないもの）をチンパンジーが理解できるとしたら，順位の低い個体は相手に見えていないほうの食べ物を取りに行くだろうと予測した。さまざまな条件を設定して実験したところ，この予測が正しいことが明らかになった。

　この研究によって，他者の目に映る世界と自分の見ている世界が違うということを理解する，視点取得といわれる能力がチンパンジーにも備わっていることが示された。他者の心を理解するうえで非常に重要だと考えられている能力である。「心の理論」はヒトだけがもつ特徴だというそれまでの考え方を大きく変えた研究といえる。

　それでは，チンパンジーは他者の「心」を本当に理解しているのだろうか。

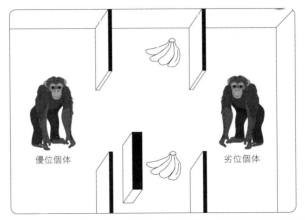

図 11-3　チンパンジーが他者の視点を理解できるかどうかのテスト

（注）　劣位な個体は先に部屋に入り，優位な個体から見えていないほうの食べ物を選ん
　　　で取ることができた。

（出所）　Hare et al., 2000 より作成。イラスト：StockVector / PIXTA

　先ほどの実験では，相手が見ている方向から相手の行動を予測して，相手が近づかないであろう食べ物を選んでいた可能性もある。つまり，相手の行動という「見える」特徴を敏感に感じ取っていた可能性である。行動の奥に潜む見えない心を憶測する能力について調べるには，やはり誤信念課題をチンパンジーで行う必要がある。

　やはり，「心の理論」の核となる誤信念の理解はヒトに特有のものなのだろうか？　近年，さらにこの通説を破る研究が発表された（Krupenye et al., 2016）。この研究では，言語獲得前の幼児用に開発された非言語での誤信念課題がチンパンジー用に改変された。つまり，視線検出装置を用いて，チンパンジーの予期的注視行動を計測する実験である。この実験には，チンパンジー 19 個体，ボノボ 15 個体，オランウータン 7 個体が参加した。彼らに動画を見てもらい，その間の視線が計測された（図 11-4）。動画のなかでは，キングコングのようなコスチュームを着たキャラクター（「キングコング」）とヒトの役者（「ヒト役者」）がケンカしている。劣勢と見たのか，キングコングが 2 つある干草の山のうちの 1 つのなかに逃げ隠れた。それを見たヒト役者は，キングコングをたたき出すための棒を取りに，ドアの向こうに姿を消す。その隙を見て，キングコングはもう一方の干草の山に移動し，その後干草の山を出て逃げ去ってしま

キングコングはヒト役者に追われて干草に隠れる

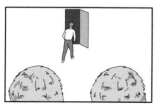
ヒト役者はいったん退出する

キングコングは逆の山に移動し，その後逃げる

戻ってきたヒト役者はどちらの干草をたたくだろうか？

図11-4　チンパンジーでの誤信念課題

（注）　動画を見せ，そのときの視線が計測された。実際の動画は本書サポートページか
　　ら見られる。

（出所）　Krupenye et al., 2016 より作成。

う。その後ヒト役者が棒を構えながら戻ってくるわけだが，2つあるうちのど
ちらの干草の山をたたくだろうか？　この時点で，ヒト役者は「誤信念」を
もっていることになる。つまり，キングコングはまだ一方の干草の山に隠れて
いる，と誤って信じているはずだ。この動画を見た類人たち（チンパンジー，ボ
ノボ，オランウータン）がこの誤信念を理解できていれば，ヒト役者が実際に棒
でたたく前に，この干草のほうを予期的に見ると考えられる。実際，半数以上

の類人がこのような予期的注視行動を示した。

　これまでヒトにしか見られないと考えられてきた他者の誤信念を理解する能力が，大型類人の共通祖先にまでさかのぼる可能性が示唆された画期的な研究である。では，なぜそれまでの研究では誤信念理解の証拠が得られず，この研究でだけ得られたのだろうか。2つの可能性が考えられている。1つは，今回の刺激的な動画と視線検出装置を使った実験が，類人の潜在能力を引き出せるようにうまく設定できた可能性。もう1つは，「心の理論」や誤信念理解にも機能的なレベルあるいは側面がさまざまにあり，それぞれの研究で対象としているものが異なっていた，つまり今回の研究はそのうちの一部を明らかにしたに過ぎないという可能性である。これについては，さらなる研究の進展を待たなければならない。また，このような「心の理論」の類人における発達変化については，ほとんど調べられていないのが現状である。これについても今後の研究の発展が望まれる。

　次節以降では，これらの他者を理解する能力がどのような場面で発揮されているのかを見てみよう。

第3節　社会的知性が発揮される場面

1．マキャヴェリ的知性仮説

　このような他者理解の能力を総じて社会的知性と呼ぶこととする。このような知性をもつことが有利となる社会状況というものを考えてみよう。当然のことだが，他者理解の能力が適応的であるのは，社会生活を営む種においてである。

　ハンフリー（Humphrey, 1976）は，高度な知的機能は社会生活の複雑さへの適応として進化したという「知の社会的機能」という考え方を提唱した。動物たちは，過去の経験（データ）をもとに，未来を予測しつつさまざまな問題に対処しなければならない。しかし，社会的文脈における問題，つまり他者との相互作用において生じる問題では，予測のもとになる過去のデータに一貫性が乏しく，そのデータは自分自身の行為によっても変わってしまう。なぜなら，「他者」と一言でいっても，それぞれ立場・性格・行動特性は一様ではなく，自分と他者の関係性によっても相互作用は変化し，その相互作用によって関係

性自体も常に変化するからである。ハンフリーは,「社会的な策略とそれに対する対抗策というゲームは,チェスと同じで,単に知識を蓄積すればできるというものでない」と述べている。ゲームが進むにつれ,それぞれのプレーヤーは戦術だけでなく,目標までも変えていかなくてはならないかもしれない。しかも,知性をもつのは自分だけではない。やりとりしている相手も知性をもって応答するので,双方向性の交渉になる。ここに,相手の心を理解する必要性が生じる。

　この「知の社会的機能」について,脳研究の観点から実証的に検証したのがダンバー (Dunbar, 1998) である。ダンバーは,霊長類の脳の大きさをさまざまな種で比較した。正確には,全脳に対する新皮質の割合を種間比較した。その結果,新皮質の割合と相関があったのは,生息環境や食物の種類といった生態的要因ではなく,集団のグループサイズという社会的要因であることを見出した。霊長類の脳（新皮質）は,集団生活および社会的環境に適応するために進化したという社会脳仮説を提唱した。さらにダンバーは,この新皮質の割合とグループサイズの相関をもとに,ヒトが安定的な社会関係を維持できるとされる人数は 150 人程度であるとした。この数字はダンバー数として知られている。

　これらの研究を背景に,霊長類の社会においてどのような他者理解が見られ,それがどのような場面で発揮されているのかが調べられた (Byrne & Whiten, 1988)。ここで重要なのは,社会という集団生活を営むうえで知性をもっていることが有利になるのは,知性がその個体に利益を与えてくれるからという点である。知性の用途には大きく分けて 2 つの戦略が考えられる。1 つは,他者を出し抜き,他者よりも多くの利益を得るという戦略。もう 1 つは,他者と協力し,お互いに利益を得る戦略である。どちらも,最終的にはその知性を持ち合わせた個体が利益を得るという点で共通しているが,野生および飼育下での霊長類の社会を観察した研究からは,前者を支持する報告のほうが圧倒的に多かった。つまり,相手を操作し,利用し,欺くことに社会的知性が使われている事例が大半を占めていたのだ。このため,霊長類社会における社会的知性は,「マキャヴェリ的知性」と呼ばれることが多い。マキャヴェリ (N. Machiavelli) は,16 世紀イタリアの外交官であり,政治思想家である。『君主論』に代表される彼の思想は,目的のためには策略・謀略などの非道徳的な手段もいとうべきではないという権謀術数主義だった。集団内の他者との競合こそが知性の進

化を促したと考えられ，この政治家にちなんだ名前がつけられた。

2. 駆け引き場面での他者理解・欺き

それでは，もう少し具体的に，「マキャヴェリ的知性」の発現をヒトとチンパンジーで見てみることにしよう。

「マキャヴェリ的知性」が発現している典型と考えられるものに，欺きと呼ばれる行動がある。欺きとは，偽あるいは操作した情報を発信し，他個体の行動を本来の目的とは違う方向に誘導することである。無害な動物が有毒な動物に似せた外観をもつことで，天敵からの捕食を免れることがあり，このような擬態も広義の欺きに含まれるが，ここでは，同種個体間で見られる社会的知性を駆使した意図的な（あるいは戦術的な）欺きを扱うこととする。ちなみに，ヒトにおける言語的な欺き行為は「嘘」とも呼ばれている。

ヒトのこどもでは，他者を欺くという行動がいつごろから見られるのだろうか。ラフレニエール（LaFrenière, 1988）は 40 〜 79 カ月齢のこどもに，おとなを欺くように求められるゲームを行った。3 つの隠し場所のうちの 1 つにクマのぬいぐるみが隠されているのをこどもは知っているが，クマのありかを聞いてくるおとなをだますように教示された。その結果，欺きに成功した割合と年齢に有意な相関が見出された。3 〜 4 歳ではうまくおとなをだますことができなかったが，年長の 5 〜 6 歳では欺きに成功する割合が高かった。5 〜 6 歳になると，知らないふりをしたり，事実と違う場所にあるかのようなふりを見せるこどもも現れた。この 3 〜 4 歳・5 〜 6 歳の成功率の違いは，「心の理論」を測る誤信念課題における正答率の違いと合致する。興味深いことに，3 〜 4 歳のこどもたちのなかには，自分にとってのゲームの目的（クマの場所を隠す）とおとなにとっての目的（クマの場所を見つける）とを明確に区別することができず，おとなが隠し場所を言い当てて喜ぶこどももいたという。それに対し，年長のこどもたちは，このゲームが競合的な性質をもっていることを理解し，おとなをうまく欺けたときには喜び，失敗したときにはがっかりした。また，年長になるほど，非言語的な漏洩行為（隠し場所を見てしまう，など）を抑制することにも長けていた。

さて，チンパンジーではどうだろうか。平田と松沢によって京都大学霊長類研究所（現ヒト行動進化研究センター）で行われた研究を 1 つ紹介しよう（Hirata

& Matsuzawa, 2003）。2個体のチンパンジーをペアとして，宝探しゲームが行われた。広い放飼場の1カ所にバナナが隠されている。1個体はその隠される様子を見て知っているが，もう1個体は知らない。しかし，この個体は，「バナナが隠されるのを見ている個体」（「目撃者」）の様子は見ていた（「目撃者の目撃者」）。このような2個体が放飼場に出てきたとき，どのような行動をとるのだろうか。最初の数日は，「目撃者」が当然のごとくバナナを手に入れた。しかしそのうち，「目撃者の目撃者」は「目撃者」の行動を読み，先回りしてバナナを見つけるようになった。すると今度は，「目撃者の目撃者」が「目撃者」をバナナの隠された場所とは別の方向に誘導するかのような行動を見せるようになった。戦術的欺きの一種であると考えられている。

　このような欺きの事例は，チンパンジーに限らず，ヒヒやベルベットモンキーなどでも知られている。また，行動の抑制（たとえば，他個体が近くにいるときに，食べ物を見つけたときに出す声を抑制する）による隠蔽行為なども含めると，さらに多くの種で報告がある。ただし，原猿では欺きの明確な事例は報告されていない。

　このように，チンパンジーをはじめとするヒト以外の動物でも，他者理解を通して自己の利益を確保しようとする戦略が見られることがわかってきた。先に見たヘアらによるチンパンジーの視点取得能力を示した研究も，競合場面を用いた実験だった。チンパンジーの社会は競合的な社会だといわれている。このような生態的妥当性を考慮した実験デザインの必要性が主張されている。

3. 協力場面での他者理解・利他性

　では，協力的な場面ではどうだろうか？　マキャヴェリ的知性仮説も，知性の使い方が純粋に相手を利用することに限定されるといっているわけではない。とくにヒトの進化においては，知性の利他的使用に比重がより置かれるようになった可能性がある。他者のことを正確に理解できるかどうかが，協力の成否にも大きな影響を及ぼす。

　ヒトのこどもは，生後12カ月ほどで，他者の苦痛に敏感に反応し，場合によっては慰め行動（第7章も参照）を見せるようになる。生後14カ月前後には，すでに他者の目標の理解や，意図的な行為と非意図的な行為を区別できるようにもなる。そして，この時期になると，他者への利他的な手助け行動を示すよ

図 11-5　チンパンジーの要求に応じた手助け行動

（出所）　Yamamoto et al., 2009

うになる。ただし，この手助け行動は，手の届かないところにある物に向かっ
て手を伸ばして取ろうとしている相手への手助け，つまり物を拾って渡してあ
げるという手助けであり，限定された状況でのみ見られるようだ。生後 18 カ
月になると，さらに多様な文脈で利他的に他者を助けるようになる（Warneken
& Tomasello, 2006)。手の届かない物を取って渡してあげるだけでなく，物理的
な障害物を取り除いてあげたり，本を積み重ねるのを手伝ってあげたり，より
複雑な他者の目的を理解して手助けすることができる。

　チンパンジーはどうだろうか？　上のヒト 18 カ月児を対象とした手助け課
題実験では，チンパンジーも同様の文脈でテストされた。その結果，チンパン
ジーも，人の実験者に対してたしかに利他的に手助けすることが明らかとなっ
た。と同時に，チンパンジーの手助けが見られるのは，相手の手が届かないと
ころにある物を取って渡すという文脈に限られることもわかった。山本ら
（Yamamoto et al., 2009）は，チンパンジー同士で手助けが見られるかどうかを，
道具の受け渡し場面で検証した。この場面では，隣の部屋にいる個体が道具を
必要としている。その道具を渡してあげるかどうかというテストである。上の
「手の届かない物を取って渡してあげる」場面と対応している。この場面では，
やはりチンパンジー同士でも手助けすることがわかった（図 11-5)。ただし，
ここでもまたヒトとの違いが明らかとなった。ヒト 18 カ月児は自発的に手助

けしていた（30 カ月児はさらに自発的に手助けするという研究もある）のに対し，このチンパンジーたちは，相手から明示的に要求されない限り道具を手渡さなかったのである。

　ヒトとチンパンジーの違いが 2 点明らかになった。1 つは，手助け行動の起こる文脈の多様さ，もう 1 つは自発性である。当初，これらの違いは，ヒトとチンパンジーにおける他者理解能力の違いによるものだと考えられた。つまり，ヒトに比べてチンパンジーは他者の目標を理解する能力に劣る。そのために手助け行動が起こる文脈が限られ，他者の欲求に対して自発的に手助けすることができないのだと説明された。本当にそうだろうか？　そこで山本ら（Yamamoto et al., 2012）は，先ほどの道具受け渡し場面を使い，チンパンジーの利他行動における他者理解についてより詳細に検討した。今度は，手助けする側に，相手が必要としている道具（ステッキあるいはストロー）を含む 7 つの道具をまとめて供給し，どの道具を選んで手渡すのかを調べた。すると，相手の場面が見えている限り，相手が必要としている道具を 7 つのなかから選んで渡すことができることが明らかになった。相手の場面が見えないと，たとえ相手からの同じような要求行動が見られても，正しい道具を選べない。このことから，チンパンジーは，相手の要求行動そのものからではなく，相手の状況を見ることによって相手の欲求が理解できていたことがわかる。つまり，少なくともこの手助け場面では，十分な他者理解の能力を持ち合わせていたのだ。それにもかかわらず，自発的な手助け行動が見られない。これには，認知能力による差というよりも，そもそもの利他的な動機づけがヒトとチンパンジーで異なることが影響している可能性が考えられる（Yamamoto, 2021）。

　なぜヒトは自発的に手助けするようになったのだろうか？　次節では，この問題にアプローチしながら，ヒトの「集団性」について考えてみたい。

第4節　他者の心を気にしすぎるヒト

1. 共　感

　ヒトが示す社会性の大きな特徴の 1 つに，共感があげられる。困っている他者がいると助けてあげたい，この気持ちも共感のなせる業だろう。ヒトが示す共感については，情動的共感と認知的共感の 2 つに大きく分けられると考えら

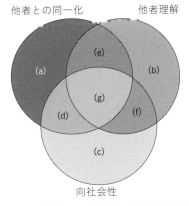

他者との同一化　　他者理解

向社会性

(a)・同調・模倣
　　・情報伝染（他者の情動を感じる）
(b)・視点取得
　　・マキャヴェリ的知性
　　・シャーデンフロイデ
(c)・食物分配
　　・向社会的選択
(d)・前関心
　　・カメレオン効果
　　・協調行動
(e)・認知的な伝染（他者の情動を知る）
　　・嫉妬または自分が相対的に不利な場合の不公平忌避
(f)・他者の欲求を理解したうえでの手助け
(g)・同情または慰め行動
　　・自分が相対的に有利な場合の不公平忌避
　　・計算に基づく互恵性

図 11-6　共感を支える 3 つの要素とそれぞれに関係する認知・行動特性

（出所）　Yamamoto, 2016 より作成。

れている。情動的共感というのは，情動伝染（第 7 章も参照）などに見られるように，自動的に他者と同じ状態になる反応である。泣いている人を見ると自分も涙ぐんでしまうというのが好例だ。それに対して，認知的共感というのは，他者と自分を切り分けることができ，自分とは違う他者の状況を認知的に理解したうえで行われる共感である。上でも述べた視点取得の能力が必要となる。これら 2 つの共感と，他者に対してよく振る舞おうとする向社会性が組み合わさって，さまざまな協力行動の発現を支えている（Yamamoto, 2016；瀧本・山本，2015；図 11-6）。

　ヒトでの発達を見てみると，情動的共感のベースとなる情動伝染は，新生児の段階で見られている。また，認知的共感のベースとなる視点取得に関しては，生後 1 ～ 2 歳ころから自他の分離ができるようになり，4 ～ 5 歳ころの「心の理論」獲得につながっていくと考えられる。この共感能力が，ヒトにおける協力・利他行動の豊かな発達を支えていることは間違いない。ただし，チンパンジーでも，情動的・認知的ともに，これらの共感現象そのものは見られることが知られている。では，ヒトとチンパンジーにおける利他行動の自発性の違いは何によるものだろうか？

　まだ仮説の段階ではあるが，筆者は快情動の伝染が 1 つのカギを握っているのではないかと考えている。ヒトでは，痛みや悲しみなどの不快情動だけではなく，喜びといった快感情の伝染もよく見られる。人が笑っているのを見ると

自分もうれしくなる経験は誰にでもあるだろう。これが自発的な利他行動を支えているのではないだろうか。利他行動自体には，その行動をとる個体にとって即時的・即物的な利益はない。しかし，相手を助けることによって相手が喜び，その喜びが自動的に自分に返ってくる情動伝染のシステムがあれば，利他行動そのものから心理的な報酬が得られることになる。さらにヒトには想像力がある。たとえ知らない人・遠く離れた人への利他行動であったとしても，その人の喜びを想像することができる。これが，見知らぬ人・直接関わりのない人への寄付などにもつながっているのではないだろうか。それに対し，チンパンジーでの快情動の伝染についてはほとんどわかっていない。チンパンジーに限らず，ヒト以外での動物では，不快情動の伝染については実証研究が多くあるが，快情動の伝染についての報告は圧倒的に少ない。報告があったとしても，それが本当に快情動の伝染であると実証されている研究はほとんどないに等しい。快情動の伝染が起こらない，あるいは起こりづらいとすると，利他行動をしたとしても快情動のフィードバックシステムが働かない。このことが，ヒト以外の動物において自発的な利他行動を制限している一因になっていると考えられる。

2. 規範・公平感

　ヒトの集団生活を考えるうえで重要なもう1つの社会性に，規範の存在がある。規範のベースとなるのは公平感であるが，公平感の詳細は第7章を参照していただくとして，ここでは「自発的な利他行動」とこの規範・公平感を絡めて議論したい。ヒトは，同じ労力を払っているにもかかわらず自分と他者で受け取る報酬に差異があると，この状況を不公平であると認知し，多くの場合，嫌悪し忌避する傾向を示す。興味深いことに，自分が損をする場合だけでなく，他者に比べて不当に自分が得をすることにも違和感を覚えるのがヒトの特徴である。第7章でも見たように，ヒト以外の動物（たとえばフサオマキザルやチンパンジー，アカゲザルなど）にも不公平忌避の反応は見られているが，基本的に自分が他者よりも劣等な立場に置かれるのを嫌う不公平忌避である。フサオマキザルが2頭並んで同じ課題に取り組んでいるとき，一方の個体はブドウ（より好ましい報酬），もう一方の個体にはキュウリ（いまいちな報酬）を報酬として与えると，キュウリをもらった個体は課題遂行を拒否するようになる

ウマの重層社会と集団性

　ヒトの社会には重層性がある。家族を核とし，複数家族が集まって地域集団を作り，さらに村や県・国といった高次の社会集団を形成する。実はこのような重層社会を作る動物は限られている。メンバーシップの固定した社会的な群れを作る動物の大半において群れ間関係は敵対的で，重層社会に見られるような複数の群れ間での親和的な関係は見られない。そのため，重層社会の進化や，重層社会における社会性・集団性については，未解明な点が多い。

　筆者たちは，野生ウマの社会に重層性を見出した（Maeda et al., 2021a）。ウマの社会はハーレム群（1～2頭のオスと複数のメスおよびそのこどもからなる群れ）・バチェラー群（オスだけの群れ）・単独オスからなることが知られているが，この研究では，複数の群れが集まって高次の集団を作っていることが示された。動物の重層社会の研究が少ない理由の1つに，集団全体を俯瞰することの難しさがあげられる。この問題を筆者たちはドローンを用いることで解決した。ドローンを飛ばして上空から観察することで，広範囲に広がる多数のウマの群れの位置を記録し，個体間距離および群れ間距離を正確に測ることができる。分析の結果，群れ同士は避けあっているわけではなく，フィールドの一定区域に集まりながら一緒に移動していることがわかった。群れ間には仲良しな関係とそうでない関係が見られるようである。また，複数群からなる集団全体の空間構造を見ると，集団の中心付近を大きいハーレム群が占め，小さいハーレム群やバチェラー群は集団の周辺部に位置している。群れ間に一定の関係性や構造が見られる，つまり重層構造があることがわかった。

　重層社会における社会性の面白い点は，他群ではあるが同じ集団内である他者と相互作用をもつ点にある。単層社会をもつ動物は，基本的に群れ内の他個体とのみ行動を調整し，他群の個体とは避けあうのみである。そこで，私たちは，重層社会をもつウマが群れ内・群れ間の個体とどのように行動を調整しているのかを調べた。ウマの活動・休息のリズムが群れ内・群れ間の他個体に影響されるかどうかを検証したところ，群れ内の個体だけでなく，違う群れの個体とも行動を同期させていることがわかった（Maeda et al., 2021b）。このような群れ間における同調性があるおかげで，ウマは群れ同士の集まり，つまり重層社会としてのまとまりを維持することができるのだと考えられる。重層社会における集団性の研究は始まったばかりである。ウマの社会を通して，「ヒトらしい」集団性および群れを超えた協調性の進化・メカニズムを明らかにしたい。

（Brosnan & de Waal, 2003；図7-4）。しかし，ブドウをもらっていた個体が，課題遂行を拒否する，あるいは自分のブドウを相手に分け与えるといった行動は見られない。

　自分が他者よりも良い立場に置かれることに居心地の悪さを感じる心理，こ

のヒトに特有とも考えられる不公平忌避の性向が，ヒトの自発的な利他行動を支えるもう1つの要因とも考えられる（Yamamoto & Takimoto, 2012）。さらにヒトでは，この公平感をベースに，社会全体で共有される規範をもつようになった。他者の行動を評価し，その評価が人々の間で共有されて評判が形成される。良い評価を受けた人は周りの人から良くしてもらえる。逆に悪い評価を受けた人は，罰を受ける恐れもある。このような評判を介した間接互恵社会では，利他的に振る舞うということは，社会的に良い評判を得ることにつながる。極端な場合，相手から求められずに行った利他行動がたとえ「おせっかい」になってしまったとしても（そして，その相手からはお返しや感謝をされなくても），周りからは利他的な良い人という評価を受ける可能性がある。このような社会において，自発的な利他行動が促進されてきたのではないだろうか。ヒトの場合，目の写真や図形があるだけで，利他的な（あるいは道徳的な）行動が促進されるという報告もある（Bateson et al., 2006）。それほどまで，ヒトは他者の心を気にする動物なのかもしれない。

　ヒトは生後6カ月の時点で，第三者の視点から，他者の行動を評価することができることがわかっている（Hamlin et al., 2007；Kanakogi et al., 2017）。さらに，他者に評価されることを気にする，あるいは他者の目があるときにより利他的に振る舞おうとするといった評判操作が，5歳前後で見られるということもわかってきている（Engelmann et al., 2012；Shinohara et al., 2021）。それに対し，ヒト以外の霊長類における実証的な報告事例はいまだ少ない。フサオマキザルやチンパンジーにおいて，第三者視点からの他者評価が見られるという報告はあるものの（Anderson et al., 2013；Russell et al., 2008；Subiaul et al., 2008），他者の評判を気にして行動を調整するといった証拠は今のところ得られていない。

3. 集団のなかで生きるということ

　このように見ると，ヒトの社会的知性というのは，2個体間の文脈だけでは捉えきれない性質がある。3者間のインタラクション，さらには集団という枠組みのなかで発揮される知性というものもあるようだ。「個」あるいは「個体間」に還元できない「社会」全体を視野に入れた社会的知性の研究が今後望まれる。

　その際，「社会」の進化を理解するうえで重要な示唆を与えてくれるであろ

表 11-1　ボノボ　チンパンジー・ヒト比較

	ボノボ	チンパンジー	ヒト
道具を用いた採食	△（飼育下のみ）	○	○
繁殖に結びつかない性行動	○	×	○
集団間の致命的攻撃交渉	×	○	○
成熟個体に対する母の影響力	高	低	高
子殺し	×	○	○
成熟個体の遊び頻度	高	低	高
協力的狩猟	×	○	○
外集団個体との食物分配	○	×	○
男性間の同盟	×	○	○
女性同士の集合性	高	低	高

（出所）Hare & Yamamoto, 2015 より作成。

うチンパンジーとボノボの比較について最後に触れておきたい。チンパンジーもボノボも，ヒトに最も近い進化の隣人だ。進化的には非常に近縁なチンパンジーとボノボだが，行動や社会にさまざまな違いが見られている。表 11-1 にあげたのは，かつてヒトの特徴だと考えられてきた性質である（Hare & Yamamoto, 2015；山本，2017）。ヒト・チンパンジー・ボノボで比較してみると，面白いことに，ヒトとチンパンジーに共通していてボノボだけが違う，あるいはヒト・ボノボが共有していてチンパンジーには見られないといった性質が数多くあることがわかってきた。チンパンジーとの比較をもとにこれまで考えられてきたヒトの特徴として，繁殖に結びつかない性行動やおとなの遊び好き，所属集団の異なる個体との協力行動などがあげられる。これらはチンパンジーには見られない。しかし，これらの行動がボノボには見られることが明らかになってきた。逆に，野生での道具使用や集団間の戦争など，チンパンジーに見られてボノボに見られない「ヒトらしさ」も存在する。近年のチンパンジー・ボノボ比較研究は，認知・行動・社会すべての側面から「ヒトらしさ」の再検討を促している（図 11-7）。

　チンパンジー社会とボノボ社会の違いは，「ケンカっ早いチンパンジー，平和なボノボ」とまとめられることが多い。チンパンジーの男性は順位関係に厳しく，女性に対してハラスメントともとれる高圧的な態度を見せ，子殺しさえ観察されている。集団と集団が出会うと，殺しあいのケンカになることもある。

チンパンジーの集団間競合と集団内協力

　ヒトは，大規模な協力行動を見せる一方，戦争における殺しあいのような残忍な一面ももっている。一見これらは相反する性質に見えるが，この2つが互いに密接に関係し，共進化してきた可能性が考えられている。実際，集団の外からの脅威に直面すると，ヒトは集団としてのまとまりを強化し，集団内の協力関係は高まるといわれている。このような性質がどのように進化してきたかを解明することは，私たちヒトの正と負の両面をよりよく理解し，平和共存社会の実現に向けた方略を考えるうえでも非常に重要だ。そのためには，進化的に近縁な種での比較研究が欠かせない。

　そこで，進化の隣人であるチンパンジーを対象に，外集団の脅威に対する飼育チンパンジー集団の反応が調べられた（Brooks et al., 2021）。野生下では，チンパンジーの集団間関係は非常に敵対的で，異なる集団と出会うと，ときに殺しあいに発展する。この研究では，異なる集団との出会い場面を想起させる状況を作り出すために，見知らぬチンパンジーの音声を飼育チンパンジーの集団に聞かせる実験が行われた。

　見知らぬ個体の声を聞くとチンパンジーの集団は，ストレス反応の1つであるセルフスクラッチ（自分の身体をひっかく行動）など自己指向性反応が増加することがわかった。また，寝転んで休息する時間は減少した。チンパンジーが知らない個体の声に反応して緊張し警戒していたと考えられる。しかし，この緊張によって集団内のいざこざが増加するわけではなく，逆に食べ物をめぐる争いは減少し，個体間の距離が縮まり，遊びやグルーミングといった親和的な行動が増加した。チンパンジーでは通常，緊張が高まるとケンカなどの騒ぎが大きくなる傾向があるが，外集団の脅威によって緊張が高まった際には，むしろ集団内の結束が高まる反応を見せることが明らかとなった。

　集団外の脅威に対して，集団内の結束を高めて対抗する戦略であると考えられ，チンパンジーにおいて集団間の競合関係と集団内の協力関係が共進化してきたという仮説（Yamamoto, 2020）を支持するものである。戦争と協力という一見矛盾するかに見えるヒトの二面性の進化に新たな進化的説明を加える研究成果といえる。ただし，注意しないといけないのは，外集団の脅威が集団内の結束を促進するという研究結果をもとにして，「ヒト社会の結束を固めるために外集団の脅威を利用すればよい」ということにはならない。「集団内の結束が高ければ他集団と戦争をすればよい」というわけでももちろんない。そうではなく，ヒトが進化の過程で身につけてきた二面性について理解を深めることで，戦争という負の側面を抑え，よりよい平和共存社会を実現するための道筋を考えるきっかけとするべきだと考えている。

　それに対して，ボノボは，女性を中心とした社会を築き，よく果実を分けあい，違う群れの個体とさえ仲良くしたりもする。戦争の起源をチンパンジー社会に

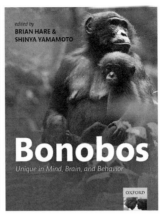

図 11-7　2015 年と 2017 年に出版されたボノボの認知・行動に関する学術書

（注）　近年のボノボ研究から，人類進化の道筋についてこれまでと異なる知見が得られ，
　　　「ヒトらしさ」の再考が促されている。
（出所）　Hare & Yamamoto, 2015b, 2017

見出し，協力共存社会のお手本をボノボ社会に求める研究者も多い。しかし，
もちろんチンパンジーも協力すれば，ボノボもケンカする。状況や文脈によっ
て異なる。彼らの行動・社会を丹念に調べていくことで，戦争と平和という，
ヒト社会が見せる両極端ともいえる集団行動の起源にも迫れることが期待され
る。

　筆者の知る限り，社会集団全体を対象とした社会的知性の研究はまだあまり
行われていない。発達研究，ヒト以外の種での比較研究ともなるとなおさらで
ある。また，本章で取り上げたトピックの多くは，ヒトでの発達研究はあって
も，ヒト以外の動物での発達変化はほとんど調べられていない。この分野にお
けるこれからの研究の発展を願って，この章の終わりとしたい。

BOOK GUIDE

●日本発達心理学会編／尾崎康子・森口佑介責任編集（2018）．発達科学ハンドブック 9
　　社会的認知の発達科学　新曜社
　　発達心理学の研究成果を中心に，国内外の先進的な研究を紹介している。神経科学
　や比較認知科学から生物学的基盤を探る 1 冊で，研究分野の全体像を把握するのに適
　している。

●バーン，R. W. ・ホワイトゥン，A. 編（藤田和生・山下博志・友永雅己監訳）(2004).
　　マキャベリ的知性と心の理論の進化論──ヒトはなぜ賢くなったか　ナカニシヤ
　　出版
　　　比較認知研究で中心的な役割を果たしているバーンとホワイトゥンの編集による論
　　文集。人間の「心」が形成される進化の過程を実証的に明らかにする。
●平田聡（2013）．仲間とかかわる心の進化──チンパンジーの社会的知性　岩波書店
　　　進化と学習の賜物であるチンパンジーの社会的知性を，実証的研究によって明らか
　　にする1冊。仲間と協力もすれば欺きもする，チンパンジーの知性の柔軟さともろさ
　　を浮き彫りにする。

あとがき

　有斐閣の中村さやかさんから，本書の相談をいただいたのは，信じられない
ほどずいぶん前のことである。その後，紆余曲折があり，有斐閣の担当者も中
村さんから渡辺晃さんに代わった。その間に私の所属も京都大学から同志社大
学に変わってしまった。本書の刊行が，これほどまでに遅れたのは，ひとえに
編著者の不徳の致すところである。ただただ，担当編集者の渡辺さんと中村さ
ん，そして執筆者の先生方の忍耐の賜物である。心よりお詫びと感謝を申し上
げたい。執筆者の上野有理さん，伊村知子さん，村井千寿子さん，小林哲生さ
ん，花塚優貴さん，瀧本彩加さん，竹下秀子さん，平田聡さん，黒島妃香さん，
山本真也さん，本当にありがとうございました。そして，編集者の渡辺晃さん，
中村さやかさん，辛抱強く，編集作業を続けてくださり，ありがとうございま
した。ここに記して感謝いたします。

　私は，いろいろなところで講演をする機会をいただくが，その際に決まって
同じ図をスライドに入れることにしている（図）。これは，私の研究の立ち位
置を示すものである。私は，常に3つの視点からの研究を目指している。まず
は，私の研究者としてのスタートとなったヒト以外の霊長類研究である。当然
これは，系統発生的視点からである。ヒト以外の霊長類を対象としているうち
に，次第に，ヒトの赤ちゃんにも関心をもつようになった。思い切って，日本

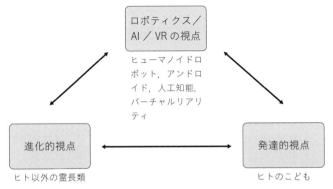

図　ヒトを理解するための3つの視点

を飛び出し，ニュージャージー医科歯科大学のマイケル・ルイス（Michael Lewis）教授のもとで発達研究を志したころである。これは，個体発生的視点からの研究である。さらに，その後，現大阪大学の石黒浩教授からお声かけいただき，ロボットを用いた研究に参画した。これは，ロボット工学的視点を取り入れた研究である。以上，ヒトを理解するための3つの視点を持ち続けて研究したいと常に思ってきた。そうして，比較認知発達科学についての本書が生まれた。この図式を作成したのは，もう10年以上前なので，すでにそのころから比較認知発達的な視点をもっていたことになる。

　このたび，無事に本書を刊行できたことに，感謝するとともに，ホッと胸をなでおろしているのも事実である。

　本書が，この領域に関心ある方々の知的好奇心を少しでも満たしてくれることがあれば，編著者として望外の喜びである。

　　2023年5月

板 倉 昭 二

引用・参考文献

まえがき

Bjorklund, D. F., & Pellegrini, A. D. (2002). *The origins of human nature: Evolutionary developmental psychology*. American Psychological Association. (無藤隆監訳／松井愛奈・松井由佳訳 2008 進化発達心理学──ヒトの本性の起源 新曜社)

Tomasello, M. (2022). *The evolution of agency: Behavioral organization from lizards to humans*, MIT Press.

■第 1 章

Bjorklund, D. F. (1997). The role of immaturity in human development. *Psychological Bulletin*, 122, 153-169.

Bjorklund, D. F., & Pellegrini, A. D. (2002). *The origins of human nature: Evolutionary developmental psychology*. American Psychological Association. (無藤隆監訳／松井愛奈・松井由佳訳 2008 進化発達心理学──ヒトの本性の起源 新曜社)

Call, J. T., & Tomasello, M. (2008). Does the chimpanzee have a theory of mind? : 30 years later. *Trends in Cognitive Sciences*, 12, 187-192.

Flombaum, J. I., & Santos, L. R. (2005). Rhesus monkeys attribute perceptions to others. *Current Biology*, 15, 447-452.

藤田和生 (1998). 比較認知科学への招待──「こころ」の進化学 ナカニシヤ出版

Hermer-Vazquez, L., Moffet, A., & Munkholm, P. (2001). Language, space, and the development of cognitive flexibility in humans: The case of two spatial memory tasks. *Cognition*, 79, 263-299.

Humle, T., & Matsuzawa, T. (2002). Ant-dipping among the chimpanzees of Bossou, Guinea, & some comparisons with other sites. *American Journal of Primatology*, 58, 133-148.

板倉昭二 (1999). 自己の起源──比較認知科学からのアプローチ 金子書房

板倉昭二 (2001). 心の理論：比較認知発達科学の視点から 岡野恒也 (監修) 社会性の比較発達心理学，アートアンドブレーン

Martin-Ordas, G., Haun, D., Colmenares, F., & Call, J. (2010). Keeping track of time: Evidence for episodic-like memory in great apes. *Animal Cognition*, 13, 331-340.

松沢哲郎 (1999). 心の進化──比較認知科学の視点から 科学, 69, 323-332.

Mulcahy, N. J., & Call, J. (2006). Apes save tools for future use. *Science*, 312, 1038-1040.

Pyers, J. E., Shusterman, A., Senghas, A., Spelke, E. S., & Emmorey, K. (2010). Evidence from an emerging sign language reveals that language supports spatial cognition. *Proceedings of the National Academy of Sciences*, 107, 12116-12120.

Rosati, A. G., Wobber, V., Hughes, K., & Santos, L. R. (2014). Comparative developmental psychology: How is human cognitive development unique? *Evolutionary Psychology*, 12, 448–473.

Seed, A., & Byrne, R.（2010）. Animal tool-use. *Current Biology*, 20, R1032-R1039.

竹下秀子・板倉昭二（2003）. ヒトの赤ちゃんを生みだしたもの，ヒトの赤ちゃんが生みだすもの──発育・発達の時間的再編と行動進化　ベビーサイエンス，2, 20-30.

Tomasello, M.（1999）. *The cultural origins of human cognition*. Harvard University Press.

Tomasello, M., Carpenter, M., Call, J., Behne, T., & Moll, H.（2005）. Understanding and sharing intentions: The origins of cultural cognition. *Behavioral and Brain Sciences*, 28, 675–735.

■第2章

Aiello, L. C., & Wheeler, P.（1995）. The expensive-tissue hypothesis: The brain and the digestive system in human and primate evolution. *Current Anthropology*, 36, 199–221.

Barrett, L., Dunbar, R., & Lycett, J.（2002）. *Human evolutionary psychology*. Princeton University Press.

Barton, R. A., & Montgomery, S. H.（2019）. Proportional versus relative size as metrics in human brain evolution. *Proceedings of the National Academy of Sciences of the United States of America*, 116, 3-4.

Bennett, A. J., & Pierre, P. J.（2010）. Nonhuman primate research contributions to understanding genetic and environmental influences on phenotypic outcomes across development. In K. E. Hood, C. T. Halpern, G. Greenberg, & R. M., Lerner（Eds.）, *Handbook of developmental science, behavior, and genetics*. Wiley-Blackwell.

Bianchi, S., Stimpson, C. D., Bauernfeind, A. L., Schapiro, S. J., Baze, W. B., McArthur, M. J., Bronson, E., Hopkins, W. D., Semendeferi, K., Jacobs, B., Hof, P. R., & Sherwood, C. C.（2013）. Dendritic morphology of pyramidal neurons in the chimpanzee neocortex: Regional specializations and comparison to humans. *Cerebral Cortex*, 23, 2429–2436.

Bjorklund, D. F., & Pellegrini, A. D.（2002）. *The origins of human nature: Evolutionary developmental psychology*. American Psychological Association.（無藤隆監訳／松井愛奈・松井由佳訳　2008　進化発達心理学──ヒトの本性の起源　新曜社）

Bonner, J. T.（1980）. *The evolution of culture in animals*. Princeton University Press.（八杉貞雄訳　1982　動物は文化をもつか　岩波書店）

Burkart, J. M., Hrdy, S. B., & van Schaik, C. P.（2009）. Cooperative breeding and human cognitive evolution. *Evolutionary Anthropology*, 18, 175–186.

Buss, C., Davis, E. P., Class, Q. A., Gierczak, M., Pattillo, C., Glynn, L. M., & Sandman, C. A.（2009）. Maturation of the human fetal startle response: Evidence for sex-specific maturation of the human fetus. *Early Human Development*, 85, 633–638.

Cáceres, M., Lachuer, J., Zapala, M. A., Redmond, J. C., Kudo, L., Geschwind, D. H., Lockhart, D. J., Preuss, T. M., & Barlow, C.（2003）. Elevated gene expression levels distinguish human from non-human primate brains. *Proceedings of the National Academy of Sciences of the USA*, 100, 13030–13035.

Church, R. B., Kelly, S, D,, & Lynch, K. (2000). Immediate memory for mismatched speech and representational gesture across development. *Journal of Nonverbal Behavior*, 24, 151–174.

Cook, C., Goodman, N. D., & Schulz, L. E. (2011). Where science starts: Spontaneous experiments in preschoolers' exploratory play. *Cognition*, 120, 341–349.

Cooke, L. J., Haworth, C. M. A., & Wardle, J. (2007). Genetic and environmental influences on children's food neophobia. *American Journal of Clinical Nutrition*, 86, 428–433.

Coussi-Korbel, S., & Fragaszy, D. M. (1995). On the relation between social dynamics and social learning. *Animal Behaviour*, 50, 1441–1453.

DeCasien, A. R., Barton, R. A., & Higham, J. P. (2022). Understanding the human brain: Insights from comparative biology. *Trends in Cognitive Sciences*, 26, 432–445.

DeCasien, A. R., & Higham, J. P. (2019). Primate mosaic brain evolution reflects selection on sensory and cognitive specialization. *Nature Ecology & Evolution*, 3, 1483–1493.

DeCasien, A. R., Williams, S. A., & Higham, J. P. (2017). Primate brain size is predicted by diet but not sociality. *Nature Ecology & Evolution*, 1, 0112.

DeCasper, A. J., & Spence, M. J. (1986). Prenatal maternal speech influences newborns' perception of speech sounds. *Infant Behavior and Development*, 9, 133–150.

Dunbar, R. I. M. (2003). The social brain: Mind, language, and society in evolutionary perspective. *Annual Review of Anthropology*, 32, 163–181.

Dunbar, R. I. M., & Shultz, S. (2007). Evolution in the social brain. *Science*, 317, 1344–1347.

Ferrari, P. F., Vanderwert, R. E., Paukner, A., Bower, S., Suomi, S. J., & Fox, N. A. (2012). Distinct EEG amplitude suppression to facial gestures as evidence for a mirror mechanism in newborn monkeys. *Journal of Cognitive Neuroscience*, 24, 1165–1172.

Garber, P. A., & Leigh, S. R. (1997). Ontogenetic variation in small-bodied New World primates: Implications for patterns of reproduction and infant care. *Folia Primatologica*, 68, 1–22.

Grafton, S. T., Arbib, M. A., Fadiga, L., & Rizzolatti, G. (1996). Localization of grasp representations in humans by positron emission tomography: 2. Observation compared with imagination. *Experimental Brain Research*, 112, 103–111.

Hammock, E. A. D., & Young, L. J. (2005). Microsatellite instability generates diversity in brain and sociobehavioral traits. *Science*, 308, 1630–1634.

Hayashi, M., & Matsuzawa, T. (2003). Cognitive development in object manipulation by infant chimpanzees. *Animal Cognition*, 6, 225–233.

Hecht, E. E., Murphy, L. E., Gutman, D. A., Votaw, J. R., Schuster, D. M., Preuss, T. M., Orban, G. A., Stout, D., & Parr, L. A. (2013). Differences in neural activation for object-directed grasping in chimpanzees and humans. *Journal of Neuroscience*, 33, 14117–14134.

Herculano-Houzel, S. (2012). The remarkable, yet not extraordinary, human brain as a scaled-up primate brain and its associated cost. *Proceedings of the National Academy of Sciences of the USA*, 109, 10661–10668.

Herrmann, E., Call, J., Hernández-Lloreda, M. V., Hare, B., & Tomasello, M. (2007). Humans have evolved specialized skills of social cognition: The cultural intelligence hypothesis.

Science, 317, 1360–1366.

Hrdy, S. B. (2009). *Mothers and others: The evolutionary origins of mutual understanding*. The Belknap Press of Harvard University Press.

Iacoboni, M., Woods, R. P., Brass, M., Bekkering, H., Mazziotta, J. C., & Rizzolatti, G. (1999). Cortical mechanisms of human imitation. *Science*, 286, 2526–2528.

Joffe, T. H. (1997). Social pressures have selected for an extended juvenile period in primates. *Journal of Human Evolution*, 32, 593–605.

Johnson, M. H., & de Haan, M. (2011). *Developmental cognitive neuroscience: An introduction* (3rd ed.). Wiley-Blackwell.

Kawai, N., Morokuma, S., Tomonaga, M., Horimoto, N., & Tanaka, M. (2004). Associative learning and memory in a chimpanzee fetus: Learning and long-lasting memory before birth. *Developmental Psychobiology*, 44, 116–122.

Kisilevsky, B. S., Hains, S. M. J., Brown, C. A., Lee, C. T., Cowperthwaite, B., Stutzman, S. S., Swansburg, M. L., Lee, K., Xie, X., Huang, H., Ye, H.-H., Zhang, K., & Wang, Z. (2009). Fetal sensitivity to properties of maternal speech and language. *Infant Behavior and Development*, 32, 59–71.

Kisilevsky, B. S., Hains, S. M. J., Lee, K., Xie, X., Huang, H., Ye, H. H., Zhang, K., & Wang, Z. (2003). Effects of experience on fetal voice recognition. *Psychological Science*, 14, 220–224.

Kuhl, P. K. (2000). A new view of language acquisition. *Proceedings of the National Academy of Sciences of the USA*, 97, 11850–11857.

Leigh, S. R. (2004). Brain growth, life history, and cognition in primate and human evolution. *American Journal of Primatology*, 62, 139–164.

Leonard, W. R., & Robertson, M. L. (1992). Nutritional requirements and human evolution: A bioenergetics model. *American Journal of Human Biology*, 4, 179–195.

Leonard, W. R., & Robertson, M. L. (1994). Evolutionary perspectives on human nutrition: The influence of brain and body size on diet and metabolism. *American Journal of Human Biology*, 6, 77–88.

Liu, X., Somel, M., Tang, L., Yan, Z., Jiang, X., Guo, S., Yuan, Y., He, L., Oleksiak, A., Zhang, Y., Li, N., Hu, Y., Chen, W., Qiu, Z., Pääbo, S., & Khaitovich, P. (2012). Extension of cortical synaptic development distinguishes humans from chimpanzees and macaques. *Genome Research*, 22, 611–622.

Lyons, D. M., & Schatzberg, A. F. (2003). Early maternal availability and prefrontal correlates of reward-related memory. *Neurobiology of Learning and Memory*, 80, 97–104.

Matsuzawa, T. (2013). Evolution of the brain and social behavior in chimpanzees. *Current Opinion in Neurobiology*, 23, 443–449.

McNeil, N. M. (2007). U-shaped development in math: 7-year-olds outperform 9-year-olds on equivalence problems. *Developmental Psychology*, 43, 687–695.

Mennella, J. A., Jagnow, C. P., & Beauchamp, G. K. (2001). Prenatal and postnatal flavor learning by human infants. *Pediatrics*, 107, e88.

Mennella, J. A., Pepino, M. Y., & Reed, D. R. (2005). Genetic and environmental determinants of bitter perception and sweet preferences. *Pediatrics*, 115, e216-e222.

Miller, D. J., Duka, T., Stimpson, C. D., Schapiro, S. J., Baze, W. B., McArthur, M. J., Fobbs, A. J., Sousa, A. M. M., Šestan, N., Wildman, D. E., Lipovich, L., Kuzawa, C. W., Hof, P. R., & Sherwood, C. C. (2012). Prolonged myelination in human neocortical evolution. *Proceedings of the National Academy of Sciences of the USA*, 109, 16480–16485.

Namy, L. L., Campbell, A. L., & Tomasello, M. (2004). The changing role of iconicity in non-verbal symbol learning: A U-shaped trajectory in the acquisition of arbitrary gestures. *Journal of Cognition and Development*, 5, 37–57.

Navarrete, A., van Schaik, C. P., & Isler, K. (2011). Energetics and the evolution of human brain size. *Nature*, 480, 91–93.

Nelson Ⅲ, C. A., Zeanah, C. H., Fox, N. A., Marshall, P. J., Smyke, A. T., & Guthrie, D. (2007). Cognitive recovery in socially deprived young children: The Bucharest early intervention project. *Science*, 318, 1937–1940.

大谷悟（2008）．心はどこまで脳にあるか――脳科学の最前線　海鳴社

Parr, L. A., & Hopkins, W. D. (2000). Brain temperature asymmetries and emotional perception in chimpanzees, *Pan troglodytes*. *Physiology & Behavior*, 71, 363–371.

Petanjek, Z., Judaš, M., Šimić, G., Rašin, M. R., Uylings, H. B. M., Rakic, P., & Kostović, I. (2011). Extraordinary neoteny of synaptic spines in the human prefrontal cortex. *Proceedings of the National Academy of Sciences of the USA*, 108, 13281–13286.

Pontzer, H., Brown, M. H., Raichlen, D. A., Dunsworth, H., Hare, B., Walker, K., Luke, A., Dugas, L. R., Durazo-Arvizu, R., Schoeller, D., Plange-Rhule, J., Bovet, P., Forrester, T. E., Lambert, E. V., Thompson, M. E., Shumaker, R. W., & Ross, S. R. (2016). Metabolic acceleration and the evolution of human brain size and life history. *Nature*, 533, 390–392.

Powell, L. E., Isler, K., & Barton, R. A. (2017). Re-evaluating the link between brain size and behavioural ecology in primates. *Proceeding of the Royal Society B*, 284, 20171765.

Rapaport, L. G., & Brown, G. R. (2008). Social influences on foraging behavior in young nonhuman primates: Learning what, where, and how to eat. *Evolutionary Anthropology*, 17, 189–201.

Rilling, J. K., Barks, S. K., Parr, L. A., Preuss, T. M., Faber, T. L., Pagnoni, G., Bremner, J. D., & Votaw, J. R. (2007). A comparison of resting-state brain activity in humans and chimpanzees. *Proceedings of the National Academy of Sciences of the USA*, 104, 17146–17151.

Rivera-Gaxiola, M., Silva-Pereyra, J., & Kuhl, P. K. (2005). Brain potentials to native and non-native speech contrasts in 7- and 11-month-old American infants. *Developmental Science*, 8, 162–172.

Rizzolatti, G., Fadiga, L., Matelli, M., Bettinardi, V., Paulesu, E., Perani, D., & Fazio, F. (1996). Localization of grasp representations in humans by PET: 1. Observation versus execution. *Experimental Brain Research*, 111, 246–252.

Ross, C., & MacLarnon, A. (2000). The evolution of non-maternal care in anthropoid primates: A test of the hypotheses. *Folia Primatologica*, 71, 93-113.

Sakai, T., Hirata, S., Fuwa, K., Sugama, K., Kusunoki, K., Makishima, H., Eguchi, T., Yamada, S., Ogihara, N., & Takeshita, H. (2012). Fetal brain development in chimpanzees versus humans. *Current Biology*, 22, R791-792.

Sakai, T., Mikami, A., Tomonaga, M., Matsui, M., Suzuki, J., Hamada, Y., Tanaka, M., Miyabe-Nishiwaki, T., Makishima, H., Nakatsukasa, M., & Matsuzawa, T. (2011). Differential prefrontal white matter development in chimpanzees and humans. *Current Biology*, 21, 1397-1402.

Smaers, J. B., Gómez-Robles, A., Parks, A. N., & Sherwood, C. C. (2017). Exceptional evolutionary expansion of prefrontal cortex in great apes and humans. *Current Biology*, 27, 714-720.

Somel, M., Franz, H., Yan, Z., Loernc, A., Guo, S., Giger, T., Kelso, J., Nickel, B., Dannemann, M., Bahn, S., Webster, M. J., Weickert, C. S., Lachmann, M., Pääbo, S., & Khaitovich, P. (2009). Transcriptional neoteny in the human brain. *Proceedings of the National Academy of Sciences of the USA*, 201, 5743-5748.

Sylva, K., Bruner, J. S., & Genova, P. (1976). The role of play in the problem-solving of children 3-5 years old. In J. S. Bruner, A. Jolly, & K. Sylva (Eds.), *Play: Its role in development and evolution*. Basic Books.

Ueno, A., Hirata, S., Fuwa, K., Sugama, K., Kusunoki, K., Matsuda, G., Fukushima, H., Hiraki, K., Tomonaga, M., & Hasegawa, T. (2008). Auditory ERPs to stimulus deviance in an awake chimpanzee (*Pan troglodytes*): Towards hominid cognitive neurosciences. *PLoS ONE*, 3, e1442.

Vanderwert, R. E., Marshall, P. J., Nelson Ⅲ, C. A., Zeanah, C. H., & Fox, N. A. (2010). Timing of intervention affects brain electrical activity in children exposed to severe psychosocial neglect. *PLoS ONE*, 5, e11415.

Wismer Fries, A. B., Shirtcliff, E. A., & Pollak, S. D. (2008). Neuroendocrine dysregulation following early social deprivation in children. *Developmental Psychobiology*, 50, 588-599.

Wrangham, R., & Conklin-Brittain, N. (2003). 'Cooking as a biological trait.' *Comparative Biochemistry and Physiology Part A: Molecular & Integrative Physiology*, 136, 35-46.

Wrangham, R. W., Jones, J. H., Laden, G., Pilbeam, D., & Conklin-Brittain, N. (1999). The raw and the stolen. Cooking and the ecology of human origins. *Current Anthropology*, 40, 567-594.

■第 3 章

Abate, P., Pueta, M., Spear, N. E., & Molina, J. C. (2008). Fetal learning about ethanol and later ethanol responsiveness: Evidence against "safe" amounts of prenatal exposure. *Experimental Biology and Medicine*, 233, 139-154.

Adachi, I., Kuwahata, H., Fujita, K., Tomonaga, M., & Matsuzawa, T. (2009). Plasticity of ability to form cross-modal representations in infant Japanese macaques. *Developmental Science*, 12,

116 452.

Aslin, R. N. (1989). Discrimination of frequency transitions by human infants. *The Journal of the Acoustical Society of America*, 86, 582–590.

Atkinson, J., Braddick, O., & Braddick, F. (1974). Acuity and contrast sensivity of infant vision. *Nature*, 247, 403–404.

Baruch, C., & Drake, C. (1997). Tempo discrimination in infants. *Infant Behavior and Development*, 20, 573–577.

Batterson, V. G., Rose, S. A., Yonas, A., Grant, K. S., & Sackett, G. P. (2008). The effect of experience on the development of tactual-visual transfer in pigtailed macaque monkeys. *Developmental Psychobiology*, 50, 88–96.

Bhatt, R. S., & Waters, S. E. (1998). Perception of three-dimensional cues in early infancy. *Journal of Experimental Child Psychology*, 70, 207–224.

Boothe, R. G., Dobson, V., & Teller, D. Y. (1985). Postnatal development of vision in human and nonhuman primates. *Annual Review of Neuroscience*. 8, 495–545.

Boothe, R. G., Kiorpes, L., Williams, R. A., & Teller, D. Y. (1988). Operant measurements of contrast sensitivity in infant macaque monkeys during normal development. *Vision Research*, 28, 387–396.

Bornstein, M. H., Kessen, W., & Weiskopf, S. (1976). Color vision and hue categorization in young human infants. *Journal of Experimental Psychology: Human Perception and Performance*, 2, 115–129.

Bower, T. G. R., Broughton, J. M., & Moore, M. K. (1971). Infant responses to approaching objects: An indicator of response to distal variables. *Perception & Psychophysics*, 9, 193–196.

Butler, J. W., & Daston, P. G. (1968). Musical consonance as musical preference: A cross-cultural study. *The Journal of General Psychology*, 79, 129–142.

Cassia, V. M., Simion, F., Milani, I., & Umiltà, C. (2002). Dominance of global visual properties at birth. *Journal of Experimental Psychology: General*, 131, 398–411.

Cernoch, J. M., & Porter, R. H. (1985). Recognition of maternal axillary odors by infants. *Child Development*, 56, 1593–1598.

Dannemiller, J. L. (1989). Computational approaches to color constancy: Adaptive and ontogenetic considerations. *Psychological Review*, 96, 255–266.

DeCasper, A. J., & Fifer, W. P. (1980). Of human bonding: Newborns prefer their mothers' voices. *Science*, 208, 1174–1176.

Demany, L., McKenzie, B., & Vurpillot, E. (1977). Rhythm perception in early infancy. *Nature*, 266, 718–719.

Dobkins, K. R., Anderson, C. M., & Lia, B. (1999). Infant temporal contrast sensitivity functions (tCSFs) mature earlier for luminance than for chromatic stimuli: Evidence for precocious magnocellular development? *Vision Research*, 39, 3223–3239.

Dodd, B. (1979). Lip reading in infants: Attention to speech presented in-and out-of-synchrony. *Cognitive Psychology*, 11, 478–484.

Doty, R. L. (1991). Olfactory function in neonates. In D. G. Laing, R. L. Doty, & W. Breipohl (Eds.), *The human sense of smell*. Springer-Verlag.

Ellemberg, D., Lewis, T. L., Liu, C. H., & Maurer, D. (1999). Development of spatial and temporal vision during childhood. *Vision Research*, 39, 2325–2333.

Fantz, R. L. (1961). The origin of form perception. *Scientific American*, 204, 66–72.

Fantz, R. L. (1964). Visual experience in infants: Decreased attention to familiar patterns relative to novel ones. *Science*, 146, 668–670.

Franklin, A., Pilling, M., & Davies, I. (2005). The nature of infant color categorization: Evidence from eye movements on a target detection task. *Journal of Experimental Child Psychology*, 91, 227–248.

Gerhardstein, P., Kovacs, I., Ditre, J., & Feher, A. (2004). Detection of contour continuity and closure in three-month-olds. *Vision Research*, 44, 2981–2988.

Gerhardt, K. J., & Abrams, R. M. (1996). Fetal hearing: Characterization of the stimulus and response. *Seminars in Perinatology*, 20, 11–20.

Ghazanfar, A. A., & Logothetis, N. K. (2003). Neuroperception: Facial expressions linked to monkey calls. *Nature*, 423, 937–938.

Ghazanfar, A. A., Turesson, H. K., Maier, J. X., van Dinther, R., Patterson, R. D., & Logothetis, N. K. (2007). Vocal-tract resonances as indexical cues in rhesus monkeys. *Current Biology*, 17, 425–430.

Ghim, H. R., & Eimas, P. D. (1988). Global and local processing by 3-and 4-month-old infants. *Perception & Psychophysics*, 43, 165–171.

呉東進 (2009). 赤ちゃんは何を聞いているの？——音楽と聴覚からみた乳幼児の発達　北大路書房

Granrud, C. E., Yonas, A., & Opland, E. A. (1985). Infants' sensitivity to the depth cue of shading. *Perception & Psychophysics*, 37, 415–419.

Gunderson, V. M., Yonas, A., Sargent, P. L., & Grant-Webster, K. S. (1993). Infant macaque monkeys respond to pictorial depth. *Psychological Science*, 4, 93–98.

Gunn, A., Cory, E., Atkinson, J., Braddick, O., Wattam-Bell, J., Guzzetta, A., & Cioni, G. (2002). Dorsal and ventral stream sensitivity in normal development and hemiplegia. *Neuroreport*, 13, 843–847.

Gwiazda, J., Bauer, J., Thorn, F., & Held, R. (1997). Development of spatial contrast sensitivity from infancy to adulthood: Psychophysical data. *Optometry and Vision Science*, 74, 785–789.

Hannon, E. E., & Trehub, S. E. (2005). Metrical categories in infancy and adulthood. *Psychological Science*, 16, 48–55.

Hepper, P. G., & Shahidullah, B. S. (1994). The development of fetal hearing. *Fetal and Maternal Medicine Review*, 6, 167–179.

Held, R., Birch, E., & Gwiazda, J. (1980). Stereoacuity of human infants. *Proceedings of the National Academy of Sciences of the USA*, 77, 5572–5574.

Hirata, S., Matsuda, G., Ueno, A., Fuwa, K., Sugama, K., Kusunoki, K., Fukushima, H., Hiraki, K.,

Tomonaga, M., & Hasegawa, T. (2011). Event-related potentials in response to subjects' own names: A comparison between humans and a chimpanzee. *Communicative & Integrative Biology*, 4, 321–323.

Huttenlocher, J., Hedges, L. V., & Vevea, J. L. (2000). Why do categories affect stimulus judgment? *Journal of Experimental Psychology: General*, 129, 220–241.

Imura, T., Adachi, I., Hattori, Y., & Tomonaga, M. (2013). Perception of the motion trajectory of objects from moving cast shadows in infant Japanese macaques (*Macaca fuscata*). *Developmental Science*, 16, 227–233.

Imura, T., & Tomonaga, M. (2003). Perception of depth from shading in infant chimpanzees (*Pan troglodytes*). *Animal Cognition*, 6, 253–258.

Imura, T., Yamaguchi, M. K., Kanazawa, S., Shirai, N., Otsuka, Y., Tomonaga, M., & Yagi, A. (2006). Perception of motion trajectory of object from the moving cast shadow in infants. *Vision Research*, 46, 652–657.

Izumi, A. (2000). Japanese monkeys perceive sensory consonance of chords. *The Journal of the Acoustical Society of America*, 108, 3073–3078.

Izumi, A., & Kojima, S. (2004). Matching vocalizations to vocalizing faces in a chimpanzee (*Pan troglodytes*). *Animal Cognition*, 7, 179–184.

Jensen, J. K., & Neff, D. L. (1993). Development of basic auditory discrimination in preschool children. *Psychological Science*, 4, 104–107.

Kanizsa, G. (1955). Margini quasi-percettivi in campi con stimolazione omogenea. *Rivista di Psicologia*, 49, 7–30.

Kawai, N., Morokuma, S., Tomonaga, M., Horimoto, N., & Tanaka, M. (2004). Associative learning and memory in a chimpanzee fetus: Learning and long-lasting memory before birth. *Developmental Psychobiology*, 44, 116–122.

Kellman, P. J., & Spelke, E. S. (1983). Perception of partly occluded objects in infancy. *Cognitive Psychology*, 15, 483–524.

Kimchi, R., Hadad, B., Behrmann, M., & Palmer, S. E. (2005). Microgenesis and ontogenesis of perceptual organization: Evidence from global and local processing of hierarchical patterns. *Psychological Science*, 16, 282–290.

Kiorpes, L. (1992). Development of vernier acuity and grating acuity in normally reared monkeys. *Visual Neuroscience*, 9, 243–251.

Kiorpes, L., & Bassin, S. A. (2003). Development of contour integration in macaque monkeys. *Visual Neuroscience*, 20, 567–575.

Kiorpes, L., & Movshon, J. A. (2004). Development of sensitivity to visual motion in macaque monkeys. *Visual Neuroscience*, 21, 851–859.

Kiorpes, L., Price, T., Hall-Haro, C., & Movshon, J. A. (2012). Development of sensitivity to global form and motion in macaque monkeys (*Macaca nemestrina*). *Vision Research*, 63, 34–42.

Kisilevsky, B. S., Hains, S. M. J., Lee, K., Xie, X., Huang, H., Ye, H. H., Zhang, K., & Wang, Z. (2003). Effects of experience on fetal voice recognition. *Psychological Science*, 14, 220–224.

Knoblauch, K., Bieber, M. L., & Werner, J. S. (1998). M- and L-cones in early infancy: I. VEP responses to receptor-isolating stimuli at 4- and 8-weeks of age. *Vision Research*, 38, 1753–1764.

Kovács, I. (2000). Human development of perceptual organization. *Vision Research*, 40, 1301–1310.

Kuhl, P. K., & Meltzoff, A. N. (1984). The intermodal representation of speech in infants. *Infant Behavior and Development*, 7, 361–381.

Lewkowicz, D. J. (1996). Perception of auditory-visual temporal synchrony in human infants. *Journal of Experimental Psychology: Human Perception and Performance*, 22, 1094–1106.

Lewkowicz, D. J., & Ghazanfar, A. A. (2009). The emergence of multisensory systems through perceptual narrowing. *Trends in Cognitive Sciences*, 13, 470–478.

Lewkowicz, D. J., & Turkewitz, G. (1980). Cross-modal equivalence in early infancy: Auditory-visual intensity matching. *Developmental Psychology*, 16, 597–607.

Marlier, L., Schaal, B., & Soussignan, R. (1998). Neonatal responsiveness to the odor of amniotic and lacteal fluids: A test of perinatal chemosensory continuity. *Child Development*, 69, 611–623.

Matsuno, T., & Fujita, K. (2009). A comparative psychophysical approach to visual perception in primates. *Primates*, 50, 121–130.

Matsuno, T., Kawai, N., & Matsuzawa, T. (2004). Color classification by chimpanzees (*Pan troglodytes*) in a matching-to-sample task. *Behavioural Brain Research*, 148, 157–165.

Nadler J. W., Nawrot M., Angelaki D. E., & DeAngelis G. C. (2009). MT neurons combine visual motion with a smooth eye movement signal to code depth-sign from motion parallax. *Neuron*, 63, 523–532.

Navon, D. (1977). Forest before trees: The precedence of global features in visual perception. *Cognitive Psychology*, 9, 353–383.

Nawrot M., & Stroyan K. (2009). The motion/pursuit law for visual depth perception from motion parallax. *Vision Research*, 49, 1969–1978

O'Dell, C. D., Quick, M. W., & Boothe, R. G. (1992). The development of stereoacuity in infant monkeys. *Investigative Ophthalmology & Visual Science* (*Suppl*), 32, S1044.

大枝玲子・上野吉一 (2002a). 匂いに対する反応　友永雅己・田中正之・松沢哲郎編著　チンパンジーの認知と行動の発達　京都大学学術出版会

大枝玲子・上野吉一 (2002b). 匂い手がかりに基づく母親の識別　友永雅己・田中正之・松沢哲郎編著　チンパンジーの認知と行動の発達　京都大学学術出版会

Otsuka, Y., Kanazawa, S., & Yamaguchi, M. K. (2004). The effect of support ratio on infants' perception of illusory contours. *Perception*, 33, 807–816.

Parr, L. A. (2004). Perceptual biases for multimodal cues in chimpanzee (*Pan troglodytes*) affect recognition. *Animal Cognition*, 7, 171–178.

Pascalis, O., de Haan, M., & Nelson, C. A. (2002). Is face processing species-specific during the first year of life? *Science*, 296, 1321–1323.

Patterson, M. L., & Werker, J. F. (1999). Matching phonetic information in lips and voice is robust in 4.5-month-old infants. *Infant Behavior and Development*, 22, 237–247.

Poulin-Dubois, D., Serbin, L. A., Kenyon, B., & Derbyshire, A. (1994). Infants' intermodal knowledge about gender. *Developmental Psychology*, 30, 436–442.

Querleu, D., Renard, X., Versyp, F., Paris-Delrue, L., & Crèpin, G. (1988). Fetal hearing. *European Journal of Obstetrics & Gynecology and Reproductive Biology*, 28, 191–212.

Quinn, P. C., Brown, C. R., & Streppa, M. L. (1997). Perceptual organization of complex visual configurations by young infants. *Infant Behavior and Development*, 20, 35–46.

Ramus, F., Hauser, M. D., Miller, C., Morris, D., & Mehler, J. (2000). Language discrimination by human newborns and by cotton-top tamarin monkeys. *Science*, 288, 349–351.

Rosenstein, D., & Oster, H. (1988). Differential facial responses to four basic tastes in newborns. *Child Development*, 1555–1568.

Rosner, B. S., & Doherty, N. E. (1979). The response of neonates to intra-uterine sounds. *Developmental Medicine & Child Neurology*, 21, 723–729.

Schaal, B., Marlier, L., & Soussignan, R. (2000). Human foetuses learn odours from their pregnant mother's diet. *Chemical Senses*, 25, 729–737.

Scherf, K. S., Behrmann, M., Kimchi, R., & Luna, B. (2009). Emergence of global shape processing continues through adolescence. *Child Development*, 80, 162–177.

Schiff, W., Caviness, J. A., & Gibson, J. J. (1962). Persistent fear responses in Rhesus monkeys to the optical stimulus of "looming." *Science*, 136, 982–983.

Shirai, N., Imura, T., Hattori, Y., Adachi, I., Ichihara, S., Kanazawa, S., Yamaguchi, M. K., & Tomonaga, M. (2010). Asymmetric perception of radial expansion/contraction in Japanese macaque (*Macaca fuscata*) infants. *Experimental Brain Research*, 202, 319–325.

Shirai, N., Kanazawa, S., & Yamaguchi, M. K. (2008). Early development of sensitivity to radial motion at different speeds. *Experimental Brain Research*, 185, 461–467.

Stavros, K. A., & Kiorpes, L. (2008). Behavioral measurement of temporal contrast sensitivity development in macaque monkeys (*Macaca nemestrina*). *Vision Research*, 48, 1335–1344.

Steiner, J. E. (1974). Discussion paper: Innate, discriminative human facial expressions to taste and smell stimulation. *Annals of the New York Academy of Sciences*, 237, 229–233.

Sugimoto, T., Kobayashi, H., Nobuyoshi, N., Kiriyama, Y., Takeshita, H., Nakamura, T., & Hashiya, K. (2010). Preference for consonant music over dissonant music by an infant chimpanzee. *Primates*, 51, 7–12.

Suttle, C. M., Banks, M. S., & Graf, E. W. (2002). FPL and sweep VEP to tritan stimuli in young human infants. *Vision Research*, 42, 2879–2891.

Tarquinio, N., Zelazo, P. R., & Weiss, M. J. (1990). Recovery of neonatal head turning to decreased sound pressure level. *Developmental Psychology*, 26, 752–758.

Teller, D. Y., Morse, R., Borton, R., & Regal, D. (1974). Visual acuity for vertical and diagonal gratings in human infants. *Vision Research*, 14, 1433–1439.

Teller, D. Y., Peeples, D. R., & Sekel, M. (1978). Discrimination of chromatic from white light by two-month-old human infants. *Vision Research*, 18, 41–48.

Trainor, L. J., & Heinmiller, B. M. (1998). The development of evaluative responses to music: Infants prefer to listen to consonance over dissonance. *Infant Behavior and Development*, 21, 77–88.

Trehub, S. E., & Hannon, E. E. (2006). Infant music perception: Domain-general or domain-specific mechanisms? *Cognition*, 100, 73–99.

Turkewitz, G. (1994). Sources of order for intersensory functioning. In D. J. Lewkowicz, & R. Lickliter (Eds.), *The development of intersensory perception: Comparative perspectives*. Lawrence Erlbaum Associates.

Ueno, A., Hirata, S., Fuwa, K., Sugama, K., Kusunoki, K., Matsuda, G., Fukushima, H. Hiraki, K., Tomonaga, M., & Hasegawa, T. (2010). Brain activity in an awake chimpanzee in response to the sound of her own name. *Biology Letters*, 6, 311–313.

Ueno, A., Ueno, Y., & Tomonaga, M. (2004). Facial responses to four basic tastes in newborn rhesus macaques (*Macaca mulatta*) and chimpanzees (*Pan troglodytes*). *Behavioural Brain Research*, 154, 261–271.

Walker-Andrews, A. S. (1986). Intermodal perception of expressive behaviors: Relation of eye and voice? *Developmental Psychology*, 22, 373–377.

Wattam-Bell, J. (1996). Visual motion processing in one-month-old infants: Preferential looking experiments. *Vision Research*, 36, 1671–1677.

Werker, J. F., Gilbert, J. H. V., Humphrey, K., & Tees, R. C. (1981). Developmental aspects of cross-language speech perception. *Child Development*, 52, 349–355.

Yonas, A., Granrud, C. E., Arterberry, M. E., & Hanson, B. L. (1986). Infants distance perception from linear perspective and texture gradients. *Infant Behavior and Development*, 9, 247–256.

Yonas, A., Granrud, C. E., & Pettersen, L. (1985). Infants' sensitivity to relative size information for distance. *Developmental Psychology*, 21, 161–167.

Zangenehpour, S., Ghazanfar, A. A., Lewkowicz, D. J., & Zatorre, R. J. (2009). Heterochrony and cross-species intersensory matching by infant vervet monkeys. *PLoS One*, 4, e4302.

■第 4 章

Aguair, A., & Baillargeon, R. (1999). 2.5-month-old infants' reasoning about when objects should and should not be occluded. *Cognitive Psychology*, 39, 116–157.

Baillargeon, R. (1987). Object permanence in 3 1/2- and 4 1/2-month-old infants. *Developmental Psychology*, 23, 655–664.

Baillargeon, R. (2002). The acquisition of physical knowledge in infancy: A summary in eight lessons. In U. Goswami (Ed.), *Blackwell handbook of childhood cognitive development*. Blackwell.

Baillargeon, R. (2008). Innate ideas revisited for a principle of persistence in infants' physical reasoning. *Perspectives on Psychological Science*, 3, 2–13.

Baillargeon, R., Kotovsky, L., & Needham, A. (1995). The acquisition of physical knowledge in infancy. In D. Sperber, D. Premack, & A. J. Premack (Eds.), *Causal cognition: A multidisciplinary debate*. Clarendon Press.

Baillargeon, R., Needham, A., & DeVos, J. (1992). The development of young infants' intuitions about support. *Early Development and Parenting*, 1, 69–78.

Baillargeon, R., Spelke, E. S., & Wasserman, S. (1985). Object permanence in five-month-old infants. *Cognition*, 20, 191–208.

Baron-Cohen, S. (1995). *Mindblindness: An essay on autism and theory of mind*. MIT Press.

Bower, T. G. R. (1967). The development of object permanence: Some studies of existence constancy. *Perception & Psychophysics*, 2, 411–418.

Bower, T. G. R. (1974). *Development in infancy*. Freeman.

Cacchione, T., & Krist, H. (2004). Recognizing impossible object relations: Intuitions about support in chimpanzees (*Pan troglodytes*). *Journal of Comparative Psychology*, 118, 140–148.

Diamond, A., & Goldman-Rakic, P. S. (1989). Comparison of human infants and rhesus monkeys on Piaget's AB task: Evidence for dependence on dorsolateral prefrontal cortex. *Experimental Brain Research*, 74, 24–40.

Dunbar, R. I. M. (2003). The social brain: Mind, language, and society in evolutionary perspective. *Annual Review of Anthropology*, 32, 163–181.

Fodor, J. A. (1983). *The modularity of mind*. MIT Press.

Geary, D. C., & Bjorklund, D. F. (2000). Evolutionary developmental psychology. *Child Development*, 71, 57–65.

Gómez, J. C. (2004). *Apes, monkeys, children, and the growth of mind*. Harvard University Press. (長谷川眞理子訳 2005 霊長類のこころ――適応戦略としての認知発達と進化 新曜社)

Gómez, J. C. (2005). Species comparative studies and cognitive development. *Trends in Cognitive Science*, 9, 118–125.

Gopnik, A., & Meltzoff, A. N. (1997). *Words, thoughts, and theories*. MIT Press.

Hatano, G., & Inagaki, K. (1994). Young children's naive theory of biology. *Cognition*, 50, 171–188.

Herrmann, E., Call, J., Hernández-Lloreda, M. V., Hare, B., & Tomasello, M. (2007). Humans have evolved specialized skills of social cognition: The cultural intelligence hypothesis. *Science*, 317, 1360–1366.

Hood, B. M. (1995). Gravity rules for 2- to 4-year-olds? *Cognitive Development*, 10, 577–598.

Hood, B. M., Hauser, M. D., Anderson, L., & Santos, L. R. (1999). Gravity biases in a non-human primate? *Developmental Science*, 2, 35–41.

Hood, B. M., Santos, L. R., & Fieselman, S. (2000). Two-year-olds' naive predictions for horizontal trajectories. *Developmental Science*, 3, 328–332.

Hood, B. M., Wilson, A., & Dyson, S. (2006). The effect of divided attention on inhibiting the gravity error. *Developmental Science*, 9, 303–308.

Hughes, K. D., & Santos, L. R. (2012). Rotational displacement skills in rhesus macaques (*Macaca mulatta*). *Journal of Comparative Psychology*, 126, 421–432.

Kaiser, M. K., Proffitt, D. R., & McCloskey, M. (1985). The development of beliefs about falling objects. *Perception & Psychophysics*, 38, 533–539.

Karmiloff-Smith, A. (1992). *Beyond modularity: A developmental perspective on cognitive science.* MIT Press.

Kaufman, J., Csibra, G., & Johnson, M. H. (2003). Representing occluded objects in the human infant brain. *Proceedings of the Royal Society B: Biological Sciences*, 270, S140-S143.

Köhler, W. (1957). *The mentality of apes* (E. Winter, Trans. from the second revised edition). Penguin Books. (Original work published 1925)

Munakata, Y. (2001). Graded representations in behavioral dissociations. *Trends in Cognitive Sciences*, 5, 309–315.

Munakata, Y., Santos, L. R., Spelke, E. S., Hauser, M. D., & O'Reilly, R. C. (2001). Visual representations in the wild: How rhesus monkeys parse objects. *Journal of Cognitive Neuroscience*, 13, 44–58.

Murai, C., Tanaka, M., & Sakagami, M. (2011). Physical intuitions about support relations in monkeys and apes. *Journal of Comparative Psychology*, 125, 216–226.

Needham, A. (1999). The role of shape in 4-month-old infants' object segregation. *Infant Behavior & Development*, 22, 161–178

Needham, A., & Baillargeon, R. (1993). Intuitions about support in 4.5-month-old infants. *Cognition*, 47, 121–148.

Piaget, J. (1970). Piaget's theory. In P. H. Mussen (Ed.), *Carmichael's manual of child psychology* (3rd ed.), vol.1. John Wiley & Sons. (中垣啓訳　2007　ピアジェに学ぶ認知発達の科学　北大路書房)

Pinker, S. (1997). *How the mind works.* Norton. (椋田直子訳　2013　心の仕組み　ちくま書房)

Rochat, P. (2001). *The infant's world.* Harvard University Press. (板倉昭二・開一夫監訳　2004　乳児の世界　ミネルヴァ書房)

Santos, L. R. (2004). 'Core knowledges': A dissociation between spatiotemporal knowledge and contact-mechanics in a non-human primate? *Developmental Science*, 7, 167–174.

Santos, L. R., & Hauser, M. D. (2002). A non-human primate's understanding of solidity: Dissociations between seeing and acting. *Developmental Science*, 5, 1–7.

Santos, L. R., Seelig, D., & Hauser, M. D. (2006). Cotton-top tamarins' (*Saguinus oedipus*) expectations about occluded objects: A dissociation between looking and reaching tasks. *Infancy*, 9, 147–171.

Shinskey, J. L., Bogartz, R. S., & Poirier, C. R. (2000). The effects of graded occlusion on manual search and visual attention in 5- to 8-month-old infants. *Infancy*, 1, 323–346.

Spelke, E. (1994). Initial knowledge: Six suggestions. *Cognition*, 50, 431–445.

Spelke, E. S., Breinlinger, K., Macomber, J., Jacobson, K. (1992). Origins of knowledge. *Psychological Review*, 99, 605–632.

Spelke, E. S., & Kinzler, K. D. (2007). Core knowledge. *Developmental Science*, 10, 89–96.

Stahl, A. E., & Feigenson, L. (2015). Observing the unexpected enhances infants' learning and exploration. *Science*, 348, 91-94.

竹下秀子 (1999). 心とことばの初期発達　東京大学出版会

Tinklepaugh, O. L. (1928). An experimental study of representative factors in monkeys. *Journal of Comparative Psychology*, 8, 197-236.

Tomonaga, M., Imura, T., Mizuno, Y., & Tanaka, M. (2007). Gravity bias in young and adult chimpanzees (*Pan troglodytes*): Tests with modified opaque-tubes task. *Developmental Science*, 10, 410-420.

Tooby, J., & Cosmides, L. (1992). The psychological foundations of culture. In J. H. Barkow, L. Cosmides, & J. Tooby (Eds.), *The adapted mind: Evolutionary psychology and the generation of culture*. Oxford University Press.

Xu, F., Carey, S., & Welch, J. (1999). Infants' ability to use object kind in formation for object individuation. *Cognition*, 70, 137-166.

■第 5 章

Barth, H., Kanwisher, N., & Spelke, E. (2003). The construction of large number representations in adults. *Cognition*, 86, 201-221.

Beran, M. J. (2001). Summation and numerousness judgments of sequentially presented sets of items by chimpanzees (*Pan troglodytes*). *Journal of Comparative Psychology*, 115, 181-191.

Bijeljac-Babic, R., Bertoncini, J., & Mehler, J. (1993). How do 4-day-old infants categorize multisyllabic utterances? *Developmental Psychology*, 29, 711-721.

Boakes, R. (1984). *From Darwin to behaviourism: Psychology and the minds of animals*. Cambridge University Press. (宇津木保・宇津木成介訳　1990　動物心理学史――ダーウィンから行動主義まで　誠信書房)

Boysen, S. T., & Berntson, G. G. (1989). Numerical competence in a chimpanzee (*Pan troglodytes*). *Journal of Comparative Psychology*, 103, 23-31.

Brannon, E. M. (2002). The development of ordinal numerical knowledge in infancy. *Cognition*, 83, 223-240.

Call, J. (2000). Estimating and operating on discrete quantities in orangutans (*Pongo pygmaeus*). *Journal of Comparative Psychology*, 114, 136-147.

Canfield, R. L., & Smith, E. G. (1996). Number-based expectations and sequential enumeration by 5-month-old infants. *Developmental Psychology*, 32, 269-279.

Carey, S. (2001). Cognitive foundations of arithmetic: Evolution and ontogenesis. *Mind and Language*, 16, 37-55.

Carey, S. (2009). Where our number concepts come from. *Journal of Philosophy*, 106, 220-254.

Church, R. M., & Meck, W. H. (1984). The numerical attribute of stimuli. In H. L. Roitblat, H. S. Terrace, & T. G. Bever (Eds.), *Animal Cognition*, Erlbaum.

Cohen, L. B., & Marks, K. S. (2002). How infants process addition and subtraction events? *Developmental Science*, 5, 186-212.

Cooper, R. G. (1984). Early number development: Discovering number space with addition and subtraction. In C. Sophian (Ed.), *Origins of cognitive skills: The eighteenth annual Carnegie symposium on cognition*, Erlbaum.

Dacke, M., & Srinivasan, M. V. (2008). Evidence for counting in insects. *Animal Cognition*, 11, 683-689.

Davis, H., & Bradford, S. A. (1986). Counting behavior by rats in a simulated natural environment. *Ethology*, 73, 265-280.

Davis, H., & Pérusse, R. (1988). Numerical competence in animals: Definitional issues, current evidence, and a new research agenda. *Behavioral and Brain Sciences*, 11, 561-579.

Dehaene, S. (1997). *The number sense: How the mind creates mathematics*. Oxford University Press. (長谷川眞理子・小林哲生訳 2010 数覚とは何か？――心が数を創り, 操る仕組み 早川書房)

Feigenson, L. (2005). A double dissociation in infants' representations of object arrays. *Cognition*, 95, B37-B48.

Gelman, R., & Gallistel, C. R. (1978). *The child's understanding of number*. Harvard University Press.

Hauser, M. D., Tsao, F., Garcia, P., & Spelke, E. S. (2003). Evolutionary foundations of number: Spontaneous representation of numerical magnitudes by cotton-top tamarins. *Proceedings of the Royal Society of London. Series B: Biological Sciences*, 270, 1441-1446.

Irie, N., Hiraiwa-Hasegawa, M., & Kutsukake, N. (2019). Unique numerical competence of Asian elephants on the relative numerosity judgment task. *Journal of Ethology*, 37, 111-115.

Irie-Sugimoto, N., Kobayashi, T., Sato, T., & Hasegawa, T. (2009). Relative quantity judgment by Asian elephants (*Elephas maximus*). *Animal Cognition*, 12, 193-199.

Izard, V., Sann, C., Spelke, E. S., & Streri, A. (2009). Newborn infants perceive abstract numbers. *Proceedings of the National Academy of Sciences*, 106, 10382-10385.

Kaufman, E. L., Lord, M. W., Reese, T. W., & Volkmann, J. (1949). The discrimination of visual number. *American Journal of Psychology*, 62, 498-525.

Kobayashi, T., Hiraki, K., & Hasegawa, T. (2005). Auditory-visual intermodal matching of small numerosities in 6-month-old infants. *Developmental Science*, 8, 409-419.

Kobayashi, T., Hiraki, K., Mugitani, R., & Hasegawa, T. (2004). Baby arithmetic: One object plus one tone. *Cognition*, 91, B23-B34.

小林哲生・南泰浩・杉山弘晃 (2012). 語彙爆発の新しい視点――日本語学習児の初期語彙発達に関する縦断データ解析 ベビーサイエンス, 12, 40-64.

小林哲生・奥村優子・南泰浩 (2016). 語彙チェックリストアプリによる幼児語彙発達データ収集の試み 電子情報通信学会技術研究報告, 115, 1-6.

Lipton, J. S., & Spelke, E. S. (2003). Origins of number sense: Large-number discrimination in human infants. *Psychological Science*, 14, 396-401.

Lipton, J. S., & Spelke, E. S. (2005). Preschool children's mapping of number words to nonsymbolic numerosities. *Child Development*, 76, 978-988.

Meck, W. H., & Church, R. M. (1983). A mode control model of counting and timing processes.

Journal of Experimental Psychology: Animal Behavior Processes, 9, 320–334.

Mix, K. S., Levine, S. C., & Huttenlocher, J. (1997). Numerical abstraction in infants: Another look. *Developmental Psychology*, 33, 423–428.

Moore, D., Benenson, J., Reznick, J. S., Peterson, M., & Kagan, J. (1987). Effect of auditory numerical information on infants' looking behavior: Contradictory evidence. *Developmental Psychology*, 23, 665–670.

Pepperberg, I. M. (1987). Evidence for conceptual quantitative abilities in the African grey parrot: Labeling of cardinal sets. *Ethology*, 75, 37–61.

Pepperberg, I. M. (1994). Numerical competence in an African gray parrot (*Psittacus erithacus*). *Journal of Comparative Psychology*, 108, 36–44.

Pepperberg, I. M. (2012). Further evidence for addition and numerical competence by a Grey parrot (*Psittacus erithacus*). *Animal Cognition*, 15, 711–717.

Rugani, R., Regolin, L., & Vallortigara, G. (2007). Rudimental numerical competence in 5-day-old domestic chicks (*Gallus gallus*): Identification of ordinal position. *Journal of Experimental Psychology: Animal Behavior Processes*, 33, 21–31.

Schilling, T. H. (2000). Infants' looking at possible and impossible screen rotations: The role of familiarization. *Infancy*, 1, 389–402.

Spelke, E. S. (2000). Core knowledge. *American Psychologist*, 55, 1233–1243.

Spelke, E. S. (2022). *What babies know: Core knowledge and composition* Volume 1. Oxford University Press.

Starkey, P., & Cooper, R. G. (1980). Perception of numbers by human infants. *Science*, 210, 1033–1035.

Starkey, P., & Cooper Jr, R. G. (1995). The development of subitizing in young children. *British Journal of Developmental Psychology*, 13, 399–420.

Starkey, P., Spelke, E. S., & Gelman, R. (1983). Detection of intermodal numerical correspondences by human infants. *Science*, 222, 179–181.

Starkey, P., Spelke, E. S., & Gelman, R. (1990). Numerical abstraction by human infants. *Cognition*, 36, 97–127.

Suzuki, K., & Kobayashi, T. (2000). Numerical competence in rats (*Rattus norvegicus*): Davis and Bradford (1986) extended. *Journal of Comparative Psychology*, 114, 73–85.

Tomonaga, M. (2008). Relative numerosity discrimination by chimpanzees (*Pan troglodytes*): Evidence for approximate numerical representations. *Animal Cognition*, 11, 43–57.

Vámos, T. I. F., Tello-Ramos, M. C., Hurly, T. A., & Healy, S. D. (2020). Numerical ordinality in a wild nectarivore. *Proceedings of the Royal Society B*, 287, 20201269.

Wood, J. N., & Spelke, E. S. (2005). Infants' enumeration of actions: Numerical discrimination and its signature limits. *Developmental Science*, 8, 173–181.

Wynn, K. (1992). Addition and subtraction by human infants. *Nature*, 358, 749–750.

Wynn, K. (1996). Infants' individuation and enumeration of actions. *Psychological Science*, 7, 164–169.

Xu, F. (2003). Numerosity discrimination in infants: Evidence for two systems of representations. *Cognition*, 89, B15-B25.

Xu, F., & Spelke, E. S. (2000). Large number discrimination in 6-month-old infants. *Cognition*, 74, B1-B11.

Xu, F., Spelke, E. S., & Goddard, S. (2005). Number sense in human infants. *Developmental Science*, 8, 88-101.

■第6章

足立幾磨・藤田和生・桑畑裕子・石川悟（2003）．マカクザル乳児における生物的運動の知覚　友永雅己・田中正之・松沢哲郎編著　チンパンジーの認知と行動の発達　京都大学学術出版会

Barclay, C. D., Cutting, J. E., & Kozlowski, L. T. (1978). Temporal and spatial factors in gait perception that influence gender recognition. *Perception & Psychophysics*, 23, 145-152.

Bertin, E., & Bhatt, R. S. (2004). The Thatcher illusion and face processing in infancy. *Developmental Science*, 7, 431-436.

Birnholz, J. C., & Benacerraf, B. R. (1983). The development of human fetal hearing. *Science*, 222, 516-518.

Blake, R., Turner, L. M., Smoski, M. J., Pozdol, S. L., & Stone, W. L. (2003). Visual recognition of biological motion is impaired in children with autism. *Psychological Science*, 14, 151-157.

Boysen, S. T., & Berntson, G. G. (1989). Conspecific recognition in the chimpanzee (*Pan troglodytes*): Cardiac responses to significant others. *Journal of Comparative Psychology*, 103, 215-220.

Cheney, D. L., & Seyfarth, R. M. (1980). Vocal recognition in free-ranging vervet monkeys. *Animal Behaviour*, 28, 362-367.

Cutting, J. E., & Kozlowski, L. T. (1977). Recognizing friends by their walk: Gait perception without familiarity cues. *Bulletin of the Psychonomic Society*, 9, 353-356.

Dahl, C. D., Logothetis, N. K., Bülthoff, H. H., & Wallraven, C. (2010). The Thatcher illusion in humans and monkeys. *Proceedings of the Royal Society B: Biological Sciences*, 277, 2973-2981.

Dahl, C. D., Rasch, M. J., Tomonaga, M., & Adachi, I. (2013). Developmental processes in face perception. *Scientific Reports*, 3, 1044.

de Haan, M., Johnson, M. H., Maurer, D., & Perrett, D. I. (2001). Recognition of individual faces and average face prototypes by 1-and 3-month-old infants. *Cognitive Development*, 16, 659-678.

DeCasper, A. J., & Fifer, W. P. (1980). Of human bonding: Newborns prefer their mothers' voices. *Science*, 208, 1174-1176.

Fox, R., & McDaniel, C. (1982). The perception of biological motion by human infants. *Science*, 218, 486-487.

Friendly, R. H., Rendall, D., & Trainor, L. J. (2014). Learning to differentiate individuals by their voices: Infants' individuation of native- and foreign-species voices, *Developmental*

Psychobiology, 56, 228-237.

Fujita, K.（1987）. Species recognition by five macaque monkeys. *Primates*, 28, 353-366.

Fujita, K.（1990）. Species preference by infant macaques with controlled social experience. *International Journal of Primatology*, 11, 553-573.

Fujita, K.（1993a）. Development of visual preference for closely related species by infant and juvenile macaques with restricted social experience. *Primates*, 34, 141-150.

Fujita, K.（1993b）. Role of some physical characteristics in species recognition by pigtail monkeys. *Primates*, 34, 133-140.

Hanazuka, Y., Shimahara, N., Tokuda, Y., & Midorikawa, A.（2013）. Orangutans（*Pongo pygmaeus*）remember old acquaintances. *PLoS ONE*, 8, e82073.

Heron-Delaney, M., Wirth, S., & Pascalis, O.（2011）. Infants' knowledge of their own species. *Philosophical Transactions of the Royal Society B: Biological Sciences*, 366, 1753-1763.

石川悟・藤田和生・桑畑裕子（2003）. 生物的運動の知覚　友永雅己・田中正之・松沢哲郎編著　チンパンジーの認知と行動の発達　京都大学学術出版会

Johansson, G.（1973）. Visual perception of biological motion and a model for its analysis. *Perception & Psychophysics*, 14, 201-211.

Johnson, M. H., Dziurawiec, S., Ellis, H., & Morton, J.（1991）. Newborns' preferential tracking of face-like stimuli and its subsequent decline. *Cognition*, 40, 1-19.

Johnson, E. K., Westrek, E., Nazzi, T., & Cutler, A.（2011）. Infant ability to tell voices apart rests on language experience. *Developmental Science*, 14, 1002-1011.

Kaplan J. N, Winship-Ball A., & Sim L.（1978）. Maternal discrimination of infant vocalizations in squirrel monkeys. *Primates*, 19, 187-193.

Kelly, D. J., Quinn, P. C., Slater, A. M., Lee, K., Ge, L., & Pascalis, O.（2007）. The other-race effect develops during infancy: Evidence of perceptual narrowing. *Psychological Science*, 18, 1084-1089.

Kisilevsky, B. S., Hains, S. M. J., Brown, C. A., Lee, C. T., Cowperthwaite, B., Stutzman, S. S., Swansburg, M. L., Lee, K., Xie, X., Huang, H., Ye, H.-H., Zhang, K., & Wang, Z.（2009）. Fetal sensitivity to properties of maternal speech and language. *Infant Behavior and Development*, 32, 59-71.

Kojima, S., Izumi, A., & Ceugniet, M.（2003）. Identification of vocalizers by pant hoots, pant grunts and screams in a chimpanzee. *Primates*, 44, 225-230.

Kuhl, P. K., Stevens, E., Hayashi, A., Deguchi, T., Kiritani, S., & Iverson, P.（2006）. Infants show a facilitation effect for native language phonetic perception between 6 and 12 months. *Developmental Science*, 9, F13-F21.

Kuwahata, H., Adachi, I., Fujita, K., Tomonaga, M., & Matsuzawa, T.（2004）. Development of schematic face preference in macaque monkeys. *Behavioural Processes*, 66, 17-21.

Lewkowicz, D. J., & Ghazanfar, A. A.（2006）. The decline of cross-species intersensory perception in human infants. *Proceedings of the National Academy of Sciences of the USA*, 103, 6771-6774.

Lewkowicz, D. J., & Ghazanfar, A. A.（2009）. The emergence of multisensory systems through perceptual narrowing. *Trends in Cognitive Sciences*, 13, 470–478.

Lutz, C. K., Lockard, J. S., Gunderson, V. M., & Grant, K. S. (1998). Infant monkeys' visual responses to drawings of normal and distorted faces. *American Journal of Primatology*, 44, 169–174.

Martin-Malivel, J., & Okada, K. (2007). Human and chimpanzee face recognition in chimpanzees (*Pan troglodytes*) : Role of exposure and impact on categorical perception. *Behavioral Neuroscience*, 121, 1145–1155.

Masataka, N. (1985). Development of vocal recognition of mothers in infant Japanese macaques. *Developmental Psychobiology*, 18, 107–114.

Morton, J., & Johnson, M. H. (1991). CONSPEC and CONLERN: A two process theory of infant face recognition. *Psychological Review*, 98, 164–181.

Myowa-Yamakoshi, M., & Tomonaga, M. (2001). Development of face recognition in an infant gibbon (*Hylobates agilis*). *Infant Behavior and Development*, 24, 215–227.

Myowa-Yamakoshi, M., Yamaguchi, M. K., Tomonaga, M., Tanaka, M., & Matsuzawa, T. (2005). Development of face recognition in infant chimpanzees (*Pan troglodytes*). *Cognitive Development*, 20, 49–63.

Nazzi, T., Bertoncini, J., & Mehler, J. (1998). Language discrimination by newborns: Towards an understanding of the role of rhythm. *Journal of Experimental Psychology: Human Perception and Performance*, 24, 756–766.

Nelson, C. A. (2001). The development and neural bases of face recognition. *Infant and Child Development*, 10, 3–18.

Parron, C., Deruelle, C., & Fagot, J. (2007). Processing of biological motion point-light displays by baboons (*Papio papio*). *Journal of Experimental Psychology: Animal Behavior Processes*, 33, 381–391.

Pascalis, O., de Haan, M., & Nelson, C. A. (2002). Is face processing species-specific during the first year of life? *Science*, 296, 1321–1323.

Pascalis, O., de Schonen, S., Morton, J., Deruelle, C., & Fabre-Grenet, M. (1995). Mother's face recognition by neonates: A replication and an extension. *Infant Behavior and Development*, 18, 79–85.

Pascalis, O., Scott, L. S., Kelly, D. J., Shannon, R. W., Nicholson, E., Coleman, M., & Nelson, C. A. (2005). Plasticity of face processing in infancy. *Proceedings of the National Academy of Sciences of the USA*, 102, 5297–5300.

Pavlova, M., Krägeloh-Mann, I., Sokolov, A., & Birbaumer, N. (2001). Recognition of point-light biological motion displays by young children. *Perception*, 30, 925–933.

Pereira, M. E. (1986). Maternal recognition of juvenile offspring coo vocalizations in Japanese macaques. *Animal Behaviour*, 34, 935–937.

Quinn, P. C., Yahr, J., Kuhn, A., Slater, A. M., & Pascalis, O. (2002). Representation of the gender of human faces by infants: A preference for female. *Perception*, 31, 1109–1121.

Rendall, D., Rodman, P. S., & Emond, R. E. (1996). Vocal recognition of individuals and kin in free-ranging rhesus monkeys. *Animal Behaviour*, 51, 1007–1015.

Seyfarth, R. M., Cheney, D. L., & Marler, P. (1980). Vervet monkey alarm calls: Semantic communication in a free-ranging primate. *Animal Behaviour*, 28, 1070–1094.

Simion, F., Regolin, L., & Bulf, H. (2008). A predisposition for biological motion in the newborn baby. *Proceedings of the National Academy of Sciences of the USA*, 105, 809–813.

Sugita, Y. (2008). Face perception in monkeys reared with no exposure to faces. *Proceedings of the National Academy of Sciences of the USA*, 105, 394–398.

Tanaka, M. (2003). Visual preference by chimpanzees (*Pan troglodytes*) for photos of primates measured by a free choice-order task: Implication for influence of social experience. *Primates*, 44, 157–165.

Thompson, P. (1980). Margaret Thatcher: A new illusion. *Perception*, 9, 483–484.

Turati, C., Simion, F., Milani, I., & Umiltà, C. (2002). Newborns' preference for faces: What is crucial? *Developmental Psychology*, 38, 875–882.

Walton, G. E., Bower, N. J., & Bower, T. G. (1992). Recognition of familiar faces by newborns. *Infant Behavior and Development*, 15, 265–269.

Weiss, D. J., Garibaldi, B. T., & Hauser, M. D. (2001). The production and perception of long calls by cotton-top tamarins (*Saguinus oedipus*): Acoustic analyses and playback experiments. *Journal of Comparative Psychology*, 115, 258–271.

■第 7 章

Anderson, J. R., Kuroshima, H., & Fujita, K. (2010). Delay of gratification in capuchin monkeys (*Cebus apella*) and squirrel monkeys (*Saimiri sciureus*). *Journal of Comparative Psychology*, 124, 205–210.

Anderson, J. R., & Meno, P. (2003). Psychological influences on yawning in children. *Current Psychology Letters*, 11, 1–7.

Anderson, J. R., Myowa-Yamakoshi, M., & Matsuzawa, T. (2004). Contagious yawning in chimpanzees. *Proceedings of the Royal Society B: Biological Sciences*, 271, S468-S470.

Baba, C., Kawai, M., & Takimoto-Inose, A. (2019). Are horses (*Equus caballus*) sensitive to human emotional cues?. *Animals*, 9, 630.

Bard, K. A. (2003). Development of emotional expressions in chimpanzees (*Pan troglodytes*). *Annuals of the New York Academy of Sciences*, 1000, 88–90.

Barrera, M. E., & Maurer, D. (1981). The perception of facial expressions by the three-month-old infant. *Child Development*, 52, 203–206.

Beran, M. J. (2002). Maintenance of self-imposed delay of gratification by four chimpanzees (*Pan troglodytes*) and an orangutan (*Pongo pygmaeus*). *Journal of General Psychology*, 129, 49–66.

Beran, M. J., & Evans, T. A. (2006). Maintenance of delay of gratification by four chimpanzees (*Pan troglodytes*): The effects of delayed reward visibility, experimenter presence, and extended delay intervals. *Behavioural Processes*, 73, 315–324.

Briefer, E. F., Maigrot, A. L., Mandel, R., Freymond, S. B., Bachmann, I., & Hillmann, E. (2015).

Segregation of information about emotional arousal and valence in horse whinnies. *Scientific Reports*, 5, 1–11.

Brosnan, S. F. (2011). A hypothesis of the co-evolution of cooperation and responses to inequity. *Frontiers in Neuroscience*, 5, 43.

Brosnan, S. F., & de Waal, F. B. M. (2003). Monkeys reject unequal pay. *Nature*, 425, 297–299.

Brosnan, S. F., Schiff, H. C., & de Waal, F. B. M. (2005). Tolerance for inequity may increase with social closeness in chimpanzees. *Proceedings of the Royal Society B: Biological Sciences*, 272, 253–258.

Bullinger, A. F., Melis, A. P., & Tomasello, M. (2011). Chimpanzees, *Pan troglodytes*, prefer individual over collaborative strategies towards goals. *Animal Behaviour*, 82, 1135–1141.

Buss, K. A., & Kiel, E. J. (2004). Comparison of sadness, anger, and fear facial expressions when toddlers look at their mothers. *Child Development*, 75, 1761–1773.

Caeiro, C. C., Burrows, A. M., & Waller, B. M. (2017). Development and application of CatFACS: Are human cat adopters influenced by cat facial expressions?. *Applied Animal Behaviour Science*, 189, 66–78.

Caeiro, C. C., Waller, B. M., Zimmermann, E., Burrows, A. M., & Davila-Ross, M. (2013). OrangFACS: A muscle-based facial movements coding system for orangutans (*Pongo spp.*). *International Journal of Primatology*, 34, 115–129.

Campbell, M. W., & de Waal, F. B. M. (2011). Ingroup-outgroup bias in contagious yawning by chimpanzees supports link to empathy. *PLoS ONE*, 6, e18283.

Campos, J. J., Langer, A., & Krowitz, A. (1970). Cardiac responses on the visual cliff in prelocomotor human infants. *Science*, 170, 196–197.

Caron, R. F., Caron, A. J., & Myers, R. S. (1982). Abstraction of invariant face expressions in infancy. *Child Development*, 53, 1008–1015

Clay, Z., & de Waal, F. B. M. (2013). Development of socio-emotional competence in bonobos. *Proceedings of the National Academy of Sciences of the United States of America*, 110, 18121–18126.

Cole, P. (1986). Children's spontaneous control offacial expression. *Child Development*, 57, 1309–1321.

Correia-Caeiro, C., Burrows, A., Wilson, D. A., Abdelrahman, A., & Miyabe-Nishiwaki, T. (2022). CalliFACS: The common marmoset facial action coding system. *PLoS ONE*, 17, e0266442.

Davila-Ross, M., Menzler, S., & Zimmermann, E. (2008). Rapid facial mimicry in orangutan play. *Biology Letters*, 4, 27–30.

De Marco, A., & Visalberghi, E. (2007). Facial displays in young tufted capuchin monkeys (*Cebus apella*): Appearance, meaning, context and target. *Folia Primatology*, 78, 118–137.

de Waal, F. B. M. (1982). *Chimpanzee politics*. Harper and Row.

de Waal, F. B. M., & van Roosmalen, A. (1979). Reconciliation and consolation among chimpanzees. *Behavioral Ecology and Sociobiology*, 5, 55–66.

Demuru, E., & Palagi, E. (2012). In bonobos yawn contagion is higher among kin and friends.

PLoS ONE, 7, e49613

Ekman, P. (1992). Are there basic emotions? *Psychological Review*, 99, 550-553.

Ekman, P., & Friesen, W. V. (1978). *Facial action coding system*. Consulting Psychology Press.

Ekman, P., Friesen, W. V., & Hager, J. C. (2002). *Facial action coding system*. Research Nexus.

遠藤利彦 (2013). 「情の理」論――情動の合理性をめぐる心理学的考究　東京大学出版会

Evans, T. A., & Beran, M. J. (2007). Chimpanzees use self-distraction to cope with impulsivity. *Biology Letters*, 3, 599-602.

Farroni, T., Menon, E., Rigato, S., & Johnson, M. H. (2007). The perception of facial expressions in newborns. *European Journal of Developmental Psychology*, 4, 2-13.

Ferrari, P. F., Visalberghi, E., Paukner, A., Fogassi, L., Ruggiero, A., & Suomi, S. J. (2006). Neonatal imitation in rhesus macaques. *PLoS Biology*, 4, e302.

Field, T., Woodson, R., Greenberg, R., & Cohen, D. (1982). Discrimination and imitation of facial expression by neonates. *Science*, 218, 179-181.

Geangu, E., Hauf, P., Bhardwaj, R., & Bentz, W. (2011). Infant pupil diameter changes in response to others' positive and negative emotions. *PLoS ONE*, 6, e27132.

Geraci, A., & Surian, L. (2011). The developmental roots of fairness: Infants' reactions to equal and unequal distributions of resources. *Developmental Science*, 14, 1012-1020.

Goossens, B. A., Dekleva, M., Reader, S. M., Sterck, E. M., & Bolhuis, J. (2008). Gaze following in monkeys is modulated by observed facial expressions. *Animal Behaviour*, 75, 1673-1681.

Hamann, K., Warneken, F., Greenberg, J. R., & Tomasello, M. (2011). Collaboration encourages equal sharing in children but not in chimpanzees. *Nature*, 476, 328-331.

Harris, P. L., Donnelly, K., Guz, G. R., & Pitt-Watson, R. (1986). Children's understanding of the distinction between real and apparent emotion. *Child Development*, 57, 895-909.

Hoffman, M. L. (1975). Developmental synthesis of affect and cognition and its implications for altruistic motivation. *Developmental Psychology*, 11, 607-622.

Hoffman, M. L. (1978). Empathy, its development and prosocial implications. *Nebraska Symposium on Motivation*, 25, 169-217.

Hoffman, M. L. (2000). *Empathy and moral development: Implications for caring and justice*. Cambridge University Press.

Hopper, L. M., Lambeth, S. P., Schapiro, S. J., Bernacky, B. J., & Brosnan S. F. (2013). The ontogeny of social comparisons in rhesus macaques (*Macaca mulatta*). *Journal of Primatology*, 2, 109.

板倉昭二 (2012). 赤ちゃんの感情と社会性　小西行郎・遠藤利彦編　赤ちゃん学を学ぶ人のために　世界思想社

Izard, C. E. (1991). *The psychology of emotions*. Plenum Press.

Izard, C. E., Hembree, E. A., & Huebner, R. R. (1987). Infants' emotion expressions to acute pain: Developmental change and stability of individual differences. *Developmental Psychology*, 23, 105-113.

Jacobson, S. G., Franklin, K. B. J., & McDonald, W. I. (1976). Visual acuity of the cat. *Vision*

Research, 16, 1141–1143.

Johnson, M. H., Posner. M. I., & Rothbart, M. K. (1991). Components of visual orienting in early infancy: Contingency learning, anticipatory looking, and disengaging. *Journal of Cognitive Neuroscience, 3*, 335–344.

Kagan, J., Kearsley, R. B., & Zelazo, P. R. (1978). *Infancy: Its place in human development.* Harvard University Press.

Kaminski, J., Hynds, J., Morris, P., & Waller, B. M. (2017). Human attention affects facial expressions in domestic dogs. *Scientific Reports, 7*, 1–7.

Kanakogi, Y., Okumura, Y., Inoue, Y., Kitazaki, M., & Itakura, S. (2013). Rudimentary sympathy in preverbal infants: Preference for others in distress. *PLoS ONE, 8*, e65292.

金丸智美（2014）．情動調整（制御）の発達プロセス　遠藤利彦・石井佑可子・佐久間路子編　よくわかる情動発達　ミネルヴァ書房

川上文人（2009）．自発的微笑の系統発生と個体発生　人間環境学研究，7, 67–74.

Kidd, C., Palmeri, H., & Aslin, R. N. (2013). Rational snacking: Young children's decision-making on the marshmallow task is moderated by beliefs about environmental reliability. *Cognition, 126*, 109–114.

子安増生・田村綾菜・溝川藍（2007）．感情の成長——情動調整と表示規則の発達　藤田和生編　感情科学　京都大学学術出版会

LaBarbera, J. D., Izard, C. E., Vietze, P., & Parisi, S. A. (1976). Four- and six-month-old infants' visual responses to joy, anger, and neutral expressions. *Child Development, 47*, 535–538.

Lewis, M. (1995). Embarrassment: The emotion of self-exposure and evaluation. In J. P. Tanganey, & K. W. Fischer (Eds.), *Self-conscious emotions.* Guilford Press.

Lind, O., Milton, I., Andersson, E., Jensen, P., & Roth, L. S. V. (2017). High visual acuity revealed in dogs. *PLoS ONE, 12*, e0188557.

Madsen, E. A., Persson, T., Sayehli, S., Lenninger, S., & Sonesson, G. (2013). Chimpanzees show a developmental increase in susceptibility to contagious yawning: A test of the effect of ontogeny and emotional closeness on yawn contagion. *PLoS ONE, 8*, e76266.

Mallavarapu, S., Stoinski, T., Bloomsmith, M., & Maple, T. (2006). Postconflict behavior in captive western lowland gorillas (*Gorilla gorilla gorilla*). *American Journal of Primatology, 68*, 789–801.

Mancini, G., Ferrari, P. F., & Palagi, E. (2013). Rapid facial mimicry in geladas. *Scientific Reports, 3*, 1527.

Martin, G. B., & Clark, R. D. (1982). Distress crying in infants: Species and peer specificity. *Developmental Psychology, 18*, 3–9.

Massen, J. J. M., van den Berg, L. M., Spruijt, B. M., & Sterck, E. H. M. (2012). Inequity aversion in relation to effort and relationship quality in long-tailed macaques (*Macaca fascicularis*). *American Journal of Primatology, 74*, 145–156.

松阪崇久（2008）．笑いの起源と進化　心理学評論，51, 431–446.

Meltzoff, A. N., & Moore, M. K. (1977). Imitation of facial and manual gestures by human neonates. *Science*, 198, 75–78.

Michaelson, L. E., & Munakata, Y. (2016). Trust matters: Seeing how an adult treats another person influences preschoolers' willingness to delay gratification. *Developmental Science*, 19, 1011–1019.

Michaelson, L. E., & Munakata, Y. (2020). Same data set, different conclusions: Preschool delay of gratification predicts later behavioral outcomes in a preregistered study. *Psychological Science*, 31, 193–201.

Mischel, W., & Ebbesen, E. B. (1970). Attention in delay of gratification. *Journal of Personality and Social Psychology*, 16, 329–337.

Mizuno, Y., Takeshita, H., & Matsuzawa, T. (2006). Behavior of infant chimpanzees during the night in the first 4 months of life: Smiling and suckling in relation to behavioral state. *Infancy*, 9, 221–240. (https://www.pri.kyoto-u.ac.jp/sections/langint/ai/en/publication/YuuMizuno/Behavior_of_infant_chimpanzees_during_the_night_in_the_first_4_months_of_life.html)

Nahm, F. K. D., Perret, A., Amaral, D. G., & Albright, T. D. (1997). How do monkeys look at face? *Journal of Cognitive Neuroscience*, 9, 611–623.

Nakamura, K., Takimoto-Inose, A., & Hasegawa, T. (2018). Cross-modal perception of human emotion in domestic horses (*Equus caballus*). *Scientific Reports*, 8, 1–9.

Nakato, E., Otsuka, Y., Kanazawa, S., Yamaguchi, M. K., & Kakigi, R. (2011). Distinct differences in the pattern of hemodynamic response to happy and angry facial expressions in infants: A near-infrared spectroscopic study. *NeuroImage*, 54, 1600–1606.

Nelson, C. A., & Dolgin, K. (1985). The generalized discrimination of facial expressions by 7-month-old infants. *Child Development*, 56, 58–61.

Norscia, I., & Palagi, E. (2011). Yawn contagion and empathy in *Homo sapiens*. *PLoS ONE*, 6, e28472.

Oster, H. (2006). Baby FACS: Facial action coding system for infants and young children. Unpublished monograph and coding manual. New York University.

Palagi, E., Leone, A., Mancini, G., & Ferrari, P. F. (2009). Contagious yawning in gelada baboons as a possible expression of empathy. *Proceedings of the National Academy of Sciences of the United States of America*, 106, 19262–19267.

Parr, L. A. (2001). Cognitive and physiologicalmarkers of emotional awareness in chimpanzees (*Pan troglodytes*). *Animal Cognition*, 4, 223–229.

Parr, L. A., & Heintz, M. (2009). Facial expression recognition in rhesus monkeys, *Macaca mulatta*. *Animal Behaviour*, 77, 1507–1513.

Parr, L. A., Hopkins, W. D., & de Waal, F. B. M. (1998). The perception of facial expressions in chimpanzees, *Pan troglodytes*. *Evolution of Communication*, 2, 1–23.

Parr, L. A., Waller, B. M., Bullows, A. M., Gothard, K. M., & Vick, S. J. (2010). MaqFACS: A mustle-based facial movement coding system for the rhesus macaque. *American Journal of Physical Anthropology*, 143, 625–630.

Parr, L. A., Waller, B. M., & Heintz, M. (2008). Facial expression categorization by chimpanzees using standardized stimuli. *Emotion*, 8, 216–231.

Parrish, A. E., Perdue, B. M., Stromberg, E. E., Bania, A. E., Evans, T. A., & Beran, M. J. (2014). Delay of gratification by orangutans (*Pongo pygmaeus*) in the accumulation task. *Journal of Comparative Psychology*, 128, 209–214.

Platek, S. M., Critton, S. R., Myers, T. E., & Gallup, Jr., G. G. (2003). Contagious yawning: The role of self-awareness and mental state attribution. *Cognitive Brain Research*, 17, 223–227.

Platek, S. M., Mohamed, F. B., & Gallup, Jr., G. G. (2005). Contagious yawning and the brain. *Cognitive Brain Research*, 23, 448–452.

Preston, S. D., & de Waal, F. B. M. (2002). Empathy: Its ultimate and proximate bases. *Behavioral and Brain Sciences*, 25, 1–20.

Proops, L., & McComb, K. (2012). Cross-modal individual recognition in domestic horses (*Equus caballus*) extends to familiar humans. *Proceedings of the Royal Society B: Biological Sciences*, 279, 3131–3138.

Proops, L., McComb, K., & Reby, D. (2009). Cross-modal individual recognition in domestic horses (*Equus caballus*). *Proceedings of the National Academy of Sciences of the United States of America*, 106, 947–951.

Rekers, Y., Haun, D. B. M., & Tomasello, M. (2011). Children, but not chimpanzees, prefer to collaborate. *Current Biology*, 21, 1756–1758.

Repacholi, B. M., Meltzoff, A. N., & Olsen, B. (2008). Infants' understanding of the link between visual perception and emotion: "If she can't see me doing it, she won't get angry." *Developmental Psychology*, 44, 561–574.

Romero, T., Castellanos, M. A., & de Waal, F. B. M. (2010). Consolation as possible expression of sympathetic concern among chimpanzees. *Proceedings of the National Academy of Sciences of the United States of America*, 107, 12110–12115.

Russell, C. L., Bard, K. A., & Adamson, L. B. (1997). Social referencing by young chimpanzees (*Pan troglodytes*). *Journal of Comparative Psychology*, 111, 185–193.

Sagi, A., & Hoffman, M. L. (1976). Empathic distress in the newborn. *Developmental Psychology*, 12, 175–176.

Schmidt, M. F. H., & Sommerville, J. A. (2011). Fairness expectations and altruistic sharing in 15-month-old human infants. *PLoS ONE*, 6, e23223.

Schwartz, A. N., Campos, J. J., & Baisel. E. J. (1973). The visual cliff: Cardiac and behavioral responses on the deep and shallow sides at five and nine months of age. *Journal of Experimental Child Psychology*, 15, 86–99.

Senju, A., Maeda, M., Kikuchi, Y., Hasegawa, T., Tojo, Y., & Osanai, H. (2007). Absence of contagious yawning in children with autism spectrum disorder. *Biology Letters*, 3, 706–708.

篠原郁子 (2021). 乳児期の情動制御　上淵寿・平林秀美編　情動制御の発達心理学　ミネルヴァ書房

Sloane, S., Baillargeon, R., & Premack, D. (2012). Do infants have a sense of fairness? *Psychological Science*, 23, 196–204.

Smith, A. V., Proops, L., Grounds, K., Wathan, J., & McComb, K. (2016). Functionally relevant responses to human facial expressions of emotion in the domestic horse (*Equus caballus*). *Biology Letters*, 12, 20150907.

Sorce, J. F., Emde, R. N., Campos, J. J., & Klinnert, M. D. (1985). Maternal emotional signaling: Its effect on the visual cliff behavior of 1-year-olds. *Developmental Psychology*, 21, 195–200.

Soussignan, R., Schaal, B., & Marlier, L. (1999). Olfactory alliesthesia in human neonates: Prandial state and stimulus familiarity modulate facial and autonomic responses to milk odors. *Developmental Psychology*, 35, 3–14.

Stenberg, C. R., Campos, J. J., & Emde, R. N. (1983). The facial expression of anger in seven-month-old infants. *Child Development*, 178–184.

Takimoto-Inose, A. (2021). Evolutionary perspective on prosocial behaviors in nonhuman animals. In J. R. Anderson, & H. Kuroshima (Eds.), *Comparative cognition: Commonalities and diversity*. Springer.

瀧本彩加・山本真也 (2014). 霊長類の利他行動——協力社会を生み出すこころの進化　山岸俊男・亀田達也・巌佐庸・長谷川英祐・瀧本彩加・山本真也・高橋伸幸・竹澤正哲・増田直紀編　社会のなかの共存　岩波書店

Tanner, J., & Byrne, R. (1993). Concealing facial evidence of mood: Perspective-taking in a captive gorilla? *Primates*, 34, 451–457.

Thunström, M., Kuchenbuch, P., & Young, C. (2014). Concealing of facial expressions by a wild barbary macaque (*Macaca sylvanus*). *Primates*, 55, 369–375.

Timney, B., & Keil, K. (1992). Visual acuity in the horse. *Vision Research*, 32, 2289–2293.

Usui, S., Senju, A., Kikuchi, Y., Akechi, H., Tojo, Y., Osanai, H., & Hasegawa, T. (2013). Presence of contagious yawning in children with autism spectrum disorder. *Autism Research and Treatment*, 2013, 971686.

Vaillant-Molina, M., Bahrick, L. E., & Flom, R. (2013). Young infants match facial and vocal emotional expressions of other infants. *Infancy*, 18, E97-E111.

Vaish, A., Grossmann, T., & Woodward, A. (2008). Not all emotions are created equal: The negativity bias in social-emotional development. *Psychological Bulletin*, 134, 383–403.

van Hooff, J. A. R. A. M. (1972). A comparative approach to the phylogeny of laughter and smile. In R. A. Hinde (Ed.), *Non-verbal communication*, Cambridge University Press.

Vick, S-J., Waller, B. M., Parr, L. A., Smith Pasqualini, M. C., & Bard, K. A. (2007). A cross-species comparison of facial morphology and movement in humans and chimpanzees using the facial action coding system (FACS). *Journal of Nonverbal Behaviour*, 31, 1–20.

Visalberghi, E., Valenzano, D. R., & Preuschoft, S. (2006). Facial displays in *Cebus apella*. *International Journal of Primatology*, 27, 1689–1707.

Waller, B. M., Lembeck, M., Kuchenbuch, P., Burrows, A. M., & Liebal, K. (2012). GibbonFACS: A muscle-based facial movement coding system for hylobatids. *International Journal of Primatology*, 33, 809–821.

Waller, B. M., Peirce, K., Caeiro, C. C., Scheider, L., Burrows, A. M., McCune, S., & Kaminski, J.

(2013). Paedomorphic facial expressions give dogs a selective advantage. *PloS ONE*, 8, e82686.

Wathan, J., Burrows, A. M., Waller, B. M., & McComb, K. (2015). EquiFACS: The equine facial action coding system. *PLoS ONE*, 10, e0131738.

Wathan, J., Proops, L., Grounds, K., & McComb, K. (2016). Horses discriminate between facial expressions of conspecifics. *Scientific Reports*, 6, 1-11.

Wechkin, S., Masserman, J. H., & Terris, Jr., W. (1964). Shock to a conspecific as an aversive stimulus. *Psychonomic Science*, 1, 47-48.

Wolff, P. H. (1959). Observations on newborn infants. *Psychosomatic Medicine*, 21, 110-118.

山口真美 (2004). 顔と発達　竹原卓真・野村理朗編　「顔」研究の最前線　北大路書房

Yamamoto, S., & Takimoto, A. (2012). Empathy and fairness: Psychological mechanisms for eliciting and maintaining prosociality and cooperation in primates. *Social Justice Research*, 25, 233-255.

Young-Browne, G., Rosenfeld, H. M., & Horowitz, F. D. (1977). Infant discrimination of facial expressions. *Child Development*, 48, 555-562.

Zahn-Waxler, C., Robinson, J. L., & Emde, R. N. (1992). The development of empathy in twins. *Developmental Psychology*, 28, 1038-1047.

■第 8 章

Bard, K. A. (2000). Crying in infant primates: Insights into the development of crying in chimpanzees. In R. G. Barr, B. Hopkins, J. A. Green (Eds.) *Crying as a sign, a symptom, & a signal: Clinical emotional and developmental aspects of infant and toddler crying*. Mac Keith Press.

Bard, K. A., Myowa-Yamakoshi., M, Tomonaga, M., Tanaka. M., Costall, A., & Matsuzawa, T. (2005). Group differences in the mutual gaze of chimpanzees (*Pan troglodytes*). *Developmental Psychology*, 41, 616-624.

de Waal, F. B. M. (1982). *Chimpanzee politics: Power and sex among apes*. Jonathan Cape. (西田利貞訳　1994　政治をするサル──チンパンジーの権力と性　平凡社)

de Waal, F. B. M. (1994). Chimpanzee's adaptive potential: A comparison of social life under captive and wild conditions. In R. W. Wrangham, W. C. McGrew, F. B. M. de Waal, & P. G. Heltne (Eds.) *Chimpanzee cultures*. Harvard University Press.

Deacon, T. W. (1990). Problems of ontogeny and phylogeny in brain-size evolution. *International Journal of Primatology*, 11, 237-282.

DeSilva, J. M. (2011). A shift toward birthing relatively large infants early in human evolution. *Proceedings of the National Academy of Sciences*, 108, 1022-1027.

Dienske, H (1984). Early development of motor abilities, daytime sleep and social interactions in the rhesus monkey, chimpanzee and man. *Clinics in Developmental Medicine*, 94, 126-143.

Halina, M., Rossano, F., & Tomasello, M. (2013). The ontogenetic ritualization of bonobo gestures. *Animal Cognition*, 16, 653-666.

濱田穣（2007）．なぜヒトの脳だけが大きくなったのか　講談社

Hawkes, K., O'Connell, J. F., Blurton Jones, N. G., Alvarez, H., & Charnov, E. L.（1998）. Grandmothering, menopause, and the evolution of human life histories. *Proceedings of the National Academy of Science*, 95, 1336–1339.

Hayashi, M.（2022）. Introduction to "Evolutionary origins of human language: Hierarchical complexity and communicative signals." *Primates*, 63, 397–401.

Hayashi, M., & Takeshita, H.（2022）. Hierarchical object combination and tool use in the great apes and human children. *Primates*, 63, 429–441.

Hirata, S., Fuwa, K., Sugama, K., Kusunoki, K., & Takeshita, H.（2011）. Mechanism of birth in chimpanzees: Humans are not unique among primates. *Biology Letters*, 7, 686–688.

Hobaiter, C., & Byrne, R. W.（2014）. The meanings of chimpanzee gestures. *Current Biology*, 24, 1596–1600.

Hofman, M. A.（1983）. Evolution of brain size in neonatal and adult placental mammals: A theoretical approach. *Journal of Theoretical Biology*, 105, 317–332.

板倉昭二（1999）．自己の起原――比較認知科学からのアプローチ　金子書房

井山弘幸・金森修（2000）．現代科学論――科学をとらえ直そう　新曜社

Kahlenberg, S. M., & Wrangham, R. W.（2010）. Sex differences in chimpanzees' use of sticks as play objects resemble those of children. *Current Biology*, 20, R1067–R1068.

Kuzawa, C. W.（1998）. Adipose tissue in human infancy and childhood: An evolutionary perspective. *Yearbook of Physical Anthropology*, 41, 177–209.

Laudicina, N. M., Rodriguez, F., & DeSilva, J. M.（2019）. Reconstructing birth in Australopithecus sediba. *PLoS One*, 14, e0221871.

Lavelli, M., & Fogel, A.（2002）. Developmental change in mother-infant face-to-face communication: Birth to 3 months. *Developmental Psychology*, 38, 288–305.

Leutenegger, W.（1976）. Allometory of neonatal size in eutherian mammals. *Nature*, 263, 229–230.

Lickliter, R., & Berry, T. D.（1990）. The phylogeny fallacy: Developmental psychology's misapplication of evolutionary theory. *Developmental Review*, 10, 348–364.

Matsuzawa, T.（1997）. Reviewed Article: The death of an infant chimpanzee at Bossou, Guinea. *Pan Africa News*, 4, 4–6.

松沢哲郎（2002）．アイとアユム――母と子の700日　講談社

Matsuzawa, T.（2006a）. Comparative cognitive development. *Developmental Science*, 10, 97–103.

Matsuzawa, T.（2006b）. Evolutionary origins of the human mother-infant relationship. In T. Matsuzawa, M. Tomonaga, & M. Tanaka（Eds.）, *Cognitive development in chimpanzees*. Springer.

松沢哲郎編（2010）．人間とは何か――チンパンジー研究から見えてきたこと　岩波書店

Matsuzawa, M., Tomonaga, M., & Tanaka, M.（Eds.）.（2006）. *Cognitive development in chimpanzees*. Springer.

松沢哲郎・上野有理・松野響・林美里（2003）．「まね」と「ふり」　科学，73, 482–483.

水野友有・竹下秀子（2002）．生後1カ月までのチンパンジーの行動発達――母子の夜間観察

から　心理学評論, 45, 352-364.

Mizuno, Y., Takeshita, H., & Matsuzawa, T. (2006). Behavior of infant chimpanzees during the night in the first 4 months of life: Smiling and sucking in relation to behavioral state. *Infancy*, 9, 221-240.

水野友有・友永雅己・竹下秀子 (2003). チンパンジー乳児の「泣き」と母子関係　日本赤ちゃん学会第3回学術集会

明和政子 (2006). 心が芽ばえるとき──コミュニケーションの誕生と進化　NTT出版

中川織江 (2001). 粘土造形の心理学的・行動学的研究──ヒト幼児およびチンパンジーの粘土遊び　風間書房

Okamoto, S., Tomonaga, M., Ishii, K., Kawai, N., Tanaka, M., & Matsuzawa T. (2002). An infant chimpanzee (*Pan troglodytes*) follows human gaze. *Animal Cognition*, 5, 107-114.

大神英裕 (2008). 発達障害の早期支援──研究と実践を紡ぐ新しい地域連携　ミネルヴァ書房

Pawlowski, B. (1998). Why are human newborns so big and fat? *Human Evolution*, 13, 65-72.

Plooij, F. (1984). *The behavioral development of free-living chimpanzee babies and infants*. Ablex.

Poti, P., Hayashi, M., & Matsuzawa, T. (2009). Spatial construction skills of chimpanzees (*Pan troglodytes*) and young human children (*Homo sapiens sapiens*). *Developmental Science*, 12, 536-548.

Reed E. S. (1996). *Encountering the world: Toward an ecological psychology.* Oxford University Press. (細田直哉訳／佐々木正人監修　2000　アフォーダンスの心理学──生態心理学への道　新曜社)

Rosenberg, K., & Trevathan, W. (1995). Bipedalism and human birth: The obstetrical dilemma revisited. *Evolutionary Anthropology*, 4, 161-168.

Ross, C. (2001). Park or ride?: Evolution of infant carrying in primates. *International Journal of Primatology*, 22, 749-771.

齋藤亜矢 (2014). ヒトはなぜ絵を描くのか──芸術認知科学への招待　岩波書店

Saito, A., Hayashi, M., Takeshita, H., & Matsuzawa, T. (2014). The origin of representational drawing: A comparison of human children and chimpanzees. *Child Development*, 85, 2232-2246.

杉山幸丸編 (1996). サルの百科　データハウス

竹下秀子 (1999). 心とことばの初期発達──霊長類の比較行動発達学　東京大学出版会

竹下秀子 (2001). 赤ちゃんの手とまなざし──ことばを生みだす進化の道すじ　岩波書店

竹下秀子 (2009). あおむけで他者, 自己, 物とかかわる赤ちゃん　発達心理学研究, 20, 29-41.

Takeshita, H., & van Hooff, J. A. R. A. M. (1996). Tool use by chimpanzees (*Pan troglodytes*) of the Arnhem Zoo community. *Japanese Psychological Research*, 38, 163-173.

Tomasello, M. (2019). *Becoming human: A theory of ontogeny*. Harvard University Press.

Tomasello, M., Hare, B., & Fogleman, T. (2001). The ontogeny of gaze following in chimpanzees, *Pan troglodytes*, and rhesus macaques, *Macaca mulatta*. *Animal Behaviour*, 61, 335-343.

Tomonaga, M., Tanaka, M., Matsuzawa, T., Myowa-Yamakoshi, M., Kosugi, D., Mizuno, Y.,

Okamoto, S., Yamaguchi, M. K., & Bard, K. A. (2004). Development of social cognition in infant chimpanzees (*Pan troglodytes*): Face recognition, smiling, gaze, and the lack of triadic interactions. *Japanese Psychological Research*, 46, 227–235.

上野有理・松沢哲郎（2003）．母子間における食物を介した相互交渉と食物の分配　友永雅己・田中正之・松沢哲郎編　チンパンジーの認知と行動の発達　京都大学学術出版会

Ueno, A., & Matsuzawa T. (2004). Food transfer between chimpanzee mothers and their infants. *Primates*, 45, 231–239.

山形恭子（2000）．初期描画発達における表象活動の研究　風間書房

Washburn, S. L. (1960). Tools and human evolution. *Scientific American*, 203, 63–75.

■第9章

Amsterdam, B. (1972). Mirror self-image reactions before age two. *Developmental Psychobiology*, 5, 297–305.

Anderson, J. R. (1984). The development of self-recognition: A review. *Developmental Psychobiology*, 17, 35–49.

Anderson, J. R., & Gallup Jr, G. G. (2015). Mirror self-recognition: A review and critique of attempts to promote and engineer self-recognition in primates. *Primates*, 56, 317–326.

Bard, K. A., Todd, B. K., Bernier, C., Love, J., & Leavens, D. A. (2006). Self-awareness in human and chimpanzee infants: What is measured and what is meant by the mark and mirror test? *Infancy*, 9, 191–219.

Boysen, S. T., Bryan, K. M., & Shreyer, T. A. (1994). Shadows and mirrors: Alternative avenues to the development of self-recognition in chimpanzees. In S. T. Parker, R. W. Mitchell, & M. L. Boccia (Eds.), *Self-awareness in animals and humans: Developmental perspectives*. Cambridge University Press.

Cameron, P. A., & Gallup, G. G. (1988). Shadow recognition in human infants. *Infant Behavior and Development*, 11, 465–471.

Chang, L., Fang, Q., Zhang, S., Poo, M.-M., & Gong, N. (2015). Mirror-induced self-directed behaviors in rhesus monkeys after visual-somatosensory training. *Current Biology*, 25, 212–217.

de Waal, F. B. M. (2009). *The age of empathy: Nature's lessons for a kinder society.* Harmony Books. （柴田裕之訳　2010　共感の時代へ――動物行動学が教えてくれること　紀伊國屋書店）

Epstein, R., Lanza, R. P., & Skinner, B. F. (1981). "Self-awareness" in the pigeon. *Science*, 212, 695–696.

Gallup, G. G. (1970). Chimpanzees: Self-recognition. *Science*, 167, 86–87.

Gallup, G. G. (1997). On the rise and fall of self-conception in primates. *Annals of the New York Academy of Sciences*, 818, 73–82.

Gallup, G. G., McClure, M. K., Hill, S. D., & Bundy, R. A. (1971). Capacity for self-recognition in differentially reared chimpanzees. *Psychological Record*, 21, 69–74.

Heschl, A., & Fuchsbichler, C. (2009). Siamangs (*Hylobates syndactylus*) recognize their mirror image. *International Journal of Comparative Psychology*, 22, 221–233.

Hirata, S. (2007). A note on the responses of chimpanzees (*Pan troglodytes*) to live self-images on television monitors. *Behavioural Processes*, 75, 85–90.

Hirata, S., Matsuda, G., Ueno, A., Fuwa, K., Sugama, K., Kusunoki, K., Fukushima, H., Hiraki, K., Tomonaga, M., & Hasegawa, T. (2011). Event-related potentials in response to subjects' own names: A comparison between humans and a chimpanzee. *Communicative & Integrative Biology*, 4, 321–323.

Hyatt, C. W., & Hopkins, W. (1994). Self-awareness in bonobos and chimpanzees: A comparative perspective. In S. T. Parker, R. W. Mitchell, & M. L. Boccia (Eds.), *Self-awareness in animals and humans: Developmental perspectives*. Cambridge University Press.

Inoue-Nakamura, N. (1997). Mirror self-recognition in nonhuman primates: A phylogenetic approach. *Japanese Psychological Research*, 39, 266–275.

Itakura, S. (1987). Use of a mirror to direct their responses in Japanese monkeys (*Macaca fuscata fuscata*). *Primates*, 28, 343–352.

Kaneko, T., & Tomonaga, M. (2011). The perception of self-agency in chimpanzees (*Pan troglodytes*). *Proceedings of the Royal Society B: Biological Sciences*, rspb20110611.

Lethmate, J., & Dücker, G. (1973). Experiments on self-recognition in a mirror in orangutans, chimpanzees, gibbons and several monkey species. *Zeitschrift für Tierpsychologie*, 33, 248–269.

Lin, A. C., Bard, K. A., & Anderson, J. R. (1992). Development of self-recognition in chimpanzees (*Pan troglodytes*). *Journal of Comparative Psychology*, 106, 120–127.

Miyazaki, M., & Hiraki, K. (2006). Delayed intermodal contingency affects young children's recognition of their current self. *Child Development*, 77, 736–750.

Miyazaki, M., Takahashi, H., Rolf, M., Okada, H., & Omori, T. (2014). The image-scratch paradigm: A new paradigm for evaluating infants' motivated gaze control. *Scientific Reports*, 4, 5498.

Neisser, U. (1988). Five kinds of self-knowledge. *Philosophical Psychology*, 1, 35–59.

Nielsen, T. I. (1963). Volition: A new experimental approach. *Scandinavian Journal of Psychology*, 4, 225–230.

Parker, S. T. (1994). Incipient mirror self-recognition in zoo gorillas and chimpanzees. In S. T. Parker, R. W. Mitchell, & M. L. Boccia (Eds.), *Self-awareness in animals and humans: Developmental perspectives*. Cambridge University Press.

Patterson, F. G., & Cohn, R. H. (1994). Self-recognition and self-awareness in lowland gorillas. In S. T. Parker, R. W. Mitchell, & M. L. Boccia (Eds.), *Self-awareness in animals and humans: Developmental perspectives*. Cambridge University Press.

Plotnik, J. M., de Waal, F. B., & Reiss, D. (2006). Self-recognition in an Asian elephant. *Proceedings of the National Academy of Sciences of the USA*, 103, 17053–17057.

Posada, S., & Colell, M. (2007). Another gorilla (*Gorilla gorilla gorilla*) recognizes himself in a mirror. *American Journal of Primatology*, 69, 576–583.

Povinelli, D. J., Landau, K. R., & Perilloux, H. K. (1996). Self-recognition in young children using delayed versus live feedback: Evidence of a developmental asynchrony. *Child Development*, 67, 1540–1554.

Povinelli, D. J., Rulf, A. B., Landau, K. R., & Bierschwale, D. T. (1993). Self-recognition in chimpanzees (*Pan troglodytes*): Distribution, ontogeny, and patterns of emergence. *Journal of Comparative Psychology*, 107, 347–372.

Reiss, D., & Marino, L. (2001). Mirror self-recognition in the bottlenose dolphin: A case of cognitive convergence. *Proceedings of the National Academy of Sciences of the USA*, 98, 5937–5942.

Suarez, S. D., & Gallup, G. G. (1981). Self-recognition in chimpanzees and orangutans, but not gorillas. *Journal of Human Evolution*, 10, 175–188.

Swartz, K. B., & Evans, S. (1991). Not all chimpanzees (*Pan troglodytes*) show self-recognition. *Primates*, 32, 483–496.

Uchino, E., & Watanabe, S. (2014). Self-recognition in pigeons revisited. *Journal of the Experimental Analysis of Behavior*, 102, 327–334.

Ueno, A., Hirata, S., Fuwa, K., Sugama, K., Kusunoki, K., Matsuda, G., Fukushima, H. Hiraki, K., Tomonaga, M., & Hasegawa, T. (2010). Brain activity in an awake chimpanzee in response to the sound of her own name. *Biology Letters*, 6, 311–313.

Westergaard, G. C., & Hyatt, C. W. (1994). The responses of bonobos (*Pan paniscus*) to their mirror images: Evidence of selfrecognition. *Human Evolution*, 9, 273–279.

Zahn-Waxler, C., Radke-Yarrow, M., Wagner, E., & Chapman, M. (1992). Development of concern for others. *Developmental Psychology*, 28, 126–136.

■第 10 章

Anderson, J. R., Bucher, B., Chijiiwa, H., Kuroshima, H., Takimoto, A., & Fujita, K. (2017). Third-party social evaluations of humans by monkeys and dogs. *Neuroscience & Biobehavioral Reviews*, 82, 95–109.

Anisfeld, M. (1991). Neonatal imitation. *Developmental Review*, 11, 60–97.

Birch, S. A., Akmal, N., & Frampton, K. L. (2010). Two-year-olds are vigilant of others' non-verbal cues to credibility. *Developmental Science*, 13, 363–369.

Brass, M., & Heyes, C. (2005). Imitation: Is cognitive neuroscience solving the correspondence problem? *Trends in Cognitive Sciences*, 9, 489–495.

Brosseau-Liard, P. E., & Poulin-Dubois, D. (2014). Sensitivity to confidence cues increases during the second year of life. *Infancy*, 19, 461–475.

Buttelmann, D., Carpenter, M., Call, J., & Tomasello, M. (2007). Enculturated chimpanzees imitate rationally. *Developmental Science*, 10, F31-F38.

Buttelmann, D., Carpenter, M., Call, J., & Tomasello, M. (2008). Rational tool use and tool choice in human infants and great apes. *Child Development*, 79, 609–626.

Call, J., Carpenter, M., & Tomasello, M. (2005). Copying results and copying actions in the process of social learning: Chimpanzees (*Pan troglodytes*) and human children (*Homo sapiens*). *Animal Cognition*, 8, 151–163.

Calvo-Merino, B., Glaser, D. E., Grèzes, J., Passingham, R. E., & Haggard, P. (2005). Action observation and acquired motor skills: An fMRI study with expert dancers. *Cereb Cortex*, 15, 1243–1249.

Catmur, C., Walsh, V., & Heyes, C. (2009). Associative sequence learning: The role of experience in the development of imitation and the mirror system. *Philosophical Transactions of the Royal Society B: Biological Sciences*, 364, 2369–2380.

Chijiiwa, H., Kuroshima, H., Hori, Y., Anderson, J. R., & Fujita, K. (2015). Dogs avoid people who behave negatively to their owner: Third-party affective evaluation. *Animal Behaviour*, 106, 123–127.

Chow, V., Poulin-Dubois, D., & Lewis, J. (2008). To see or not to see: Infants prefer to follow the gaze of a reliable looker. *Developmental Science*, 11, 761–770.

Coelho, C. G., Falotico, T., Izar, P., Mannu, M., Resende, B. D., Siqueira, J. O., & Ottoni, E. B. (2015). Social learning strategies for nut-cracking by tufted capuchin monkeys (*Sapajus spp.*). *Developmental Science*, 18, 911–919.

di Pellegrino, G., Fadiga, L., Fogassi, L., Gallese, V., & Rizzolatti, G. (1992). Understanding motor events: A neurophysiological study. *Experimental Brain Research*, 91, 176–180.

Ferrari, P. F., Vanderwert, R. E., Paukner, A., Bower, S., Suomi, S. J., & Fox, N. A. (2012). Distinct EEG amplitude suppression to facial gestures as evidence for a mirror mechanism in newborn monkeys. *Journal of Cognitive Neuroscience*, 24, 1165–1172.

Ferrari, P. F., Visalberghi, E., Paukner, A., Fogassi, L., Ruggiero, A., & Suomi, S. J. (2006). Neonatal imitation in rhesus macaques. *PLoS Biology*, 4, e302.

Fragaszy, D., Izar, P., Visalberghi, E., Ottoni, E. B., & de Oliveira, M. G. (2004). Wild capuchin monkeys (*Cebus libidinosus*) use anvils and stone pounding tools. *American Journal of Primatology*, 64, 359–366.

Fugazza, C., & Miklósi, Á.. (2015). Social learning in dog training: The effectiveness of the Do as I do method compared to shaping/clicker training. *Applied Animal Behaviour Science*, 171, 146–151.

Galef, B. G., & Whiten, A. (2017). The comparative psychology of social learning. In J. Call, G. M. Burghardt, I. M. Pepperberg, C. T. Snowdon, & T. Zentall (Eds.), *APA handbook of comparative psychology: Perception, learning, and cognition*, vol.2. American Psychological Association.

Gallese, V., Fadiga, L., Fogassi, L., & Rizzolatti, G. (1996). Action recognition in the premotor cortex. *Brain*, 119, 593–609.

Gergely, G., Bekkering, H., & Király, I. (2002). Rational imitation in preverbal infants. *Nature*, 415, 755–755.

Heiser, M., Iacoboni, M., Maeda, F., Marcus, J., & Mazziotta, J. C. (2003). The essential role of Broca's area in imitation. *European Journal of Neuroscience*, 17, 1123–1128.

Horner, V., Proctor, D., Bonnie, K. E., Whiten, A., & de Waal, F. B. M.（2010）. Prestige affects cultural learning in chimpanzees. *PLoS One*, 5, e10625.

Horner, V., & Whiten, A.（2005）. Causal knowledge and imitation/emulation switching in chimpanzees（*Pan troglodytes*）and children（*Homo sapiens*）. *Animal Cognition*, 8, 164–181.

Jones, S. S.（1996）. Imitation or exploration? Young infants' matching of adults' oral gestures. *Child Development*, 67, 1952–1969.

Koenig, M. A., Clément, F., & Harris, P. L.（2004）. Trust in testimony: Children's use of true and false statements. *Psychological Science*, 15, 694–698.

Koenig, M. A., & Woodward, A. L.（2010）. Sensitivity of 24-month-olds to the prior inaccuracy of the source: Possible mechanisms. *Developmental Psychology*, 46, 815–826.

Kuroshima, H., Kuwahata, H., & Fujita, K.（2008）. Learning from others' mistakes in capuchin monkeys（*Cebus apella*）. *Animal Cognition*, 11, 599–609.

Lyons, D. E., Young, A. G., & Keil, F. C.（2007）. The hidden structure of overimitation. *Proceedings of the National Academy of Sciences of the United States of America*, 104, 19751.

Meltzoff, A. N., & Moore, M. K.（1977）. Imitation of facial and manual gestures by human neonates. *Science*, 198, 75–78.

Meltzoff, A. N., & Moore, M. K.（1983）. Newborn infants imitate adult facial gestures.*Child Development*, 54, 702–709.

Meltzoff, A. N., & Moore, M. K.（1997）. Explaining facial imitation: A theoretical model. *Early Development and Parenting*, 6, 179–192.

Meltzoff, A. N., Murray, L., Simpson, E., Heimann, M., Nagy, E., Nadel, J., Pedersen, E. J., Brooks, R., Messinger, D. S., De Pascalis, L., Subiaul, F., Paukner, A., & Ferrari, P. F.（2019）. Re-examination of Oostenbroek et al.（2016）: Evidence for neonatal imitation of tongue protrusion. *Developmental Science*, 21, e12609.

森口祐（2016）. 発達科学が発達科学であるために——発達研究における再現性と頑健性 Japanese Psychological Review, 59, 30–38.

Myowa-Yamakoshi, M., Tomonaga, M., Tanaka, M., & Matsuzawa, T.（2004）. Imitation in neonatal chimpanzees（*Pan troglodytes*）. *Developmental Science*, 7, 437–442.

Nagasawa, M., Mitsui, S., En, S., Ohtani, N., Ohta, M., Sakuma, Y., Onaka, T., Mogi, K., & Kikusui, T.（2015）. Oxytocin-gaze positive loop and the coevolution of human-dog bonds. *Science*, 348, 333–336.

Nyström, P.（2008）. The infant mirror neuron system studied with high density EEG. *Social Neuroscience*, 3, 334–347.

Oostenbroek, J., Suddendorf, T., Nielsen, M., Redshaw, J., Kennedy-Constantini, S., Davis, J., Clark, S., & Slaughter, V.（2016）. Comprehensive longitudinal study challenges the existence of neonatal imitation in humans. *Current Biology*, 26, 1334–1338.

Ottoni, E. B., de Resende, B. D., & Izar, P.（2005）. Watching the best nutcrackers: What capuchin monkeys（*Cebus apella*）know about others' tool-using skills. *Animal Cognition*, 8, 215–219.

Ottoni, E. B., & Mannu, M.（2001）. Semifree-ranging tufted capuchins（*Cebus apella*） spontaneously use tools to crack open nuts. *International Journal of Primatology*, 22, 347–358.

Over, H., & Carpenter, M. (2012). Putting the social into social learning: Explaining both selectivity and fidelity in children's copying behavior. *Journal of Comparative Psychology*, 126, 182–192.

Redshaw, J. (2019). Re-analysis of data reveals no evidence for neonatal imitation in rhesus macaques. *Biology Letters*, 15, 20190342.

Rizzolatti, G. (2005). The mirror neuron system and its function in humans. *Anatomy and Embryology*, 210, 419–421.

Rizzolatti, G., & Craighero, L. (2004). The mirror-neuron system. *Annual Review of Neuroscience*, 27, 169–192.

Rizzolatti, G., Fadiga, L., Gallese, V., & Fogassi, L. (1996). Premotor cortex and the recognition of motor actions. *Cognitive Brain Research*, 3, 131–141.

Stenberg, G. (2013). Do 12-month-old infants trust a competent adult? *Infancy*, 18, 873–904.

Tennie, C., Call, J., & Tomasello, M. (2006). Push or pull: Imitation vs. emulation in great apes and human children. *Ethology*, 112, 1159–1169.

Tennie, C., Call, J., & Tomasello, M. (2010). Evidence for emulation in chimpanzees in social settings using the floating peanut task. *PLoS One*, 5, e10544.

Thompson, E. L., Bird, G., & Catmur, C. (2019). Conceptualizing and testing action understanding. *Neuroscience & Biobehavioral Reviews*, 105, 106–114.

Topál, J., Byrne, R. W., Miklósi, A., & Csányi, V. (2006). Reproducing human actions and action sequences: "Do as I Do!" in a dog. *Animal Cognition*, 9, 355–367.

Tummeltshammer, K. S., Wu, R., Sobel, D. M., & Kirkham, N. Z. (2014). Infants track the reliability of potential informants. *Psychological Science*, 25, 1730–1738.

van de Waal, E., Claidiere, N., & Whiten, A. (2015). Wild vervet monkeys copy alternative methods for opening an artificial fruit. *Animal Cognition*, 18, 617–627.

Yong, M. H., & Ruffman, T. (2015). Is that fear? Domestic dogs' use of social referencing signals from an unfamiliar person. *Behavioural Processes*, 110, 74–81.

Zentall, T. R. (2012). Perspectives on observational learning in animals. *Journal of Comparative Psychology*, 126, 114–128.

Zmyj, N., Buttelmann, D., Carpenter, M., & Daum, M. M. (2010). The reliability of a model influences 14-month-olds' imitation. *Journal of Experimental Child Psychology*, 106, 208–220.

■第 1 1 章

Anderson, J. R., Kuroshima, H., Takimoto, A., & Fujita, K. (2013). Third-party social evaluation of humans by monkeys. *Nature Communications*, 4, 1561.

Baron-Cohen, S., Leslie, A. M., & Frith, U. (1985). Does the autistic child have a "theory of mind"? *Cognition*, 21, 37–46.

Bateson, M., Nettle, D., & Roberts, G. (2006). Cues of being watched enhance cooperation in a real-world setting. *Biology Letters*, 2, 412–414.

Brooks, J., Onishi, E., Clark, I., Bohm, M., & Yamamoto, S. (2021). Uniting against a common enemy: Perceived outgroup threat elicits ingroup cohesion in chimpanzees. *PLoS ONE*, 16, e0246869.

Brosnan, S. F., & de Waal, F. B. M. (2003). Monkeys reject unequal pay. *Nature*, 425, 297–299.

Byrne, R. W., & Whiten, A. (1988). *Machiavellian intelligence: Social expertise and the evolution of intellect in monkeys, apes and humans*. Oxford University Press.

Call, J., & Tomasello, M. (1999). A nonverbal false belief task: The performance of children and great apes. *Child Development*, 70, 381–395.

Dunbar, R. I. M. (1998). The social brain hypothesis. *Evolutionary Anthropology*, 6, 178–190.

Engelmann, J. M., Herrmann, E., & Tomasello, M. (2012). Five-year olds, but not chimpanzees, attempt to manage their reputations. *PLoS ONE*, 7, e48433.

Hamlin, J. K., Wynn K., & Bloom P. (2007). Social evaluation by preverbal infants. *Nature*, 450, 557–559.

Hare, B., Call, J., Agnetta, B., & Tomasello, M. (2000). Chimpanzees know what conspecifics do and do not see. *Animal Behaviour*, 59, 771–785.

Hare, B., & Yamamoto, S. (2015a). Moving bonobos off the scientifically endangered list. *Behaviour*, 152, 247–258.

Hare, B., & Yamamoto, S. (Eds.). (2015b). *Bonobo cognition and behaviour*. Brill.

Hare, B., & Yamamoto, S. (Eds.). (2017). *Bonobos: Unique in mind, brain, and behaviour*. Oxford University Press.

Hirata, S., & Matsuzawa, T. (2003). Tactics to obtain a hidden food item in chimpanzee pairs (*Pan troglodytes*). *Animal Cognition*, 4, 285–295.

Humphrey, N. K. (1976). The social function of intellect. In P. P. G. Bateson, & R. A. Hinde (Eds.), *Growing Points in Ethology*. Cambridge University Press.

Kanakogi, Y., Inoue, Y., Matsuda, G., Butler, D., Hiraki, K., & Myowa-Yamakoshi, M., (2017). Preverbal infants affirm third-party interventions that protect victims from aggressors. *Nature Human Behaviour*, 1, 0037.

Krupenye, C., Kano, F., Hirata, S., Call, J., & Tomasello, M. (2016). Great apes anticipate that other individuals will act according to false beliefs. *Science*, 354, 110–114.

LaFrenière, P. J. (1988). The ontogeny of tactical deception in humans. In R. W. Byrne, & A. Whiten (Eds.), *Machiavellian intelligence: Social expertise and the evolution of intellect in monkeys, apes, and humans*. Clarendon Press/Oxford University Press.

Maeda, T., Ochi, S., Ringhofer, M., Sosa, S., Sueur, C., Hirata, S., & Yamamoto, S. (2021a). Aerial drone observations identified a multilevel society in feral horses. *Scientific Reports*, 11, 1–12.

Maeda, T., Sueur, C., Hirata, S., & Yamamoto, S. (2021b). Behavioural synchronization in a multilevel society of feral horses. *PLoS ONE*, 16, e0258944.

Onishi, K. H., & Baillargeon, R. (2005). Do 15-month-old infants understand false beliefs? *Science*, 308, 255–258.

Perner, J., Leekam, S. R., & Wimmer, H. (1987). Three-year-olds' difficulty with false belief: The case for a conceptual deficit. *British Journal of Developmental Psychology*, 5, 125–137.

Povinelli, D. J., & Eddy, T. J. (1996). What young chimpanzees know about seeing. *Monographs of the Society for Research in Child Development*, 61, i, iii, v-vi, 1–189.

Povinelli, D. J., Nelson, K. E., & Boysen, S. T. (1990). Inferences about guessing and knowing by chimpanzees (*Pan troglodytes*). *Journal of Comparative Psychology*, 104, 203–210.

Premack, D., & Woodruff, G. (1978). Does the chimpanzees have a theory of mind? *The Behavioral and Brain Sciences*, 4, 515–526.

Russell, Y. I., Call, J., & Dunbar, R. I. M. (2008). Image scoring in great apes. *Behavioural Processes*, 78, 108–111.

Shinohara, A., Kanakogi, Y., Okumura, Y., & Kobayashi, T. (2021). Children manage their reputation by caring about gossip. *Social Development*, 10.1111/sode.12548.

Southgate, V., Senju, A., & Csibra, G. (2007). Action anticipation through attribution of false belief by 2-year-olds. *Psychological Science*, 18, 587–592.

Subiaul, F., Vonk, J., Okamoto-Barth, S., & Barth, J. (2008). Do chimpanzees learn reputation by observation? Evidence from direct and indirect experience with generous and selfish strangers. *Animal Cognition*, 11, 611–623.

瀧本彩加・山本真也（2015）．共感関連現象を説明する組み合わせモデルとヒト以外の霊長類における事例　心理学評論．58, 255–270.

Warneken, F., & Tomasello, M. (2006). Altruistic helping in human infants and young chimpanzees. *Science*, 311, 1301–1303.

Wimmer, H., & Perner, J. (1983). Beliefs about beliefs: Representation and constraining function of wrong beliefs in young children's understanding of deception. *Cognition*, 13, 103–128.

Yamamoto S. (2016). Primate empathy: Three factors and their combinations for empathy-related phenomena. *WIREs Cognitive Science*, 8, e1431.

山本真也（2017）．ヒト科3種の比較認知科学から探る食物分配と協力社会の進化　動物心理学研究．67, 63–71.

Yamamoto, S. (2020). The evolution of cooperation in dyads and in groups: Two-by-two research comparing chimpanzees and bonobos in the wild and in the laboratory. In L. Hopper, & S. Ross (Eds.), *Chimpanzees in Context*, The University of Chicago Press.

Yamamoto, S. (2021). "Unwilling" versus "unable": Understanding chimpanzees' restrictions in cognition and motivation. *Psychologia*, 63, 174–190.

Yamamoto, S., Humle, T., & Tanaka, M. (2009). Chimpanzees help each other upon request. *PLoS ONE*, 4, e7416.

Yamamoto, S., Humle, T., & Tanaka, M. (2012). Chimpanzees' flexible targeted helping based on an understanding of conspecifics' goals. *Proceedings of the National Academy of Sciences of the USA*, 109, 3588–3592.

Yamamoto, S., & Takimoto, A. (2012). Empathy and fairness: Psychological mechanisms for eliciting and maintaining prosociality and cooperation in primates. *Social Justice Research*, 25, 233–255.

事 項 索 引

246

人 名 索 引

編著者紹介　板倉 昭二（いたくら しょうじ）

同志社大学専任フェロー教授，赤ちゃん学研究センター長
京都大学名誉教授
中国・浙江師範大学，浙江理工大学客員教授，イタリア・ミ
ラノカトリック大学客員教授
日本赤ちゃん学会理事長

■専門　発達科学，進化発達心理学，Developmental Cybernetics
■略歴　1959 年大分県生まれ。1989 年京都大学大学院理学研究科霊長類学専攻
修了。京都大学理学博士。アメリカ・ニュージャージー医科歯科大学ロバート
ウッドジョンソン校児童発達研究所留学後，大分県立芸術文化短期大学，アメ
リカ・エモリー大学ヤーキース霊長類センター研究員，大分県立看護科学大学
に勤務。2000 年より京都大学大学院文学研究科助教授，2010 年より同教授。
2019 年に早期退職後，現職に至る。

【有斐閣ブックス】

比べてわかる心の発達——比較認知発達科学の視点

Introduction to Comparative Cognitive and Developmental Science

2023 年 7 月 5 日 初版第 1 刷発行

編著者　板倉昭二
発行者　江草貞治
発行所　株式会社有斐閣
　　　　〒101-0051 東京都千代田区神田神保町 2-17
　　　　https://www.yuhikaku.co.jp/
装　丁　与儀勝美
印　刷　萩原印刷株式会社
製　本　牧製本印刷株式会社
装丁印刷　株式会社亨有堂印刷所

落丁・乱丁本はお取替えいたします。定価はカバーに表示してあります。
©2023, Shoji Itakura.
Printed in Japan. ISBN 978-4-641-18460-2